신약학입문시리즈 5

바울서신

The Letters of Paul

신약학입문시리즈 5

바울서신

The Letters of Paul

찰스 B. 쿠사 지음 / 임진수 옮김

대한기독교서회

신약학입문시리즈 5

바울서신

2018년 3월 30일 초판 1쇄
2023년 9월 15일 초판 2쇄

지은이 / 찰스 B. 쿠사
옮긴이 / 임진수
펴낸이 / 서진한
펴낸곳 / 대한기독교서회
편집책임 / 하미자 ·정성수

등록 / 1967년 8월 26일 제1967 - 000002호
주소 / 서울시 강남구 테헤란로 103길 14(삼성동)
전화 / 출판국 (02) 553 - 0873~4, 영업국 (02) 553 - 0871~2
팩스 / 출판국 (02) 3453 - 1639, 영업국 (02) 555 - 7721
e-mail / editer@clsk.org
http://www.clsk.org
facebook.com/clskbooks

책번호 / 2249
ISBN 978 - 89 - 511 - 1936 - 1 94230
978 - 89 - 511 - 1931 - 6 (세트)

The Letters of Paul
Interpreting Biblical Texts (IBT) Series
by Charles B. Cousar
tr. by Im, Jin-Su

빌(Bill)과 트레사(Tressa)

데이브(Dave)와 에이미(Amy)

존(John)과 우르술라(Ursula)에게

이 책을 헌정합니다.

신약학입문시리즈 발간에 부쳐

신약성서 연구는 그리스도교 사상의 중핵(中核)을 형성하는 데 가장 크게 기여한 토대임이 분명합니다. 이러한 역사적 평가는 특히 국내에서 신약성서신학이 발전하는 원인(原因)으로 평가되는 것이 마땅하며, 괄목할 만한 성서학의 발전상은 세계 각국에서 가르치고 연구하는 신약학자들의 활약으로 나타나고 있습니다. 이에 발맞추어 한국교회와 성서학자들의 위상을 확인하는 계기가 2016년 여름 연세대학교에서 개최된 세계성서학회(2016 SBL International Meeting)라고 생각합니다. 이러한 발전은 교회와 신학의 성숙으로 결실하여 사회발전의 토대로 선순환되는 기회로 삼는 것이 마땅합니다. 유럽교회가 정치와 경제발전은 물론 문화와 복지사회의 구현으로 성서의 교훈을 각인시켰듯이 이제 한국교회와 신학은 사회를 선도하고 인간화를 구현하여 예수의 하나님 나라 선포가 궁극적으로 지향할 가치를 체현해야 할 것입니다. 궁극적으로 사회의 향도(嚮導)로서 성서학의 책임과 의무는 중차대합니다.

본 시리즈는 신약성서의 문서들을 정확하게 이해하고 해석하는 데 필요한 역량강화와 지식의 공유에 일차적 목적을 두고 기획되었습니다. 이러한 목적을 달성하기 위하여 세계적인 명성을 지닌 신약학자들의 저서가 엄선되었습니다. "신약학입문시리즈"에 포함된 다섯 권의 저서는 미국의 유수한 출판사인 Abingdon Press가 "성서해석시리즈"(IBT, Interpreting Biblical Texts)라는 이름을 붙여 출판한 도서들입니다. 신약성서 이해를 위한 최신 방법론은 물론 신약성서 각 문서의 내용과 주제를 새롭게 탐구하는 데 유익할 것이라고 확신합니다. 그러므로 독자들은 본 시리즈를 통해 새로운 신약성서 읽기에 도전할 기회로 삼아야 할 것입니다.

정보와 지식 기반의 제3차 산업혁명의 시기를 지나서 미디어와 문화, 의료와 교육 등의 지식사회로 진화하는 제4차 산업혁명이 만개하는 지금, 대한기독교서회가 "구약학입문시리즈" 출판 후 "신약학입문시리즈"(New Testament Introduction Series)를 출판하게 되었습니다. 본 프로젝트는 교회일치의 본질을 흐트러뜨리는 분열현상의 만연함과 천민자본주의로 이끄는 비성서적 적폐(積弊)를 일소하는 데도 유익한 지침이 될 것입니다. 더불어 신학대학의 학부와 신학대학원에서 주교재로 채택되기를 기대합니다.

본 프로젝트의 번역 출판에 참여한 모든 번역위원은 이 "신약학입문시리즈"의 출판을 결정하여 한국교회와 성서연구자들에게 새로운 성서읽기의 즐거움을 선사해 준 대한기독교서회에 깊은 감사를 드리며, 본 시리즈가 신약성서 연구를 위한 튼실한 발판으로 널리 활용되기를 소망합니다.

신약학입문시리즈 대표번역위원

윤철원(성결교회 성서연구원장, 24-25대 한국신약학회장)

번역위원[시리즈순]

『마태복음』 민경식(연세대학교)
『마가복음』 윤철원(서울신학대학교)
『누가복음 사도행전』 소기천(장로회신학대학교)
『요한복음 요한서신』 박경미(이화여자대학교)
『바울서신』 임진수(감리교신학대학교)

발간사

성서의 본문은 의미의 세계를 창출하고, 독자에게 들어오라고 청한다. 때로 기이하고 복잡한 본문의 세계에 들어오게 되는 독자는 신학적 주장과 부딪히게 된다. 이를 염두에 둔 이 시리즈의 목적은 진지한 독서와 해석을 경험하고자 하는 독자에게 본문의 세계에 대한 여행 안내서를 제시하는 것이다. 이 시리즈를 관통하는 관점은 제목에서 중요 단어로 표현된 **해석하기**이다. 이 시리즈의 주요 초점은 본문 **이면의** 세계나 본문이 발생하게 된 세계(비록 이 세계들이 무관한 것은 아니지만)가 아니라, 독자와의 관계 속에서 본문을 **통해 창출된** 세계이다.

각 권은 두 가지 질문을 던지고 있다. 첫 번째, 최근 연구사에 등장한 해석의 중요 쟁점은 무엇이며, 본문에 대해 진지한 독자들에게 얼마나 신경을 써야 하는가? 학자들의 관심사 중 일부는 흥미롭고 의미 있지만, 솔직히 해석학적 견지에서 보면 지엽적이다. 이보다 더 중요한 것이 있다. 학자들의 관심과 독자들의 관심에 어떻게 반응하느냐에 따라서 독자들의 본문 해석과정에 결정적인 영향을 끼친다. 따라서 저자들은 이런 기본적인 쟁점에 주의를 환기시키고, 해석에서 이것이 중요성을 보여준다.

두 번째, 자료의 특정 구절이나 단락을 고심할 때, 독자는 본문 전체와 관련된 좀 더 큰 세계를 어떻게 인식할 수 있는가? 어떻게 그들은 숲도

보고, 개별적인 나무도 검토할 수 있는가? 사무엘하 11장의 다윗과 밧세바의 이야기를 마주한 학생들이 어떻게 더 큰 이야기, 즉 신명기에서 열왕기하에 이르는 신명기 역사서의 맥락에서 이 이야기를 읽을 수 있는가? 갈라디아서의 독자는 자신들이 배운 바와 바울서신 전체에서 도출한 더 큰 관점의 신학적 일관성과 양극성을 부합시킬 수 있는가? 따라서 각 책들은 본문 전체에 대한 개요를 제시한다.

이 시리즈의 목적은 분명 교육적이다. 저자들은 쟁점과 본문에 대한 자신의 이해를 제공하지만, 다른 학자들과 논쟁을 하기보다는 독자를 안내하는 일에 더 관심을 쏟고 있다. 이 시리즈는 주석과 특화된 연구와 같은 다른 자료들과 더불어 또 하나의 자료로서, 성서본문 해석이라는 흥미롭지만 때로는 위험천만한 일을 하는 학생들에게 도움이 될 것이다.

진 M. 터커(Gene M. Tucker)
구약 책임편집자

찰스 B. 쿠사(Charles B. Cousar)
신약 책임편집자

저자 서문

이 책은 한 사람이 하고 있는 일반적인 연구일 뿐만 아니라 수년 동안 바울서신 연구라는 나의 수업에 참여한 학생들과 나눈 대화의 결과다. 이 책의 제1부 초안은 플로리다 주에 있는 신학연구센터(Center for Theological Studies in Florida)의 수업에서 읽은 것이고 대체로 학생들의 질문에 대한 응답이라는 관점에서 개정되었다. 제2부의 몇몇 장은 컬럼비아 신학대학교(Columbia Theological Seminary) 수업에서 토론했던 것이다. 수업에 참여한 사람들은 나로 하여금 나의 주장을 엄밀하고 좀 더 명확하게 하도록 해주었다. 몇몇 친구는 감사하게도 원고를 읽어주었고 최종본을 위한 매우 귀중한 공헌을 해주었다. 특별히 엘런 앤더슨(Ellen Anderson), 잭 다니엘스(Jack Daniels), 베벌리 R. 가벤타(Beverly R. Gaventa), 셜리 C. 거스리(Shirley C. Guthrie)에게 감사한다.

원고 작업을 하고 있을 때 나는 미국성서학회(SBL)의 바울신학 세미나 회원이었다. 그 대화들이 때로는 많은 인원과 다양한 의견 때문에 실망스러웠음에도 불구하고, 나는 그 그룹으로부터 굉장히 많은 것을 배웠다. 이 책 제2부의 많은 해석은 그 세미나로부터 논평과 대화에 근거한 것이다. 이 원고를 완성할 수 있도록 안식년을 허락해 준 컬럼비아 신학대학교 이사회에 감사하며 나의 동료들인 데이비드 뫼스너(David Moessner), 스탠리 손더스(Stanley Saunders)에게도 감사한다. 그들은 내가 없을 때 시간 외의 일을 맡아 주었다.

40년 동안 나의 동반자인 베티(Betty)는 자신의 사무실을 나와 함께 사용해야 하는데도 언제나 놀라운 인내심을 보여주며 처음부터 끝까지 이 계획을 지지해 주고 있다.

차례

제2부 바울서신의 신학적 주제들

도입부

바울서신 읽기

5세기가 시작될 무렵 콘스탄티노플의 대주교였던 요한 크리소스토무스는 바울서신을 위한 특별한 애정을 가지고 있었다. 그것을 읽는 소리를 듣는 것은 다른 어떤 것으로도 그를 깨우쳐줄 수 없는 '영적인 트럼펫'을 듣는 것 같았다. "하지만 나는 모든 사람이 그를 아주 많이 알아야 함에도 불구하고 이 사람(바울)을 모른다는 사실이 슬프고 고통스럽다."[1] 하지만 바울서신의 모든 독자가 이 대주교의 열광에 응답한 것은 아니었다. 왜냐하면 그 편지들을 읽는 것이 어떤 사람에게는 사실상 슬픔과 고통을 가져다 주었기 때문이다.

바울의 편지들은 왜 그런 문제를 가지고 있는 것일까? 한쪽에서 보면 바울의 편지들을 읽는 것이 이해하기가 어렵기 때문이다. 때로 그의 대화 방식은 난해하기도 하다. 그리고 그의 논리는 종종 구약 인용들에 관한 비정상적인 용법을 가지고 있다. 바울은 그의 독자들에게 무거운 의무사항들을 요구한다. 로마서 1-11장의 신학적인 논쟁에 참여하는 것은 쉽지 않다. 신약성서의 독자들은 예수의 생동감 넘치는 비유들, 버림받은 사람들과 죄

1) 요한 크리소스토무스의 로마서에 관한 설교는 다음을 참조하라. *A Select Library of Nicene and Post-Nicene Fathers of Christian Church*, ed. Philip Schaff (Grand Rapids: Eerdmans, 1956), 11:335.

인들을 받아들이는 그의 방식, 위선적인 종교권위들의 허세들(balloons)을 터트리는 방식에 매료될 가능성이 더 많을 것이다. 예수와 대조적으로 바울은 교리적이고, 자신만만해 보이며 때로는 성급하고 항상 자기 방식대로 결정하는 것처럼 보인다. 심지어 남을 웃기려고 함에도 불구하고("너희를 어지럽게 하는 자들은 스스로 베어 버리기를 원하노라", 갈 5:12), 그것이 어떤 독자들에게는 가혹하고 무자비한 것으로 보인다. 바울은 예수의 단순하고 직선적인 교훈을 받아들이지 않고 그것을 경직되고 복잡한 신학체계로 전환시켜버린 것인가?

게다가 누군가는 그 편지들 가운데 있는 여자들에 대한 어떤 언급들에 대해서 화를 내게 하고 다른 사람들은 바울을 반-유대주의자(anti-Semitic)로 보기도 한다. 그는 많은 사람의 마음속에서 교회가 오랫동안 야비하게 여인들과 유대인들을 추악하게 억압한 이유가 되었다. 바울의 편지들은 아직까지도 다른 사람들에게는 인간의 삶에 대한 고뇌와 고통에 대해서 무감각함을 보여주기도 한다. 그것들은 고통에 관해서 해결되어야 하는 비극적인 수수께끼 혹은 하나님을 대적한 분노가 이유라고 말하지 않고 오히려 그리스도인 경험이 예상되는 구성요소라고 말한다.(예를 들어 빌 1:29-30; 롬 8:36; 고전 4:9-13; 고후 4:7-15) 박해를 피하려고 전략을 세우는 것은 그들을 복음의 대적자들로 규정하는 것이다.(예를 들어 갈 6:12)

만약에 여러분이 바울을 싫어하고 무시하는 사람들 가운데 있다면(혹은 여러분이 그에 의해서 매료당한 사람들 가운데 있다면), 이 책은 그 편지들을 다시 읽게 하려는 초대장이다. 여기서 여러분이 크리소스토무스가 그랬던 것처럼 한 사람의 헌신자로 여러분의 독서를 시작할 것이라는 보장은 없다. 여러분은 자신의 일에 관해서 할 말이 많을 것이다. 이 책은 또한 그 과정에서 여러분이 만나게 될 모든 어려움을 해결해 주지 않을 것이다. 이 책의 의도는 간단하게 말하면 그 편지들을 읽고 바울과 그의 교회들과의 대화 속에서 현저하게 드러나는 주제들에 대한 몇 개의 탐구를 제공하여 여러분으로 하여금 일반적으로 수용된 몇 개의 접근방법과 만나 그 편지들을 조금 더 많이 접근할 수 있도록 만들어 주는 것이다.

이 책은 결코 그 편지들 자체를 읽기 위한 대용품이 아니다. 이것은 그것들과 같이 길을 가기 위한 작품이라는 것을 의미하며 주위에 성서를 펼치지 않고서도 이해를 하게 하려는 것도 아니다. 이 책에서의 성서 인용은 다르게 지시하는 것을 제외하고는 새개정표준판(NRSV)에서 가져온 것이다. 여러분은 아마도 개정판영어성서(REB), 예루살렘성서, 새국제판(NIV) 같은 다른 번역을 선호할 수도 있다. 아니면 더 좋은 것은 여러분이 그것들을 비교해 보기 위하여 도움이 되는 하나의 번역보다 더 많은 것을 원할지도 모른다. 곧바로 명확해지는 것은 번역자들이 본문을 영어로 표현하는 방법이 다르다는 것이다. 이러한 차이들은 복음서들 안에서보다는 편지들 안에서 더 많이 나타난다. 우리는 이 구절들을 다루어 보면서 그것들 중에 몇 가지를 주의 깊게 관찰할 것이다.

여러분은 분별력 있는 독자가 되기 위하여 편지들 안에 들어 있는 모든 수수께끼를 풀어야 한다고 생각해서는 안 된다. 실제로 문제들 중에 몇 개는 해결이 불가능하다. 많은 경우에 어려움들이 존재하는데, 그 이유는 우리가 본문 안에 들어 있는 역사적이고, 사회학적이며 혹은 문학적인 주제에 관해서 적절한 정보가 없기 때문이며 우리가 가지고 있는 정보의 함축적인 의미를 이해하지 못하기 때분이다. 다른 어려움들이 나타나기도 하는데, 그 이유는 우리의 한정된 시각 때문이다. 하지만 문제들에 대한 인식과 다른 해석자들이 어떻게 언급했는가 하는 것은 우리로 하여금 그들을 붙잡았던 덫에 걸려드는 것을 피하게 도와준다.

이 책은 인간 바울과 그의 생애와 작품에 관한 것이 아니다. 이것은 그의 편지들에 관한 것이다. 이 편지들은 사도행전으로부터 나오는 자료들에 관해서 주의 깊은 선별을 요구하며 외경들과 마찬가지로 그 편지들로부터 얻었던 정보를 가지고 있는 누가의 서술과 연결할 것을 요구한다. 우리의 관심은 그 편지들로만 제한되며, 그것들이 어떻게 읽히고, 그리고 그것들이 무엇을 말하고 있는지가 중요하다. 우리가 그 사람(바울)과 그의 작품에 관해서 더 많이 알았다면 우리가 그 편지들을 좀 더 지성적으로 읽을 수 있었을 것이라는 사실은 전혀 명백한 사실이 아니다. 이 책의 제1부는 최근 학문 연구에서 얻어진 바울의 편지들에 대한 다양한 접근법을 가리키는 윤곽을 제공해준다. 나누어지는 장들의 제1장은 바울 대화의 문학 형식(편지)을 인식하기 위한 중요성을 고려한다. 제2장은 바울이 가능한 한 설득력 있게 그의 논증을 만드는 데 종사하고 있는 수사학을 다룬다. 제3장은 바울이 의존하고 있는 자료들이다. 그의 독자들은 어떤 자료들을 종종 권위가 있거나 신뢰할 가치가 있는 것으로 인식하고 있다. 제4장은 그가 편지를 쓰고 있는 회중과 구성원들의 윤곽을 다룬다. 그리고 제5장은 다양한 편지들로부터 바울신학의 일관성 있는 진술들로 옮겨가고자 하는 노력이다. 제1부는 오늘날 편지들을 읽는 데 사용하고 있는 방법을 여러분에게 소개하고자 노력한다. 하지만 바울을 연구하는 데 노력을 하지 않겠다는 것이 아니며 또한 바울 연구의 설득력 있는 역사를 제공하고자 노력을 하지 않겠다는 것도 아니다.

제2부의 다섯 장들은 그의 편지들 안에서 드러나고 있는 비판적인 주제들에 관해서 논의한다. 각각의 장은 관련이 있는 구절들을 주의 깊게 다루는 것들로 구성된다. 이것은 하나의 문제를 책임감 있게 말할 수 있는 내가 알고 있는 유일한 방법이다. 이 장들 안에 있는 주제들에 대한 선택은 불가피하게도 바울의 편지들에 관한 나의 독자적인 읽기를 반영하고 있다. 나의 목적은 바울사상을 표본으로 추출하는 것과 여러분에게 좀 더 큰 신학적인 질문을 위한 하나의 방향성을 주는 것이다. 다른 해석자들은 의심할 바 없이 다른 주제들을 선택할 것이며 다른 구절들을 다룰 것이다. 게다가 공간의 한계는 그 주제들이 철저하게 다루어지지 않음을 의미한다. 예를 들어서 편지로부터 나오는 신에 관한 언급은 제7장에 가려져 있는 것보다는 더 많이 이야기될 수 있을 것이다.[2)]

책 전체의 주요 초점은 바울서신이라는 논란의 여지가 없는 일곱 개의 편지들에 있다.(로마서, 고린도전-후서, 갈라디아서, 빌립보서, 데살로니가전서, 빌레몬서) 제3부는 신약정경에서 나타나고 있는 바울의 이름으로 되어 있는 다른 여섯 개의 편지들에 대해서 주목해 보고자 한다. 그것들이 사도 자신에 의해서 기록된 것이 아님에도 불구하고, 각각의 것은 그것 자체로 가치가 있고 교회생활의 후반기 수십 년 동안 사도의 목소리에 대한 공명을 일으키는 것으로 들을 가치가 있다. 책의 마지막 부분에서는 더 많은 책을 읽고자 하는 사람들을 위한 참고문헌이 제공된다.

바울의 편지들을 통해서 여행을 시작하기 전에 우리는 그 여행을 하려는 사람들에게 주의를 줄 필요가 있다. 우리는 우리 자신과 앞서간 다른 사람들이었던 이 둘의 연구를 고려하고자 한다. 텍스트의 해석은 드라마를 만들어 내는 것과 매우 유사하다. 한 사람이 〈햄릿〉이라는 연극을 보거나 참여할 때 그 효과는 셰익스피어가 쓴 어휘들에 의해서만 결정되는 것이 아니라 많은 다른 구성요소에 의해서 결정된다. 특별한 방법으로 대본을 해석하는 감독, 타고난 재능을 보여주는 배우들, 그들 역할의 한계, 무대장치들, 분장, 그리고 심지어 극장 그 자체가 그렇다. 모든 것이 그 연극의 해석에 기여하고 있는 것이다.

바울의 편지들을 읽어가는 우리는 감독들이나 배우들과 많이 닮아 있다. 편지들의 본문은 우리가 그것을 해석하기까지 그 페이지 위에 침묵이 지배한다. 그 침묵은 우리가 어휘들, 문상들, 단락들 그리고 전부를 책으로 만들어 이해할 수 있도록 노력하기까지 존재하고 있다. 우리는 감독들과 배우들처럼 텍스트에 대해서 우리의 특별한 경험들, 가정들, 꿈들, 성향들, 제한된 관점들을 제시한다. 이것들은 우리 모든 인간의 특정한 사고방식들이다. 그리고 엄밀하게 말해서 그 텍스트는 우리가 그것과 더불어

2) 때때로 나는 구절들을 다루면서 본문에 관한 좀 더 상세하게 다루었던 나의 다음 책에 의존하곤 하였다. *A Theology of Cross: The Death of Jesus in the Pauline Letters*(Minneapolis: Fortress, 1990).

참여하고 있을 때 '의미'를 갖기에 이른다. 우리는 서로 다른 방식으로 그 텍스트를 해석할 것이다. 왜냐하면 우리가 그것을 읽음으로 들여다보는 렌즈들이 다르기 때문이다. 두 개의 햄릿 공연은 대단히 달라질 수 있다. 왜냐하면 그 감독들과 배우들은 대조적인 방식으로 햄릿의 우유부단함을 해석하기 때문이다. 그들은 셰익스피어가 쓴 어휘들을 존중할 의무가 있다.(그렇지 않으면 그들은 〈햄릿〉과 다르게 공연을 한다.) 하지만 어휘들에 대한 그들의 해석은 현저하게 다른 공연의 결과가 되기도 한다.

이것을 실행하는 다른 방법은 해석자들이 자신의 경험, 가정, 성향을 스스로 제거해야만 한다는 것이고 어떤 텍스트의 참된 의미를 얻기 위해 과학적이며 객관적이고 가치중립적인 접근 방법이라는 오래된 생각이 어리석은 공상이라는 사실을 말하는 것이다. 사실상 모든 독자는 그들이 거기서 이끌어낸 것에 대해서 기여를 하거나 혹은 왜곡할 수 있는 어떤 것들을 대본으로 가져온다.

동시에 해석자들은 텍스트에 대해서 열려 있어야만 한다. 그들이 읽는 것으로 도전을 받을 때 그들은 기꺼이 그들의 전제들을 가져야 한다. 해석은 그것이 어떤 가치를 산출할 때 텍스트와의 대화, 구절들에 대한 지속적인 질문에 몰두하게 된다. 모험은 불가피하게 독자들을 위험에 처하게 하기도 한다. 왜냐하면 대화의 파트너인 그 본문은 대답으로서의 질문을 하기 때문인데, 그것은 새로운 방향을 수반하는 질문이며, 심지어 독자들의 변화까지도 수반한다. 바울의 편지들과 논쟁을 하는 것은 더할 나위 없이 정상적인 것이다. 하지만 그렇게 하면서 어떤 한 사람은 변화에 대한 면역(변하지 않는 것 — 역자 주)을 요구할 수 없다.

이 모든 것이 바울의 편지들을 신앙적으로 읽기 위해서 무엇을 의미하는가? 분명히 그것은 독자들이 자의식이 강하게 되고, 깨닫게 되는 것을 의미하고, 심지어 그들이 해석의 과제에 가지고 오는 개인적이고 문화적인 전제들에 대한 비판을 의미한다. 우리는 본문들을 우리의 다양한 사회적인 위치와 관련된 관점으로부터 읽는다. 성(性), 국적, 인종의 정체성,

사회경제 계층, 그리고 교육수준이 우리가 한 구절 안에서 보는 것과 보지 못하는 것을 형성해 준다. 최근 몇 년 동안에 여성주의 독자들, 아프리카계 미국인 독자들, 그리고 개발도상국 출신의 독자들은 그들 자신의 경험과 환경을 벗어나 솔직하게 성서를 해석해 왔다. 그리고 그들은 독자들이 그 본문에 무엇인가를 가져오는 것이 부적절한 것이라는 어떤 고루한 생각을 산산이 깨트려버렸다. 간단히 말하자면 전제 없는 해석이라는 그런 것이 없다는 것이다.

만약에 독자들의 개인적인 경험과 사회적인 위치가 이해 과정의 비판적인 구성요소라면, 그리고 그 본문이 해석의 다양성에 영향을 받는다면, 우리는 아무런 기대도 없이 혼란한 상황에 그대로 있어야 하는 것인가? 이것은 어떤 사람의 텍스트 읽기가 어떤 다른 사람처럼 유효하다는 사실을 의미하는 것인가? 순수한 상대주의를 방지하기 위한 해석 과정에서 이치에 맞는 어떤 통제 수단이 있을 수 있겠는가?

두 가지 대답이 있을 수 있다. 첫째, 해석자들의 한 공동체 존재는 유효한 해석을 위해서 필수적이다. 그것은 특히 그 공동체가 다양성에 관한 하나의 기준을 포괄하고 있을 때이다. 한 사람의 독자는 하나의 본문에 관해서 그녀 혹은 그의 이해를 표현할 수 있고 그리고 난 후에 동료 독자에게 질문을 받을 수 있다. 그 사람은 다른 각도로부터 다른 질문들을 가지고 그 본문에 접근하였다. 서로의 의견교환은 각 해석자의 성향을 드러내며 아마도 두 사람에게 숨겨져 있었던 그 텍스트의 새로운 차원들을 드러낸다. 그 공동체 사회는 과거와 현재 해석자들의 풍부한 문제해결 능력을 포함하고 있다. 그들의 기록들은 텍스트와 진지한 씨름을 입증해준다. 〈햄릿〉을 연출하는 것처럼 모든 해석은 해석자들의 더 큰 공동체의 비판에 대해서 열려져 있다.

해석자들의 한 공동체 의견은 한 본문에 대한 최고의 효력을 가진 해석이 다수결이나 혹은 그룹이 의견일치에 의해서 성공할 수 있다는 것을 의미하는 것은 결코 아니다. (바울서신들을 포함하여) 신약성서 대부분의 문서들 그 자체는 대다수의 승인을 거의 받지 못했던 소수의 의견들이다. 게다가 해석의 긴 역사는 개인들에 의해서 주목을 받았다. 그들은 연구와 논쟁을 통해서 어떤 이유에서건 대다수가 무시했던 성서의 교훈에 대한 관점을 인지하였다.

둘째, 거기에는 언급이 되어야 하는 비판적인 질문들이 존재한다. 그것은 특히 다양한 읽기를 판단하기 위한 필요가 있을 때이다. (1) 해석은 전체 텍스트를 고려하는 것인가? 거기에는 무시되고 있는 어휘들이나, 구절들, 문장들이 있다는 것인가? 만약에 거기에 (중요한 문제들을 언급하지 않고 남겨둔) 그 본문 안에 격차가 있다면, 그것들은 적절하게 설명이 되고 있는가? (2) 그 해석은 직접적인 문맥을 고려하고 있는 것인가? 옛날 속담은 아직도 진리이지만, 문맥을 벗어난 본문은 이전의 본문이다. 직접적인 문맥은 그 텍스트가 답을 찾도록 질문을 제기하는 데 종종 도움이 된다. (3) 그 해석은 좀 더 광범위한 문맥과 서로 호환되는 것인가? 하나의 편지 안에서 하나의 구절을 읽는 것이 다른 바울의 편지들 안에서 발견되는 것들과 연결되는 것인가? 우리가 살펴봐야 하는 것처럼, 모든 편지가 같은 것을 말하지는 않는다. 그리고 아직도 전체 안에서 의미의 일관성을 알아내는 것이 가능해 보인다.

니콜라스 래쉬(Nicholas Lash)는 해석에 대한 생각이 실행으로서 성서본문에 적용해 볼 때 매우 실천적이고 긴급하다는 것을 알아냈다. 위기에 처해 있는 것은 단지 드라마 비평에 관한 판단이 아니라 오히려 삶과 죽음의 근본적인 문제다. "만약에 신약의 본문들이 그리스도교 신앙이 표현할 수 있다고 선언한 것을 나타내는 것이라면, 인류의 자질이 성과의 적절성에 대한 기준이 될 것이다."[3)]

3) Nicolas Lash, "Performing the Scriptures," in *Theology on the Way to Emmaus* (London: SCM, 1986), 46. 또 다음의 자료를 참조하라. Frances Young, *Virtuoso Theology: The Bible and the Interpretation* (Cleveland: Pilgrim, 1983).

분명히 나는 이 책을 쓴 사람으로서 바울을 읽는 것에 대해서 나 자신의 전제를 가지고 와서 학생들의 다양한 세대들, 사역자들, 교회 안의 평신도들과 대화를 하면서 나의 입장을 조율할 것이다. 나는 바울의 편지들을 읽고 (혹은 다시 읽는 것에) 그리고 그것들의 의미에 관한 대화에 온 여러분을 환영한다.

제1부

바울서신을 읽을 때 나타나는 쟁점들

제1장

바울이 편지를 쓰다

바울이 남겨준 불후의 유산은 그가 세운 교회들이나 그가 방문하기로 의도했던 교회들에게 보낸 편지들 형식으로 존재한다. 그 편지들을 면밀하게 연구하면 연구할수록 그것들은 어떤 사람이 점심으로 무엇을 먹는다든지 아니면 무엇을 부탁하려고 친구나 아니면 가족 구성원들에게 알리고자 급하게 휘갈겨 쓴 훈령들이 아니라는 사실이 좀 더 분명해진다. 그것들은 독자들로 하여금 특별한 방식으로 생각하고 행동하도록 설득하기 위하여 기록된 것으로 신중하고 세심하게 작성된 의사소통의 산물이다. 바울을 반대하는 사람들은 바울이 같이 있을 때에는 유약해 보인다는 의미를 부여하며 어눌한 화법을 가졌다고 매도하지만, 그들은 "그의 편지들이 무게가 있고 강력하다는 것"을 인정한다.(고후 10:10)

형식이 내용과 분리되지 않는다는 주장이 점차적으로 생겨나고 있다. 형식과 내용 이 둘은 개별 구절들이나 기록물 전체의 의미에 기여하고 있다. 데이비드 E. 아우네(David E. Aune)가 언급하는 것처럼, "문학의 장르들과 형식들은 의사소통의 다양한 유형을 포장하기 위하여 편리한 방식으로 사용되는 단순히 중립적인 그릇이 아니다. 그것들은 언어의 좀 더 작은 단위들과 그것들을 감싸고 있는 본문(텍스트)에 대해서 문맥상의 의미를 제공하는 사회적인 협약이다."[1] 그러므로 그것들이 편지라는 사실을 진지하게 받아들이고 바울이 기록한 것들의 주제를 이해하고자 하는 시도는 비평적이다. 그것들의 배열과 심지어 내용들 역시 편지라는 형식의 사회적 협약에 의해서 형성되었다. 그리고 동시에 그 편지들의 주요 문제들은 그 협약들의 수정을 강요하기도 한다.

바울의 편지들은 비록 우리가 그리스도교 공동체로부터 가지고 있는 가장 이른 것임에도 불구하고 편지를 쓰는 것은 그리스-로마 세계가 지배하는 동안에 공통의 의사소통 수단이었고 초대 그리스도교의 독특한 문학 형식이 되었다. 신약성서의 27개의 기록물 중에서 21개는 편지로 분류된다. 그리고 사도행전(15:22-31)과 요한계시록(2:1-3:22) 두 문헌도 편지들을 포함하고 있다.[2] 편지를 쓰는 형식과 훈련은 아마도 편지들의 본보기에 기초하여 그리스-로마 시대의 학교들 가운데서 일찍이 교육이 되었을 가능성이 있다. 편지를 쓰는 가장 분명한 이유는 정보교환이지만, 그럼에도 불구하고 편지들은 명령서들 발행, 분쟁조정, 우애증진, 칭찬과 비난처럼 다양한 기능을 제공한다.

20세기의 후반은 고대의 편지에 관한 우리의 이해와 그것을 바울에게 적용하는 중요한 발전을 이루었다.[3] 두 개의 요인이 이러한 최근의 관심을 촉발시켰다. 첫째, 19세기 말경 고고학자들은 고대 이집트 마을의 자료실들과 도서관들로부터 다수의 기록물들(파피루스)과 글이 새겨진 도자

---

1) David E. Aune, *The New Testament in Its Literary Environment*(Philadelphia: Westminster, 1987), 13.

2) 스탠리 스토워스(Stanley K. Stowers)는 고대에 그리스도인들이 기록한 900개 이상의 편지들을 가지고 있으며, 남지 못한 거대한 숫자는 언급할 수도 없다고 말한다. Stanley K. Stowers, *Letter Writing in Greco-Roman Antiquity*(Philadelphia: Westminster, 1986), 15.

3) 로버트 W. 펑크(Robert W. Funk)는 1966년 "최소한 편지들의 문학적 분석, 특히 전체적으로 취해진 서신서와 관련하여, 자료상 반세기 전에 있었던 것을 뛰어넘는 진보는 없다고 말할 수 있을 것이다"라고 적고 있다.(Robert W. Funk, *Language, Hermeneutics, and Word of God*[New York: Harper & Row, 1966], 251)

기 파편(ostraca)을 발견하였다. 그것들 중에 수백 통의 편지가 있었고, 그것들 중 두 가지는 공적인 편지들이거나 사적인 편지들이었고 그리스-로마 시대로부터 유래하는 것들이었다. 20세기 초에 아돌프 다이스만(Adolf Deismann)은 이 자료들을 차례로 분류하기 시작했고 최초로 평가를 하였다. 하지만 그것은 나중에 그 일을 계속하고 발견해가면서 바울 편지 기록의 일반적이고 편지를 쓰는 특별한 훈련에 관해서 무엇을 배울 수 있는지 엄밀하게 규정하는 전문가들이 생겨났다.[4] 그 자료는 그 이상의 문학 전통으로부터 이미 알려진 것에 대해서 본질적인 보완자료들을 제공한다.

둘째, 파피루스 조사는 데메트리우스(Demetrius), 키케로(Cicero), 세네카(Seneca) 같은 고대의 이론가들을 연구하는 것과 병행해서 이루어졌다. 이들은 편지쓰기를 위한 교과서나 편지글 작성을 위한 훈련에 관한 지침을 포함한 그들의 수사학적인 가르침에 관한 책을 만들어 냈다. 예를 들어, 데메트리우스는 하나의 편지가 대화와 유사하며 단순해야 한다는 사실을 인정하였다. 하지만 동시에 그것은 선물로 보내지는 것이기 때문에 좀 더 학습된 문체로 기록되어야 했다. 논리적이고 예민한 복잡한 어떤 주제들은 편지들 안에서는 피해야만 한다. "하나의 편지는 마음의 선한 바람들을 요약하는 것으로 계획된다. 그것은 단순한 어휘로 된 단순한 주제의 설명이다."(On Style 231)[5]

그 연구들이 바울의 편지들에 관해서 우리에게 무엇을 가르쳐 주었을까? 다이스만이 파피루스에 관한 조사를 시작했을 때, 그는 편지들(letters)과 서간문(epistles)을 구분했다. 그는 주장하기를, 편지들은 비문학이고, 일반적으로 사적인 의사교환들이며, 두 사람 사이의 대화를 목적으로 하

4) 이 자료들에 대한 수집은 John L. White, *Light from Ancient Letters*(Philadelphia: Fortress, 1986)를 보라.

5) 그 번역은 Abraham J. Malherbe, *Ancient Epistolary Theorists*(Atlanta: Scholars Press: 1988), 16-19를 보라.

는 데 기여한다. 그 대화들은 파피루스 수집에서 나타나는 전형적인 상업 편지 혹은 가족의 편지들에 의해서 설명된다. 다른 한편 서간문들은 단어의 보통의미로 볼 때 편지들이 아니고 예술적인 창조물들이다. 그것들은 정립된 문학적인 협약에 따라서 숙련된 솜씨를 가지고 작성되었고 광범위한 청중들을 의도하고 있다. 서간문은 "파피루스의 낱장에 적는 편지들처럼 해외로 나가는 것은 아니지만, 그러나 그것은 시작부터 대도시 안에 있는 책 판매자의 일꾼들에 의해서 일찍 재생산된다. 그것은 알렉산드리아, 에베소, 아테네, 로마에서 구매되고, 읽히고, 토론이 된다."[6]

다이스만은 바울이 순수 편지들을 썼고 서간문들을 쓴 것이 아니라고 주장한다. 그것들은 특별한 상황들을 지시하며 반복되는 것이 아니다. 그리고 그것들은 에피큐러스나 아리스토텔레스의 문학예술과 비교되는 것이 아니다. 바울의 편지들은 거의 자발적으로 "그의 유랑하는 삶의 폭풍우와 억압 속에서 나타났다. 그러한 억압은 이동하는 경험들 가운데 아주 많이 있었다."[7] 다이스만은 그 편지들이 논문이나 혹은 문학적인 산물들로 간주될 경우에 잘못된 평가를 받게 된다고 주장한다.

하지만 좀 더 최근에는 편지들과 서간문들에 대한 다이스만의 구분은 그것을 특별히 바울에게 적용할 경우 많은 비판을 받고 있다.[8] 하나는 바울의 편지들이 교회들에 써 보낸 것이고 아마도 곧바로 복사가 되어서 다른 교회들과 함께 공유되었다는 것이다. 그 편지들을 개인서신이라고 말하기는 어렵다.(물론 '당신의 집'을 포함하여 빌레몬에게 보내는 편지도 그렇다. 몬 2절을 보라.)

게다가 바울의 편지들의 언어 분석과 수사학은 이것들이 바쁜 사역의 혼란함 속에서 성급하게 보낸 의사소통이 아니라는 결론으로 이어진다.

---

6) Adolf Deismann, *St. Paul: A Study in Social and Religious History*(London: Hodder Stoughton, 1912), 10.

7) *Ibid.*, 12.

8) Stowers, *Letter Writing*, 17-26을 보라.

심지어 다이스만은 갈라디아서조차도 거룩한 분노 때문에 받아 적게 된 것으로 생각하고 그것을 "자기 변호의 불 같은 편지"[9]라는 이름표를 붙였다. 하지만 이 편지는 다양한 설득 전략을 이용하면서 그의 이방인 독자들에게 할례를 받아들이지 못하게 확신을 가지도록 의도하면서 주의 깊게 세워진 논쟁으로 더 잘 알려져 있다.

옆에 놓아두었던 일상의 편지들이 파피루스 수집록 안에서 발견되고 그리스-로마의 문학형식에서 유래하는 그 이상의 예술적인 편지들이 발견될 때, 바울의 편지들은 형식의 입장에서 보면 그것들 중간 어딘가에 속하게 된다. 바울은 전혀 과장 없이 수평적이고 단조로운 의사소통을 만들어 내지 않았다. 그의 비유적인 묘사가 예수의 비유처럼 그렇게 활기찬 것은 아니지만 말하고자 하는 요점들을 분명하게 해주는 비교들을 끌어들인다.(예를 들어 갈 3:24의 '우리의 초등학문'인 율법; 롬 8:18-23의 진통 중에 있는 임신한 어머니 같은 창조의 '신음함', 롬 11:17-24의 올리브나무에 붙어 있는 가지의 잘라냄과 접붙임.) 그의 확신들은 엄격하게 논증이 되고 있으며 간간이 현실적인 유머들이 섞여 있다.

1. 바울 편지들의 구조

바울 편지들의 구조에 관한 논의가 많은 검증을 받고 있다는 것은 놀라운 것이 아니다. 우리의 편지들은 그것이 개인의 것이거나 아니면 사업을 위한 것이라 하더라도 의사소통을 위한 틀을 제공하는 일반적으로 알아볼 수 있는 방식을 따르고 있다. '친애하는 스미스 부인', '진심을 담아 존 존스.' 발신자와 수신자 사이의 친밀함이나 편지를 쓰는 목적에 따라서 그 협약이 변경된다. 편지쓰기의 열고 닫는 것 사이에는

9) Deismann, *St. Paul*, 20.

편지의 몸말(본론)이 온다. 바울의 편지들은 비슷한 삼중방식을 따르고 있다.

1) 여는 말

구조적으로 바울은 각 편지를 발신자와 수신자의 이름을 언급하고 인사말이나 감사에 대한 기도를 하면서 관례적인 방식으로 시작한다. 이것은 약간의 변형을 가지기 때문에 특별한 것이 아니다. 네 가지 모든 요소는 이집트에서 발견된 파피루스 편지들 안에서 표준이 되는 구성요소들이다.[10] 하지만 어떤 흥미를 가지게 하는 것은 바울과 그의 독자들의 관계라는 빛에서 보거나 아니면 편지를 쓰도록 그를 자극했던 상황의 빛에서 볼 때 그 요소들이 특별한 편지들 가운데서 확장되는 방식이다.

로마서의 여는 말을 고려해보도록 하자.(롬 1:1-17)

발신자	그리스도 예수의 종인 나 바울은 부르심을 받아 사도가 되었습니다. 나는 하나님의 복음을 전하기 위하여 따로 세우심을 받았습니다. 이 복음은 하나님께서 예언자들을 통하여 성경에 미리 약속하신 것으로 그의 아들을 두고 하신 말씀입니다. 이 아들은, 육신으로는 다윗의 후손으로 태어나셨으며, 성령으로는 죽은 사람들 가운데서 부활하심으로 나타내신 권능으로 하나님의 아들로 확정되신 분이십니다. 그는 곧 우리 주 예수 그리스도이십니다. 우리는 그를 통하여 은혜를 입어 사

10) 헬레니즘적인 편지들 안에는 분명한 변형들이 존재한다. 그것은 기도의 생략 혹은 편지를 받는 사람을 위한 건강에 대한 기원을 추가하는 것, 아니면 기도로 기원을 말하는 것 같은 것이다.("나는 무엇보다 당신이 잘 되기를 기도합니다.") White, *Light from Ancient Letters*, 198-202를 보라.

	도의 직분을 받았습니다. 그것은 우리가 그 이름을 전하여 모든 민족이 믿고 순종하게 하려는 것입니다. 여러분도 그들 가운데 들어 있어서, 예수 그리스도의 부르심을 받은 사람이 되었습니다.(1-6절)
수신자들	나는 로마에 있는 모든 신도에게 이 편지를 씁니다. 하나님께서 여러분을 사랑하셔서, 그의 거룩한 백성으로 부르셨습니다.(7a절)
인사	하나님 우리 아버지와 주 예수 그리스도께서 내려 주시는 은혜와 평화가 여러분에게 있기를 빕니다.(7b절)
감사기도	나는 먼저 여러분 모두의 일로, 예수 그리스도를 통하여 나의 하나님께 감사를 드립니다. 그것은 여러분의 믿음에 대한 소문이 온 세상에 퍼지고 있기 때문입니다. 하나님은, 내가 그 아들의 복음을 전하는 일로 충심으로 섬기는 분이시기에, 내 마음속을 알고 계십니다. 나는 기도할 때마다, 언제나 여러분을 생각하며, 어떻게 해서든지 하나님의 뜻으로 여러분에게로 갈 수 있는 좋은 길이 열리기를 간구하고 있습니다. 내가 여러분을 간절히 보고 싶어 하는 것은, 여러분에게 신령한 은사를 좀 나누어주어, 여러분을 굳세게 하려고 하는 것입니다. 이것은, 내가 여러분과 함께 지내면서, 여러분과 내가 서로의 믿음으로 서로 격려를 받고자 하는 것입니다. 형제자매 여러분, 여러분은 이것을 아시기 바랍니다. 나는 여러분에게 가려고 여러 번 마음을 먹었으나, 지금까지 길이 막혀서 뜻을 이루지 못하였습니다. 나는 다른 이방 사람들 가운데서도 열매를 거둔 것과 같이, 여러분 가운데서도 그것을 좀 거두려고 했던 것입니다. 나는 그리스 사람에게나 미개한 사람에게나, 지혜가 있는 사람에게나 어리석은 사람에게나, 다 빚을 진 사람입니다. 그러므로 나의 간절한 소원은, 로마에 있는 여러분에게도 복음을 전하는 일입니다.(8-15절)

주제	나는 복음을 부끄러워하지 않습니다. 이 복음은 유대 사람을 비롯하여 그리스 사람에게 이르기까지, 모든 믿는 사람을 구원하는 하나님의 능력입니다. 하나님의 의가 복음 속에 나타납니다. 이 일은 오로지 믿음에 근거하여 일어납니다. 이것은 기록한 바 "의인은 믿음으로 살 것이다" 한 것과 같습니다. (16-17절)

이것은 바울의 편지들 중에서 가장 긴 여는 말을 보여준다. 몇 가지가 분명하다. 첫째, 발신자에 관한 언급이 상세하게 되어 있으며(1-6절), 이것은 수신자들을 언급하고 인사를 하는 것을 거의 압도하고 있다. 둘째, 그 언급은 바울 개인의 특징들을 강조하는 것이 아니며 (독자들을 포함하여) 비유대인들 가운데서 선교를 하고 있는 그의 위임장도 바울 개인의 성격이 아니다. 그는 위임장이 복음에 뿌리를 두고 있다고 보고 있다. 셋째, 그것이 영어 번역에서는 즉시 증명이 되지는 않음에도 불구하고 3-4절은 아마 로마의 독자들에게 알려졌던 고백문 형식을 가지고 있다. 넷째, 감사기도는 독자들의 믿음을 인정하는 것과 그들에 대한 바울의 관심인 반면 이방인들을 향한 선교에 관한 주제와 로마의 그리스도인들을 방문하기 위한 그의 계획으로 되돌아간다. 마지막으로, 여는 말은 주제에 관해 명확하지만 특색이 없는 진술을 포함하고 있다.

우리의 편지들 시작처럼 종종 모호한 방식으로 관계를 맺거나 편지의 몸말(본론)에서 나오게 되는 어조가 시작되지만('친애하는 스미스 부인' 혹은 '친애하는 샐리' 혹은 '나의 친애하는' 등등), 로마서의 여는 말은 독자들을 연결해 주고 있으며 편지로 바울의 관심사를 알리고 있다. 그는 한 번도 로마를 방문하지 않았기 때문에(13절), 독자들은 여는 말로부터 그 편지의 몸말이 그가 설교하는 그 복음을 명확하게 해줄 것을 기대한다. 특별히 그 복음은 비유대인들(그리고 심지어 '야만인들')과 관계되어 있다. 어떤 사람은 주제에 대한 진술로부터 편지 안에서 하나님의 능력이자 믿는 사람들에게 하나님의 의의 계시이며 구약성서를 성취한 복음에 관해서 더 많은 것을 읽을 수 있다고 기대할 수 있다. 여는 말을 차례와 비교하는 것이 너무 많이 있지만, 반면에 그것은 관습적으로 편지의 용건을 제시하는 데 도움이 된다.

어떤 사람은 다른 편지들 안에서 같은 특징들을 발견할 수 있다. 그것들 가운데서 여는 말은 다음과 같이 몸말 안에 나오는 중요한 주제들을 의도적으로 드러내기도 한다. 고린도전서(독자들에게 주어진 영적인 은사들의 부요함에 대한 강조, 1:4-7), 갈라디아서(사도인 바울의 사명을 분명히 하는 것과 그의 독자들이 다른 복음으로 돌아선 것에 대한 놀라움에 관한 언급으로 감사의 기도를 대체하는 것, 1:1, 6-7), 빌립보서(상호관계와 우정에 대한 강조, 1:3-7), 데살로니가전서(박해 가운데서도 독자들의 신앙의 모범과 예수의 다시 오심에 대한 그들의 기대, 1:6-10), 빌레몬(빌레몬의 친구들을 포함하여 확장된 인사말)이다.[11)]

2) 닫는 말

전형적인 헬레니즘의 편지는 보통 간단한 '인사'로 끝을 맺는다. 바울의 편지들 안에서 닫는 말은 조금 더 상세히 말하고자 하는 경향이 있다. 그것은 친구들을 향해서 이니면 친구들로부터 오는 닫는 인사를 포함하여 다른 사람들에게 거룩한 입맞춤으로 인사하라는 권고와 축복으로 끝이 난다. 경우에 따라서 평화의 기도를 제안하기도 하며(예를 들어 살전 5:23-24), 마지막 충고가 주어진다(예를 들어 고후 13:11). 닫는 말은 편지의 전통적인 마무리를 준비하는 것 외에도 바울과 독자들의 지속적인 관계를 증진시키는 데 도움이 되며, 종종 편지를 보내고 방문할 것이라는

11) 고린도후서는 두 개의 편지가 잘 합해져 있는 독특한 문제를 보여준다. 그리고 그것의 감사기도는 다른 바울서신들과 다르게 하나의 형식을 가정하고 있다.

사소한 것이 아닌 세부사항을 언급한다.

닫는 말의 가장 독특한 형식은 갈라디아서 안에서 나온다(6:11-18). 편지의 몸말은 어떤 교사들 그룹에 관한 날카로운 비판을 다루고 있다. 그들은 갈라디아 교회에 들어와서 하나님 백성의 구성원으로 포함되기 위해서 예수에 대한 믿음만이 아니라 할례를 행하고 특별한 날들을 지켜야만 한다고 주장했다. 바울은 편지를 받아 적게 하면서 맺는말을 자신의 손으로 직접 썼으며 그 교사들에게 마지막 공격을 계속한다. 그의 전략은 '새 창조'의 대변자로서 자신과 대결하고 있는 그 교사들을 '세상'의 대변자들로 비교하는 것이다. 그는 그 과정에서 그 교사들의 동기들을 비난하며, 독자들은 실제로 한 가지를 선택해야 하는 처지가 된다. 그것은 (바울이 선포한) 십자가에 달리신 그리스도의 복음이냐 아니면 (그 교사들이 주장한) 할례인가 하는 것이다. 평화의 기도와 마지막 축복은 그 편지를 끝나게 한다.[12)]

이 닫는 말은 다른 것과 다르지 않게 편지의 논증과 주의 깊게 이어지며 독자들에게 마지막 요구를 하므로 관계 증진에 그렇게 많은 기능을 하지는 않는다. 갈라디아서의 여는 말과 닫는 말이 보통의 편지형식에서 벗어나는 것은 아마도 초기 독자의 주의를 끌고 그들 앞에 있는 문제의 심각성을 강조하려고 했던 것으로 보인다.

3) 몸말(본론)

바울서신들의 여는 말과 닫는 말과 더불어 그의 편지들에 대한 공통의 특징들을 확인하는 것은 쉽고, 그것은 표준이 되는 헬레니즘 편지들에

---

12) Charles B. Cousar, *A Theology of Cross: The Death of Jesus in the Pauline Letters*(Minneapolis: Fortress, 1990), 135-148을 보라. Jeffrey A. D. Weisma, *Neglected Ending: The Significance of the Pauline Closing*(Sheffield: JSOT, 1994), 156-174.

필적할 수 있는 특징을 이루고 있다. 하지만 편지의 몸말과 관련해서는 공통의 습관적인 특징들이 그렇게 분명하지 못하다. 이것은 크게 놀라운 것은 아닐 것이다. 왜냐하면 몸말은 편지마다 달라지는 필요성에 관해 주요 정보를 전달하기 때문이다. 오늘의 편지들도 그와 같은 양상이다.

바울서신의 세 가지 특징이 최근의 연구에서 주목을 받았다. 첫째, 거기에는 "형제들과 자매들"에 대한 직접적인 인사말과 결합된 도입형식이 존재한다는 것이다. 일반적으로 몸말은 이것으로 적절하게 시작된다.[13] 바울의 다섯 개 편지들은 몸말을 "형제 자매들이여, 나는 여러분이 알기를 원합니다.…" 혹은 "형제 자매들이여, 우리는 여러분이 모르기를 원하지 않습니다.…" 같은 발표형식으로 시작한다.(로마서, 고린도후서, 갈라디아서, 빌립보서, 데살로니가전서) 반면에 다른 두 개의 편지들은 "형제 자매들이여, 나는 지금 여러분에게 요청합니다.…"의 요구형식으로 시작되고 있다.(고린도후서, 빌레몬서) 그것에 평행을 이루는 것들은 파피루스 수집물의 편지들과 관련해서 설명이 될 수 있다. 그것들은 상기시켜주고 있는 정보가 이미 독자들과 공유되고 있으며 새로운 정보를 전달하는 것은 몸말의 처음에 어떤 논증이 진척되도록 하는 것으로부터 상호 간의 토대 형성에 기여할 것을 제안하고 있다. 발표형식의 각자 용법에서 언급된 정보는 바울의 개인적인 상황이나 의도와 관계가 있다. 요구형식의 두 개의 용법 안에서 초점은 독자들을 겨냥하고 있다.

"형제 자매들이여"라는 직접적인 인사말은 도입부 형식과 바울의 편지들의 몸말 전체에서 반복해서 나타나는데 단순한 형식으로 무시해서는

13) J. T. Anders, "The Transition from the Opening Epistolary Thanksgiving to Body in the Letters of the Pauline Corpus," *JBL* 81(1962), 45–54; T. Y. Mullins, "Petition as a Literary Form," *NovT* 5(1962): 46–54; T. Y. Mullins, "Disclosure: A. Literary Form in the New Testament," *NovT* 7(1964): 44–50; J. L. White, "Introduction Formulae in the Body of Pauline Letter," *JBL* 90(1971), 91–97.

안 된다. 가정용 언어의 사용은 편지들이 시작되고 있는 지도력의 언어('그리스도 예수의 사도')와 균형을 잡아준다. 불행하게도 새개정표준판(NRSV)은 가끔씩 그리스어 *adelphoi*를 '형제 자매들이여' 대신에 가정에서 사용하는 말의 특징을 잃어버리고 '사랑하는' 아니면 '친구들'로 번역한다. 한편으로 바울은 교회들에 대한 애정을 가지고 수행하고 있는 특별한 책임을 드러내면서 사도의 권위를 요구한다. 그리고 다른 한편에서 그는 권위와 평등의 특별한 조합으로 생겨난 그의 독자들과 공유하고 있는 공동의 영적 세대를 인정한다.[14)]

둘째, 편지들은 항상 방문을 위한 것으로 방문을 대신하는 것으로 보내졌다. 바울이 육체적으로 어떤 모임에 참석할 수 없을 때, 그 편지는 충분한 역할을 했다. 이것과 관련해서 로버트 W. 펑크(Robert W. Funk)는 바울서신의 규칙적인 특징들에 대해서 주의할 것을 요구하였다. 그것은 바울이 일반적으로 (편지들마다 변화를 주면서) 편지의 마지막에 이르면 그 모임에 대한 그의 현존을 확대한다는 것이다.[15)] 편지와 더불어 그 자체가 편지를 전달하고 (혹은 곧 가게 될) 사자(使者)인 것이며 사도를 대신하여 말하고 있는 위치에 있는 것이다. 바울은 곧 있게 될 자신의 계획을 언급하고 스스로 방문할 것을 고대하고 있다. 그가 없음에도 불구하고 독자들 앞에 있는 사도로서의 현존은 단지 편지를 통해서만이 아니라 사도가 보낸 사람이나 그가 계획한 방문을 통해서 유지되고 있다.

셋째, 고려해야 하는 주의사항이 (항상 그런 것은 아니지만) 일반적으로 편지들의 몸말의 마지막에 이르게 되면 도덕적인 권고의 단어들(훈계교육이라고 부른다.)이 제시되고 있다. 몇몇의 학자는 이것을 몸말 자체로

---

14) John L. White, "Ancient Greek Letters," in *Greco-Roman Literature and the New Testament*, ed. David E. Aune(Atlanta: Scholars Press, 1988), 98.

15) Robert W. Funk, "The Apostolic Parousia: Form and Significance," in *Christian History and Interpretation*, ed. W. R. Farmer, et al.(Cambridge: Cambridge University Press, 1967), 249-268.

부터 분리하여 구조의 네 번째 주요한 구분으로 배열하는 것을 선호할 만큼 이것의 특징은 아주 중요하다. 어떤 경우에든지 권고의 말들은 편지의 전략을 수행하는 비판적인 역할을 가지고 있다.

때로 이 도덕적 권고는 로마서 1:29-31처럼 악행목록 형식을 가진다.

> 사람들은 온갖 불의와 악행과 탐욕과 악의로 가득 차 있으며, 시기와 살의와 분쟁과 사기와 적의로 가득 차 있으며, 수군거리는 자요, 중상하는 자요, 하나님을 미워하는 자요, 불손한 자요, 오만한 자요, 자랑하는 자요, 악을 꾸미는 모략꾼이요, 부모를 거역하는 자요, 우매한 자요, 신의가 없는 자요, 무정한 자요, 무자비한 자입니다.

이것은 때로 빌립보서 4:8처럼 덕행목록을 가지기도 한다.

> 무엇이든지 참된 것과, 무엇이든지 경건한 것과, 무엇이든지 옳은 것과, 무엇이든 순결한 것과, 무엇이든 사랑스러운 것과, 무엇이든지 명예로운 것과, 또 덕이 되고 칭찬할 만한 것이면, 이 모든 것을 생각하십시오.

이것은 때로 데살로니가전서 5:14-22처럼 일련의 격언들로 나타나기도 한다.

> 무질서하게 사는 사람을 훈계하고, 마음이 약한 사람을 격려하고, 힘이 없는 사람을 도와주고, 모든 사람에게 오래 참으십시오. 아무도 악으로 악을 갚지 말고, 도리어 서로에게, 모든 사람에게, 항상 좋은 일을 하려고 애쓰십시오. 항상 기뻐하십시오. 끊임없이 기도하십시오. 모든 일에 감사하십시오. 이것이 그리스도 예수 안에서 여러분에게 바라시는 하나님의 뜻입니다. 성령을 소멸하지 마십시오. 예언을 멸시하지 마십시오. 모든 것을 분간하고, 좋은 것을 굳게 잡으십시오. 갖가지 모양의 악을 멀리하십시오.

이것은 때로 데살로니가전서 4:9-12처럼 요약된 도덕설교형식이나 아니면 수필형식(*topoi*라고 부른다.)으로 나타난다.

> 교우들에 대한 사랑을 두고서는, 여러분에게 더 쓸 필요가 없겠습니다. 여러분이 직접 하나님께로부터 서로 사랑하라고 하시는 가르침을 받아서, 온 마케도니아에 있는 모든 형제자매에게 그것을 실행하고 있기 때문입니다. 형제자매 여러분, 우리는 여러분이 더욱더 그렇게 하기를 권면합니다. 그리고 우리가 여러분에게 명령한 대로, 조용하게 살기를 힘쓰고, 자기 일에 전념하고, 자기 손으로 일을 하십시오. 그리하여 여러분은 바깥 사람을 대하여 품위 있게 살아가야 하고, 또 아무에게도 신세를 지는 일이 없도록 해야 할 것입니다.

20세기 초 마르틴 디벨리우스(Martin Dibelius)는 권고문 자료 연구에서 발전을 이루어 냈다. 그는 권고문의 내용이 유대교, 그리스도교, 이교도 같은 다양한 자료에서 유래하고 있으며 바울에 의해서 그것들이 특별한 편지에 대한 내적인 일관성이나 혹은 적용을 위해서 사소한 사상과 결합되었다는 것을 강조하였다. 간단히 말해서 그 권고들은 바울신학과 연결되는 것 대신에 그리스도교의 일반적인 기풍을 제공해 주었다. "바울서간문들의 권고부분들은 사도의 윤리이론 형성과 아무런 관련이 없고 거기에 특별한 다른 생각은 거의 없다. 오히려 그것들은 전통에 속해 있는 것들이다."[16]

좀 더 최근에 빅터 폴 퍼니쉬(Victor Paul Furnish)는 디벨리우스의 결론에 대한 비판을 하였고 권고자료들을 끌어온 다양한 자료들이라고 확정하였다. 하지만 디벨리우스와 반대로 퍼니쉬는 바울의 악행과 덕행목

16) Martin Dibelius, *From Tradition to Gospel*(1934; reprin, New York: Charles Scribner's Sons, 1965), 239.

록들, 그의 일련의 금지명령, 그의 도덕적인 설교들이 분리되어서는 안 되고 그 편지들의 문맥의 빛 가운데서 검증되어야 함을 주장하였다. 이렇게 해보면 바울이 주의 깊게 윤리적인 자료들을 흡수하여 그의 신학적인 목적에 맞게 그것들을 사용했다는 것이 분명해진다. 그러한 흡수의 주요한 사례는 갈라디아서 5:19-23의 악행과 덕행목록이다. 그것은 육을 따르는 삶과 영을 따르는 삶이 무엇을 의미하는지 구체화하고 있다.

퍼니쉬는 '시간의 제약을 받지 않는' 권고문조차(예를 들어 "악한 것을 미워하고, 선한 것을 굳게 잡으십시오", 롬 12:9)도 구체적인 상황을 가리키고 있으며 다른 그 이상의 특별한 충고들과 연결한다. "무엇보다 그(바울)의 전통적인 자료들의 사용은 그의 관심을 반영하며, 아마도 어떤 것은 구체적이고 관련이 있는 '목회적인' 관심을 말할 것이다. 그는 특별하게 그리스도인들 자체의 상상력이나 직관에 대해서 '선'하고 '악한' 행위들에 관한 증명서를 남기려고 하지 않았다."[17] 에이브러햄 J. 말허베(Abraham J. Malherbe)는 데살로니가전서 1장의 권고 자료가 독창적인 것이 아님에도 불구하고, 그것이 다양한 방식으로 그와 독자들의 목회적인 관계를 굳게 하고자 했던 한 사람에 의해서 기록되었다는 사실을 주목하였다.(그런 것은 다음과 같다. 2:7의 "마치 어머니가 자기 자녀를 돌보듯이 유순하게 처신하였습니다"; 2:11의 "아버지가 자기 자녀에게 하듯이") 그 충고들은 돌봄이라는 문맥에서 제공되며 목회적인 목적을 제공하고 있다. 그것들은 독자들로 하여금 그들이 특별한 공동체이며 그것을 따라서 살 것을 요구하고 있다는 것을 생각하게 해준다.[18]

여는 형식들, 사도의 현존을 표현하는 것, 권고자료 이 세 가지 특징

17) Victor Paul Furnish, *Theology and Ethics in Paul*(Nashville: Abingdon, 1968), 68-74, 259-262; 72에서 인용.

18) Abraham J. Malherbe, "Exhortation in the First Thessalonians," *NovT* 25(1983): 238-256; 그리고 *Paul and Thessalonians*(Philadelphia: Fortress, 1987), 68-94.

들을 넘어서서 헬레니즘의 편지형식은 바울 편지들의 몸말을 이해하는 데 약간의 도움을 준다. 몸말은 바울이 그의 독자들과 상황을 만들어가는 최고의 독창성을 실현하는 장소이며, 그 몸말은 그가 수사학 실천으로부터 끌어온 다양한 전략을 이용하고 있는 장소다. 이것은 우리가 다음 장으로 넘어가서 설명해야 하는 주제이다.

2. 편지들과 그 이야기

바울의 각 편지는 그가 방문했거나 아니면 방문할 계획이 있었던 모임과 관계가 진행 중에 있었던 한 부분으로 기록되었다. 어떤 것도 '느닷없이' 기록되거나 아니면 단순하게 바울의 신학적인 사상에 대한 기록을 제공하려고 기록된 것이 아니다. 심지어 로마서도 때로는 바울의 대표작으로 규정되거나 혹은 그의 마지막 유서나 유언장으로 규정되기도 하지만, 그것은 바울이 아직 방문하지 않았던 단체에 사기를 소개하려고 기록한 것이다. 그 편지는 그가 로마의 가정교회들 안에서 격화된 문제들과 이방인 교회들로부터 예루살렘에 있는 모교회를 향한 모금을 전달하는 것에 직면했던 긴급한 과제에 참여하고 있음을 반영하고 있다.[19)]

역사비평은 오랫동안 그 편지들의 기록을 둘러싸고 있는 역사적인 환경을 재구성하는 데 관심을 가져왔다. 이것은 바울이 편지를 썼을 때 어디에 있었고, 그가 편지를 썼던 시기, 수신자들이 실제적으로 살았던 곳, 그에게 편지를 쓰도록 자극했던 모임의 환경이 무엇인지, 바울이 해로운 것으로 생각했던 그 모임에 영향을 준 어떤 세 번째 분파들에 대한 확인 작업과 같은 관심들을 포함한다. 이 연구는 본질적으로 역사적인 조사이며,

19) 다음의 논의를 보라. *The Romans Debate*, rev. ed., ed. Karl Paul Donfried (Peabody, MA: Hendrickson, 1991).

그 편지들 자체가 재구성을 위한 주요자료로 제공된다. 하지만 고려해야 할 중요성은 사도행전이나 1세기의 유대 그리스도인들의 기록물 같은 다른 자료들에게도 주어져 있다.

하지만 노만 R. 피터슨(Norman R. Petersen)은 최근에 그 편지들 이전에 그것 자체의 이야기를 말할 기회가 필요했던 역사적인 재구성을 하고자 자료로 이용된 문학적인 근거들을 제시하였다. 편지들은 엄격한 의미로 볼 때 복음서들이나 사도행전처럼 이야기(narrative)가 아니다. 그럼에도 불구하고 그것들은 이야기의 세계를 창조하며 그려 내고 있다. 모든 편지는 언급되어야 하는 이야기를 가지고 있다. 그 이야기는 하나의 관점, 인물들, 줄거리, 결말을 가지고 있다. 그것들 모두는 이야기꾼에 의해서 만들어진 하나의 세계를 만들어 낸다. 독자들은 그 이야기 세계 속으로 들어가고 이야기꾼의 관점을 공유하도록 초대를 받는다. (마가복음 안에서 예수의 사역을 전개하는 것처럼) 서사형식(a narrative)의 이야기(the story)는 명확하고 좀 더 적절하다. 반면에 편지들 안에서의 그 이야기는 종종 의사소통을 하고 있는 메시지와 깊게 얽혀 있어 분리해 내는 것이 조금은 어렵다.

피터슨은 빌레몬서의 이야기를 배열해 놓았다.[20] 그는 편지가 만들어 내는 이야기의 세계(그 이야기가 그 세계를 말하고 있다.)와 바울, 빌레몬, 오네시모라는 그 세계의 주요 인물들과 빌레몬의 집에 모이는 다른 사람들을 설명한다. 거기에는 사건이 이어지는 두 개의 순서(sequences)가 있는데, 그 순서의 줄거리 속에서 일어나는 사건들이 이야기될 수 있다. 하

20) Norman R. Petersen, *Rediscovering Paul: Philemon and the Sociology of Paul's Narrative World*(Philadelphia: Fortress, 1985). 내가 분류한 결과는 69-70쪽에서 발견한 피터슨의 두 개의 표를 결합하였다. 피터슨은 상징적인 형식들과 사회적인 배열들에 관해서 사회학적인 질문을 하는 방향의 처음 단계로 빌레몬의 이야기 세계를 재구성하였다. 그 배열들은 바울, 오네시모, 빌레몬 사이에 존재하는 상호작용으로 인한 영향력이다.

나는 그 사건들이 명백하게 일어나고 있는 차례(order)이다. 즉, 사건들은 그것들의 시간적이거나 아니면 관계가 있는 사건의 순서로 일어난다.

1	빌레몬은 바울에게 빚을 졌다.(19b절)	[7]
2	바울은 감옥에 갇혀 있다.(9절; 1, 10, 13, 23절을 비교하라.)	[2]
3	오네시모는 도망을 갔고 빌레몬에게 빚을 졌다.(15절; 11-13, 18-19a절을 비교하라.)	[5]
4	오네시모는 감옥에 있는 바울에 의해서 회심을 하게 되었다.(10절; 13절을 비교하라.)	[3]
5	바울은 빌레몬의 사랑과 믿음에 관해서 듣고 있다.(4-7절)	[1]
6	바울은 오네시모를 빌레몬에게 되돌려 보낸다.(12절)	[4]
7	바울은 이 부탁의 편지를 빌레몬에게 보내고 오네시모의 빚을 갚아 줄 것이라고 제안한다.(17-19a절)	[6]
8	오네시모와 그 편지가 도착했다.(는 것이 내포되어 있다.)	[8]
9	빌레몬은 바울의 부탁에 응답한다.(20-21절)	[9]
10	바울은 빌레몬을 방문할 계획을 세운다.(22절)	[10]

그 사건들이 이야기될 수 있는 다른 사건의 순서는 그 편지 자체 안에서, 즉 문학적이거나 시적인 사건의 순서에 나타나고 있는 차례다. (위의 표에서 오른쪽에 있는 괄호의 숫자들은 이러한 사건의 배열을 가리킨다.) 사건의 배열이 이것처럼 줄거리를 구성할 때 적어도 세 가지의 관찰이 차례로 존재한다. 첫째, 이 편지는 그 이야기 안에서 심각한 사건으로서 기능을 하고 있다. 그것은 우리에게만 그 이야기를 말하는 것이 아니라 그 이야기가 어떤 길로 가야할지 하는 역할을 하고 있다. 그것은 빌레몬이 되돌아간 오네시모를 너그럽게 받아들이도록 설득이 되도록 하려는 것인가

아니면 그렇지 않은 것인가 하는 것이다. 사실상 그 편지는 그 이야기 안에서 꼭 필요한 요소이다.

둘째, 피터슨이 강조하는 관찰은 문학적이고 시적인 사건의 배열 안에 들어 있는 두 사건을 재배치하는 것이다. 오네시모는 빌레몬에게 빚을 졌고(18-19a절), 빌레몬은 바울에게 빚을 졌다.("그대가 오늘의 그대가 된 것이 나에게 빚진 것이라는 사실을 나는 굳이 말하지 않겠습니다", 19b절) 이 두 가지가 초기에 시간적인 순서로 일어났음에도 불구하고, 그것이 상대적으로 나중에 그 편지에 나타나는 것(문학적인 순서배열)은 긍정적인 말들 이후에 빌레몬과 오네시모 두 사람에 관해서 언급된 것으로 편지의 논증에서 그들에게 최고의 선택을 하게 한다. 빚을 지고 있음은 이야기 줄거리의 중심 주제가 된다. 바울은 자신이 빌레몬에 대해서 가지고 있는 어떤 채무관계를 철회하면서 빌레몬의 세상의 빚을 인정하고 그것을 자기가 갚을 것이라고 제안한다. 그때 그것이 바울에 대한 그의 교회의 빚을 인정하고 그리고 그가 돌아온 오네시모를 형제로 환영하는 것으로 그것에 보답하는 빌레몬의 변화가 된다. "그가 나에게 그러하다면, 그대에게는 육신으로나 주님 안에서나 더욱 그러하지 않겠습니까?"(16절)

셋째, 이 이야기의 두 줄거리들 안에 있는 이야기의 종결은 바울이 가게 될 방문이다. 우리가 좀 더 일찍 주목했던 것처럼 편지 안에서 앞으로의 방문을 언급하는 것은 바울의 사도직인 권위를 확상하는 방법이다. 이 경우에 그것은 빌레몬에게 추가적인 보상을 제공하며 당근과 채찍 같은 기능을 한다. 그것은 특히 바울이 몇 사람의 이름을 부르면서 전체 회중을 그 이야기에 끌어들였기 때문이다.(1-2절) "분명히 바울은 빌레몬과 다른 독자들에게 오직 한 가지만의 응답만이 빌레몬에게 있다는 결론을 내리도록 원하고 있다. 그것은 오네시모가 형제가 되어서 형제로 남을 수 있는가 하는 것이다."[21] 바울은 빌레몬이 어떤 결정을 하였는지 개인적으로 보

21) Petersen, *Rediscovering Paul*, 78.

기를 원한다.

빌레몬서 안에서 말했던 이야기는 처음부터 다른 편지들의 많은 이야기 그 이상이며 좀 더 쉽게 이야기 줄거리가 구성되고 분석이 된다. 하지만 그럼에도 불구하고 그 이야기들이 각 편지의 해석에서는 비판적이다. 고린도로 보낸 두 개의 편지는 복잡한 이야기를 전달하고 있다. 그 이야기들은 바울과 고린도 교회 내부의 다양한 그룹들, 고린도에 보낸 사자(使者)들, 바울의 사도권에 도전한 하나 혹은 그 이상의 반대자들의 형성, 여러 번의 방문들, 잃어버린 편지들과 연결된다. 사건들을 정확하게 순서로 배열하는 것에 관해서 그리고 그 편지가 어떤 순서로 기록되었는지에 관해서 학자들의 동의를 얻는 것은 쉽지 않지만, 그러나 그 이야기를 설득력 있게 개작한 이야기는 그 경우에 그 편지들을 하나로 읽을 수 있게 만들 수 있는 것이 가능하다.

피터슨이 빌레몬서를 가지고 그 이야기의 세계를 재구성하고 있는 학문적인 접근이 역사적인 연구를 위한 대체가 된다는 것을 의미하는 것은 아니다. 단순하게 말하자면 그것은 꼭 필요한 첫 번째 단계이다. 그 텍스트는 역사적인 자료가 되기 이전에 문학작품으로 받아들여진다. 이것의 장르와 문학적인 관습, 작품구성상의 단위들, 이야기 세계는 우선권을 가지지만, 그 텍스트 자체가 역사적인 문맥을 위한 연구에서 상실되지 않도록 해야만 한다.[22]

22) 피터슨과 유사하게 문학적인 우위를 위한 주장은 Robert M. Polzin, "Literary and Historical Criticism of the Bible: A Crisis in Scholarship," in *Orientation by Disorientation: Studies in Literary Criticism and Biblical Literary Criticism*, ed. R. R. Spencr(Pittsburgh: Picwick, 1980), 99-114를 보라.

제2장

바울서신의 수사학

'수사학'이라는 용어는 종종 우리의 속어 사용에서 부정적인 의미를 지닌다. 우리는 정치가들의 약속을 '막연한 수사학'으로 냉소적으로 무시하곤 한다. 그래서 그것은 정치가들이 유권자들을 확보하기 위하여 그럴듯한 말을 하는 수단을 의미한다. 하지만 그 말은 행동으로 입증되지 않는다. 그것은 공허하고 허황되며 심지어 기만적인 주장들을 내놓는다. 고대 그리스 전통 안에서 그렇게 바른 길을 벗어난 전략들이 종종 소피스트들과 결합되어 있었다. 수사학 교사들이었던 그들은 과도한 의견과 자만심이라는 비판을 받았다. **궤변**은 "그럴듯하지만 그러나 허위나 아니면 불합리한 주장"으로 정의가 된다.[1]

하지만 수사학은 고대 시대에 영광으로 생각되는 관습이었다. 간단하게 말하자면 그것은 훈련을 받은 설득의 기술이다. "그것의 특성은 화자나 혹은 필자가 자신의 목적을 이루기 위한 그것에 의한 담론에 있다."[2] 수사학 비평은 증거가 어떻게 이용되었는지, 대상이 되는 청중이 무엇인지, 그 사건이 성공적으로 만들어진 것인지 아닌지 하는 이용된 논증의 전

1) *The American Heritage Dictionary of the English Language*, "sophistry" 참조.

2) George A. Kennedy, *New Testament Interpretation Through Rhetorical Criticism*(Chapel Hill: University of North Carolina Press, 1984), 3.

략들과 형식들을 분석한다. 청중을 설득하고자 수사학에 관여하고 있는 어떤 화자와 필자는 그에 대한 의식을 가지고 있거나 그렇지 않거나, 아니면 효과가 있거나 없거나 할지라도 하나의 방법을 가지고 생각이나 행동을 하고자 시도한다.

그레고리 A. 케네디(Gregory A. Kennedy)가 언급했던 것처럼 수사학의 등급이 광범위하게 다양함에도 불구하고 거의 모든 의사소통은 수사학적이다. 전화번호부의 흰색 페이지는 때때로 굵은 글씨체를 사용하는 것을 제외하고는 비수사학적인 것으로 언급될 것이다. 하지만 노란색 페이지(Yellow Page, 미국 전화번호부 – 역자 주)는 분명히 좀 더 수사학적이다. 그 이유는 그들이 인간의 행동에 영향을 주는 다양한 장치를 사용하기 때문이다.[3] 그럴 경우 바울의 편지들은 고도로 수사학적이다. 그 편지들은 특별한 청중의 생각과 행동에 영향을 주기 위한 하나의 목적을 위하여 쓰여졌다.

하지만 종종 바울 자신은 수사학을 비난하고 있는 것처럼 보이기도 하고 교묘하게 만들어진 말솜씨에 관해서 의구심을 가지고 있는 것처럼 보이기도 한다. 그는 데살로니가전서 안에서 서로 반대가 되는 유형들을 제시하면서 복음에 관한 자신의 설명을 변호하고 있다. 하나의 유형은 탐욕에 대한 핑곗거리로 아첨하는 말을 가지고 들어온 허풍쟁이이고, 다른 하나의 유형은 "단지 말만 아니라 능력과 성령과 확신으로 가득 차서 말하는" 참된 사자(使者)이다.(살전 1:5, 2:3-8) 그는 "지혜의 그럴듯한 말"로 말하는 것과 "영과 능력의 증거"로 말을 하는 것 사이에 존재하는 차이를 강조하면서 같은 화법을 고린도전서 2:1-16에서 사용한다. 하지만 흥미롭게도 한스 디터 베츠(Hans Dieter Betz)가 지적하는 것처럼 "물론 반대가 되는 인물들의 유형들을 제시하면서 행하고 있는 이 방어의 방법은

3) George A. Kennedy, *Classical Rhetoric and Its Christian and Secular Tradition from Ancient to Modern Times*(Chapel Hill: University of North Carolina Press, 1980), 4.

고대 수사학의 일부 그 자체이다."[4] 바울은 그의 생각에서 볼 때 잘못된 수사학을 격파하고자 사용 가능한 효과적인 수사학 전략들을 이용하고 있다.

고린도후서 10-13장 안에서 바울이 그의 말이 "변변치 못하다"는 혐의에 대해서 응답할 때, 자신이 "말에는 능하지 못하지만"(11:16) 그때 그의 반대자들의 공격을 서서히 무력화하기 위하여 강력한 아이러니 수사학, 비꼬기, 자기 풍자에 참여하고 있는 중이라는 사실을 인정하고 있다. 그는 자신이 혼자서 고린도에 갈 때 그의 독자들이 그리스도가 그를 통해서 말씀하고 계신다는 증거를 가지기 원한다고 주장한다.(13:2-3) 하지만 효력이 있든 없든 바울은 그가 뛰어난 수사학 기술을 증명하는 웅변가로서, 편지를 쓰는 사람으로서 존재했을 것이다. 그러나 (바울 자신을 포함하여) 기록되거나 혹은 입으로 전달된 그리스도교 선포의 확실성과 관련해서 그를 위한 궁극적인 조사는 그것이 영의 현존과 능력에 관한 증명이 되는 것인가 아니면 그렇지 않은가 하는 것이었다.

수사학은 그리스-로마 시대의 중등학교들 안에서 가르친 주요과목이었다. 심지어 바울도 그것을 공부하였을까? 이 질문에 대해서 명확한 대답을 하는 것은 불가능하다. 그가 그의 편지에서 혹은 사도행전 안에서 그렇게 하였을 것이라는 특별한 암시는 없다. 만약에 그가 그것을 공부하지 않았다면 그는 어쩌면 그의 시내에 공공연하게 알려진 수사학 입문서에 접근하였을 것이다. 게다가 수사학의 확실한 관점에 관한 인식을 피하기는 어려웠을 것이다. 왜냐하면 그것은 의사소통의 거의 모든 형식으로 행해지고 있었기 때문이다.[5] 바울의 편지들 자체는 적어도 그가 무의식적으로 다른 것들의 훈련기술로부터 빌려왔다는 사실을 제안하고 있는

4) H. D. Betz, "The Problem of Rhetoric and Theology According to the Apostle Paul," in *L'Apotre: Personnalite, Style, et Conception du Ministere*, ed. A. Vanhoye(Leuven: Leuven University Press, 1986), 23.

5) Kennedy, *New Testament Interpretation*, 9-10.

것으로 보인다.

수사학을 가르치는 것은 원래 연설을 하는 것과 관련 있었다. 그것은 주제들과 증거들이 어떻게 선택되었는지, 연설의 윤곽이 어떻게 배열되고, 자료들이 글을 작성하는 데 어떻게 다루어졌는가 하는 것만이 아니라 그 연설이 어떻게 기억되고 어떤 몸동작과 전략들이 그것을 전달하는 데 적절한 것인지를 포함한다. 수사학과 편지를 쓰는 것은 분리되어 있었던 교육과정이지만 분명히 글쓰기로 하는 대화에 대한 수사학의 영향은 점차적으로 발전하였을 것이다. 1세기까지 "편지들은 의사소통 수단으로서 뿐만 아니라 또한 설득의 수준 높은 도구와 문학적인 기교를 나타내기 위한 매체로서 기능을 하였다."[6] 수사학의 사용은 바울에게 자연스러운 것이었을 것이다. 왜냐하면 그의 편지들은 모임에서 큰 소리로 읽히도록 쓰여졌기 때문이다.(골 4:16을 보라.)

수사학적인 성서 연구의 최근의 관심은 1960년대 아모스 와일더(Amos Wilder)와 로버트 W. 펑크(Robert W. Funk)의 작업과 1968년 제임스 뮐렌버그(James Muilenburg)가 하였던 미국성서학회(SBL)의 회장 연설로부터 유래하였다.[7] 뮐렌버그는 양식사에 대한 환멸을 언급하면서 히브리 본문들(Hebrew texts)의 수사학에 대한 연구를 요청하였다. 그가 그것으로 말하고자 한 것은 주로 문체에 관한 연구였다. 잇따라 이어진 일들은 문학

6) David E. Aune, *The New Testament in Its Literary Environment*(Philadelphia: Westminster, 1987), 160.

7) Amos Wilder, *The Language of the Gospel: Early Christian Rhetoric*(New York: Harper & Row, 1964); Robert W. Funk, *Language, Hermeneutic, and Word of God: The Problem of Language in the New Testament and Contemporary Theology*(New York: Harper & Row, 1966); James Muilenburg, "Form Criticism and Beyond," *JBL* 88(1969): 1-18. 수사학에 관한 간단한 역사는 다음을 보라. Burton L. Mack, *Rhetoric and the New Testament*(Minneapolis: Fortress, 1990), 19-24; and Duane F. Watson and Alan J. Hauser, *Rhetorical Criticism of the Bible: A Comprehensive Bibliography with Notes on History and Method*(Leiden: E. J. Brill, 1994), 101-109.

의 위대한 집대성이었다. 그것은 문체론을 훨씬 넘어서서 작가와 청중 양쪽의 사회적인 상황과 마찬가지로 주장의 다양한 형식들을 고려하는 데까지 이르렀다. 새로워진 관심은 그리스와 로마의 수사학 전통으로까지 그리고 그 가운데서 바울의 편지들이 고전적인 형태로부터 그에 필적하거나 달라지는 방식으로까지 발전하였다. 동시에 많은 사람은 고전수사학의 형식적인 범주들을 좀 더 기능적으로 방향성을 가지고 있는 현대수사학의 통찰들로까지 진행시키고 있다. 현대수사학의 목표는 특별한 사회적이고 문화적인 가치들을 구체화하지만 독립적인 논증단락과 마찬가지로 그 본문을 살펴보는 것같은 근원적인 수사학의 상황을 그렇게 많이 재구성하려는 것이 아니다.[8] 어떤 사람은 지금 편지들 안에서 좀 더 작은 단락들을 연구하는 것과 마찬가지로 바울의 각 편지들에 관한 본질적인 수사학 연구들을 찾고 있다.

1. 편지들 안에서의 증명 방법들

수사학 비평의 중요한 유익 중 하나는 바울이 그의 독자들에게 말을 하고 있는 논증의 다양성에 관한 이해가 있었다는 것이다. 아리스토텔레스는 바울보다 오래전에 세 개의 증명방법들을 구별하였다. 그것은 설득력 있는 의사소통에서 본질적인 세 개의 구성요소들을 비교해 볼 수 있다. 그 세 가지 구성요소는 화자 아니면 필자, 청중, 담론이다. **에토스**(*Ethos*, '성격', '기풍'을 나타내는 그리스어)는 화자가 의사소통으로 세울 수 있는

8) 가장 영향력 있는 고전 수사학에 관한 작품들은 조지 케네디로부터 나온 것이다. *Classical Rhetoric and New Testament Interpretation*. 현대수사학의 기초가 되는 책은 다음이다. Chaim Perelman and L. Olbrechts-Lyteca, *The New Rhetoric: A Treatise on Argumentation*(South Bend, IN: University of Notre Dame Press, 1969).

진실성 혹은 신뢰성을 언급한다. 분명히 청중은 신뢰하는 한 사람의 말, 인식할 수 있는 주제에 대한 도덕성과 능력을 좀 더 잘 받아들일 수 있을 가능성이 있다. **파토스**(*Pathos*, "열정")는 그 담론이 듣는 사람들을 자극할 수 있는 감정적인 반응들과 관계가 있다. 화자는 어떻게 청중을 잘 알고 그 역할을 할 수 있을까? **로고스**(*Logos*, "논리")는 일, 사고구조, 설득력 가운데서 발견되는 논리적인 주장으로 정의된다.

바울이 자신에게 말을 하고 있는 많은 구절과 그 독자들에 대한 그의 이전의 관계는 그들에게 그의 성격과 신뢰성을 상기시켜 주며 **에토스**를 형성하는 구절들로 분류된다. 데살로니가전서 안에서 그는 좀 더 일찍 있었던 방문에 관한 그의 목회적인 행동양식을 상기시키며 자신의 진실성을 다른 사람들의 기만적인 동기들과 대립시키고 있다.(2:1-12) 바울의 정직성, 독자들을 위한 그의 돌봄, 하나님의 마음에 들고자 하는 그의 열망은 그 편지 안에서 나중에 권고를 위한 길을 열어 준다. 그는 갈라디아서 안에서 직접적인 말로 끝을 맺고 있다. "이제부터는 아무도 나를 괴롭히지 마십시오. 나는 내 몸에 예수의 상처 자국을 지고 다닙니다."(6:17) 그 자신의 고난을 기억하는 사람은 바울이 증명한 기록을 읽는 독자에게 증거를 제공하고 있으며 아직도 왜 그들이 그의 적대자들의 것보다 오히려 그의 교훈을 받아들여야 하는가 하는 또 다른 이유들을 제공해 준다. 이 구절들은 교만하거나 방어적인 표현들로 언급되기보다는 오히려 비판적으로 이해되며 설득력 있는 의사소통의 모습으로 받아들여질 필요가 있다.

다른 요청들은 강력한 효과들을 수행한다. 왜냐하면 그것들은 청중에게 신랄하게 언급되기 때문이다. 우정이라는 주제가 전개되고 있는 갈라디아서 4:12-20은 파토스의 한 가지 사례가 된다. 독자들은 그들이 이전에 편지를 쓰고 있는 사람과 즐거워했던 친밀한 관계들을 상기하도록 초대를 받는다. 그것은 그들의 관계들을 다시 세우기 위한 전략이다. 고린도전서 1:26-31 안에서 공동체의 구성원들은 그들 자신의 소명을 생각하도록 요구받는다. 그들 중에 많은 사람이 지혜롭거나 능력이 있고 고귀한 태생이 아니다. 그들 스스로 하나님의 능력을 증명하기 위하여 세상의 기준에 영향을 받지 않고 하나님이 어떻게 선택하시고 계시는지 보여주는 모범들이 되었다.

바울의 각 편지들은 **로고스**, 즉 논리적인 주장들의 모범들을 가지고 있다. 그것들은 귀납적이거나 아니면 연역적일 수 있고 독자들에게 확신을 하도록 구조를 이루고 있다. 때때로 그것들은 갈라디아서 3:6-14처럼 구약성서 구절들의 광범위한 해석을 포함하기도 한다. 몇 개의 본문들은 복잡하게 만드는 병렬을 이루기도 하지만, 그러나 아브라함의 축복 안에 이방인들을 포함시키기 위한 사려 깊은 경우이다. 로마서 7:7-25는 성서의 기초와 율법이 죄에는 취약함에도 불구하고 거룩하고 의롭고 선하게 존재한다는 경험에 관한 논쟁을 하고 있다. 이러한 다양한 논증 방법들을 확인하는 것은 바울서신의 설득력을 이해하도록 현대의 독자들을 도와주며 그의 요구의 신학적인 관점과 마찬가지로 정치적인 것과 실천적인 것을 인식하도록 도와준다.

2. 편지들 안에 있는 수사학의 종류들

편지들 해석에서 자주 사용한 고전수사학으로부터 유래하는 다른 일련의 범주들은 아리스토텔레스가 작성한 세 가지 연설 유형이다. 그것은 법정(judicial) 연설, 정치적(deliberative) 연설, 과시적인(epideictic) 연설이다. **법정** 연설은 배심원이나 판사 앞에서 일어나는 재판의 상황에서 알아볼 수 있다. 화자는 과거에 일어난 어떤 일에 관해서 청취자에게 판단을 내리도록 노력한다. 그 어조는 보통 고발이나 변호에 관한 것이다. **정치적** 연설의 배경은 정치집회이다. 그곳에서 화자는 미래에 특정한 행동을 하는 것이 청중에게 최선이라는 사실을 설득하려고 한다. **과시적인**

연설은 기념식 같은 공적 모임에서 발생한다. 그것은 칭찬이나 불만을 통해서 청취자들이 현재의 특별한 관점을 확인하도록 설득당할 때 일어난다.

수사학의 이 세 가지 유형은 해석자가 구절들이나 편지가 말하고 있는 특별한 문제를 확인하고자 노력할 때 유용한 것으로 증명된다. 예를 들어서 고린도후서 10-13장은 법정수사학의 분명한 본보기이다. 바울은 '뛰어난 사도들'(superapostles) 그룹의 날카로운 공격을 받고 있다. 그리고 편지의 이 부분은 그의 변호를 보여주고 있으며(반대 입장에 대한 어떤 반격들을 포함하고 있다.), 어떤 의미에서 고린도의 독자들은 배심원으로서 그 사건에 대해서 듣고 판단을 내리는 데 도움이 되고 있다. 수사학의 유형을 확인하는 것은 해석자에게 사도가 직면하고 있는 업무를 규정하는 데 도움이 된다. 하지만 엄격하게 말해서 고린도후서 8-9장은 바울이 예루살렘에 있는 그리스도인들에게 보내고자 간청하고 있는 헌금을 위한 주장을 하고 있는 정치적 수사학이다. 독자들은 관대해지도록 압력을 받고 있는 정치 집회의 구성원들 같다.

잘 알려진 고린도전서 13장은 수사학 분석을 위한 흥미 있는 경우를 보여준다. 어떤 해석자들은 전체 장을 사랑의 찬가(encomium이라고 부른다.)이며 그렇기 때문에 과시적인 수사학의 본보기로 받아들인다. "아가페는 어떤 모든 우발적인 사건에 대해서 승리한 자세로 칭송을 받는다."[9] 하지만 최근의 주석가는 오직 13:4-7만 실제적으로 찬가로 기능을 하고 있으며 그 장의 나머지는 정치적인 주장으로 (대부분의 고린도전서처럼) 그 공동체를 하나가 되도록 유도하고자 순서를 가지고 미래의 독자들을 설득하려는 의도가 있다는 것이다. 13:1-3과 8-13절을 13:4-7로부터 구분하는 것은 13:1-3과 8-13절이 칭찬하는 것보다는 오히려 사랑이 고린도인들이 취할 수 있는 '가장 유익한 태도'라는 것을 강조하면서 설득을

9) Mack, *Rhetoric and the New Testament*, 67.

하고 있다는 사실이다.[10)]

고린도전서 13장의 다양한 분석들은 수사학 비평에서 자주 보는 위험들 중에 하나를 설명해 준다. 기록물들은 종종 깔끔한 분류를 거부하곤 한다. 경우에 따라서 그것들은 하나의 연설 유형 그 이상의 특징들을 보여준다. 이것은 웅변이나 기록된 모든 작품을 억지로 쉽게 끼워 넣는 고립된 칸막이 상자로 고전수사학의 범주들에 관해서 생각하는 것을 불가능하게 해준다.

학문적인 불일치 그 이상의 본보기는 갈라디아서의 수사학 분석을 필요로 한다. 베츠는 1975년 논문에서 갈라디아서가 법정적인 수사학이며 사도직과 믿음으로 의롭게 되는 그의 복음에 대한 변호로 기록된 변증서라는 주장을 하였다.[11)] 갈라디아서의 대적자들은 기소하는 검찰의 입장이며, 바울은 피고인이고, 갈라디아 독자들은 배심원이다. 이어지는 베츠의 주석에서 그 편지의 해석은 전적으로 이러한 수사학적인 결정에 기초하고 있다.[12)]

하지만 다수의 학자들은 베츠의 분석을 비판하고 있으며 갈라디아서가 정치적인 주장의 본보기라는 반론을 주장해왔다.[13)] 바울은 법정적인

10) Margaret M. Mitchell, *Paul and the Rhetoric of Reconciliation: An Exegetical Investigation of the Language and Composition of 1 Corinthians*(Louisville: Westminster/John Knox, 1991), 270–279. 고린도전서 13장에 관한 다른 주장은 다음을 보라. Joop Smit, "Argument and Genre of 1 Corinthians 12–14," in *Rhetoric and the New Testament*, eds. Stanley E. Porter and Thomas H. Olbricht(Sheffield: JSOT Press, 1993), 211–230.

11) H. D. Betz, "The Literary Composition and Function of Paul's Letter to the Galatians," *NTS* 21(1975): 353–378.

12) H. D. Betz, *Galatians*, Hermeneia(Philadelphia: Fortress, 1979).

13) Kennedy, *New Testament Interpretation*, 144–152; R. G. Hall, "The Rhetorical Outline for Galatians: A Reconsideration," *JBL* 106(1987): 277–287; Steven J. Kraftchick, "Why Do the Rhetoricians Rage?," in *Text and Logos: The Humanistic Interpretation of the New Testament*, ed. Theodore W. Jennings Jr.(Atlanta: Scholars Press, 1990), 55–79.

수사학에서 필요로 하는 것처럼 자신을 변호하고 있는 것이 아니지만, 그러나 그는 복음을 선포하고 있으며 이방인 독자들에게 할례를 받아들이지 말라고 설득하는 노력을 하고 있다. 갈라디아서 5:1-6:10의 권고에 관한 강력한 언급은 정치적인 수사학에 적절한 것이지 법정적인 수사학에 적절한 것은 아니다.

분류에 관한 이러한 종류의 불일치는 바울서신들 연구에서 수사학 비평의 사용을 무가치한 것으로 만들지 않는다. 종종 고전 수사학의 범주들은 정확하게 텍스트의 설득력 있는 특징들을 묘사한다. 특히 작은 단락들의 분석은 도움이 되는 것으로 증명된다. 주의를 요하는 것은 바울의 편지들을 고전적인 범주들 안에 강제적으로 집어넣고 그렇게 하면서 그것들의 참된 교훈과 의도를 불명확하게 하려는 유혹이다. 하나의 비평이 주석을 한 것처럼 "설명을 하려고 해야지 (고대 수사학의 이론을 따라서) 규정을 해서는 안 된다. 바울의 논증 전략은 그의 편지들을 분류할 때 가장 안전한 방법론적인 접근이 되는 것처럼 보인다."[14]

3. 디아트리베

바울서신들의 문체에 대한 좀 더 성과가 있는 조사 중에 하나는 디아트리베(가상적인 대화 상대를 이용하는 방법)라고 불리는 문학적인 장치와 관계가 있다. 루돌프 불트만(Rudolf Bultmann)은 그의 박사학위 논문에서 디아트리베가 대중적인 선전형식이었다고 주장하였다. 그것은 유랑생활을 하였던 견유학파의 길거리 설교가들이 그들의 교훈에 관한 홍미

14) Jeffrey T. Reed, "Using Ancient Rhetorical Categories to Interpret Paul's Letters: A Question of Genre," in *Rhetoric and the New Testament*, eds. Porter and Olbricht, 314.

를 유발하기 위하여 사용했다는 것이다.[15] 그것은 그들의 손에 의해서 반대파 사람들을 대항하는 적대적인 논쟁의 표현방식이 되었다. 불트만은 이런 조명을 하면서 바울이 사용하고 있는 디아트리베가 로마서 안에 널리 퍼져 있었다는 것을 발견했을 때, 그는 이것을 바울이 대적자들(유대인들)과 말하고 있으며 그 문맥은 암시되고 있는 갈등 중에 하나였다고 해석하였다.

스탠리 K. 스토워스(Stanley K. Stowers)는 그리스-로마 시대의 문학들 안에서 동일한 문학적인 관습들을 조사하면서 불트만과 반대로 디아트리베가 처음에는 (에픽테투스와 세네카의 저작들 안에 있는 것처럼) 학생들을 관여하게 하고 교정해주는 소크라테스의 방법에 관한 관점으로 교육에서 이용되고 있었다는 결론을 내렸다. 그 상황은 대적자들과 싸우고 있는 유랑하는 철학자들에 관한 그것이 아니라 학생들을 지도하는 교사에 관한 것이라는 것이다.[16]

스토워스는 로마서 안에서 디아트리베의 두 가지 유형을 발견했다. 그가 "가상의 교섭상대에게 하는 말"로 부르고 있는 것이 그 하나인데, 그것은 그 혹은 그녀의 핑계에 대해서 대화상대자에 관한 고발 기능을 한다. 로마서 11:17-24 안에는 바울이 올리브 나무의 원래 가지들(유대인들)을 잘라내고 야생 올리브의 어린 가지를 접붙이는 것(이방인들)에 관해서 쓸 때, 그는 디아트리베를 사용하면서 이방인 독자들의 교만함을 제거하고자 한다.

> 그러므로 "본래의 가지가 잘려 나간 것은, 그 자리에 내가 접붙임을 받게 하시려는 것이었다" 하고 그대는 말해야 할 것입니다. 옳습니다. 그 가지

---

15) Rudolf Bultmann, *Der Stil der paulinischen Predigt und die kynisch-stoische Diatribe*(Göttingen: Vandenhoeck & Ruprecht, 1910).

16) Stanley K. Stowers, *The Diatribe and Paul's Letter to the Romans*(Chico, CA: Scholars Press, 1981).

> 들이 잘린 것은 믿지 않은 탓이고, 그대가 그 자리에 붙어 있는 것은 믿었기 때문입니다. 그러니 교만한 마음을 품지 말고, 도리어 두려워하십시오. 하나님께서 본래의 가지들을 아끼지 않으셨으니, 접붙은 가지도 아끼지 않으실 것입니다.

비난에 관한 언급이 바울의 디아트리베와 함께 나타날 때 대화 상대자가 이방인이 되기도 하고(11:17–24) 혹은 유대인들(2:17–24) 아니면 일반적으로 독자들(2:1–5)이 된다는 사실은 흥미롭다.

바울의 디아트리베 두 번째 유형은 '반대와 잘못된 결론들'을 예상하는 것이다.[17] 그것은 교사가 주제에 관해서 제기하는 자연스러운 질문들과 있을 수 있는 오해들에 대해서 응답하면서 학생들을 지도하는 교육적인 상황들을 좀 더 명확하게 반영한다. 디아트리베 대화성격의 고전적인 경우는 로마서 3:1–9에서 나타난다.

> 그러면 유대 사람의 특권은 무엇이며, 할례의 이로움은 무엇입니까? 모든 면에서 많이 있습니다. 첫째는, 그들이 하나님의 말씀을 맡았다는 것입니다. 그런데 그들 가운데서 얼마가 신실하지 못했다고 해서 무슨 일이라도 일어납니까? 그들이 신실하지 못했다고 해서, 하나님의 신실하심이 없어지겠습니까? 그럴 수 없습니다. 사람은 다 거짓말쟁이이지만, 하나님은 참되십니다. 기록된 바 "주님께서는 말씀하실 때에 의로우시다 인정을 받으시고 재판을 받으실 때에 주님께서 이기시려는 것입니다" 한 것과 같습니다. 그런데 우리의 불의가 하나님의 의를 드러나게 한다면, 무엇이라고 말하겠습니까? 우리에게 진노를 내리시는 하나님이 불의하시다는 말입니까? (이것은 사람들이 말하는 방식으로 내가 말해 본 것입니다.) 절대로 그럴 수 없습니다. 만일 그렇다면 하나님께서 어떻게 세상

17) *Ibid.*, 119–154.

을 심판하실 수 있겠습니까? 다음과 같이 반박하는 사람도 있을 것입니다. "나의 거짓됨 때문에 하나님의 참되심이 더욱 분명하게 드러나서 하나님께 영광이 돌아간다면, 왜 나도 역시 여전히 죄인으로 판정을 받습니까?" 더욱이 "좋은 일이 생기게 하기 위하여, 악한 일을 하자" 하고 말할 수 있겠습니까? 사실, 어떤 사람들은 우리가 그런 말을 한다고 비방합니다. 그런 사람들은 심판받아야 마땅합니다. 그러면 무엇을 말해야 하겠습니까? 우리 유대 사람이 이방 사람보다 낫습니까? 전혀 그렇지 않습니다. 유대 사람이나 그리스 사람이나, 다 같이 죄 아래에 있음을 우리가 이미 지적하였습니다.

바울의 손에서 디아트리베는 매우 효과적인 교육방법이 되었다. 청중은 그 가르침을 고려하고 있으며 그 설명에서 중요한 역할을 한다. 그 형식은 철저하게 대화형식이다. 대화상대자의 입에 담긴 직접 인용, 수사학적인 질문들, 가식을 없애는 것은 생동감 있는 의사소통에 도움이 된다. 거기에는 대화상대자를 하나의 적으로 만들거나 설명을 논쟁으로 변경해야 할 이유가 없다.

4. 바울의 자서전

바울은 그의 편지들 안 여러 곳에서 자신의 과거의 한 부분을 떼어내서 자신의 역사를 인용한다.(예를 들어 갈 1-2, 4:12-20, 6:11; 빌 3:4-17; 살전 1:1-2:16) 이러한 자서전적인 구절들은 다양한 해석의 대상이며, 그것은 심리적이고 역사적인 두 가지 해석이 된다. 한편, 몇몇의 주석가들은 그것들을 바울의 인격으로 들어가는 입장권으로 생각하지만, 사실상 그들은 실제로 바울의 심리적 구성에 관한 정보를 거의 얻지 못한다. 자서전적인 언급들은 그 자신의 개인적인 특성을 들여다볼 수 있게 선명하게 자기를 반사해주는 창문이 아니다. 그 편지들 속에서 그 언급들은 신학적인 것이지 자서전적인 것이 아니다. 다른 한편, 역사가들은 소량의 귀중한 정보들을 위한 자서전적인 구절들을 규칙적으로 찾아냈다. 그 소량의 귀중한 정보들은 그들에게 그 편지들의 기록이나 아니면 사도의 경력을 둘러싸고 있는 환경들을 함께 종합해 준다. 하지만 (심리적으로나 역사적으로 검토하는 것 대신에 오히려) 수사학적으로 검토된 자서전적인 구절들은 그 본문들의 기능과 의미에 완전히 다른 빛을 던져준다.

갈라디아서 1-2장에 관한 전통적인 취급은 명백한 본보기를 보여주며 조심스러운 생각을 정당화한다. 역사적인 읽기는 이 장들을 적대자들이 만든 혐의에 반대하는 바울의 반박으로 설명하며, 바울의 인격 아니면 사도권을 겨냥하고 있다. 이 두 장 안에서 바울은 그의 변화 이야기와 이방인들에게 설교하도록 그를 향한 하나님의 부름의 이야기를 말하고 있다. 그리고 그는 자신의 사도직이 어느 정도 열등하다는 고발에 답하기 위해 그의 즉각적인 예루살렘 방문 같은 행방을 설명한다. 갈라디아서 2장의 두 가지 사건(예루살렘 사도들과의 만남과 안디옥에서 베드로와 대결)은 바울이 그들로부터 독립하여 아직도 예루살렘의 권위자들과 같다는 사실을 증명하고 있다.[18)]

주석학적인 입장에서 이 해석은 종종 '거울 읽기'로 불리는 것에 기초하고 있다. 이 거울 읽기는 사건들이나 환경을 특별하게 언급하지 않고 텍스트 배후에 아니면 텍스트 너머에 있는 사건들과 환경을 반영하기 위한 텍스트의 사용법이다. 그 가정은 대당적인(antithetical) 명확한 어구가 그 본문 안에 나타날 때("사도 바울은 인간의 위임을 받아서도 파송을 받은 것이 아니며 인간의 권위들에 의해서 파송을 받은 것이 아니라 예수 그리

18) 예를 들면 다음과 같다. E. D. Burton, *A Critical and Exegetical Commentary on the Epistle to the Galatians*(Edinburgh: T. & T. Clark, 1921), 3; Gerd Luedemann, *Opposition to Paul in Jewish Christianity*(Philadelphia: Fortress, 1989), 99-101.

스도를 통해서 그리고 하나님 아버지를 통해서 파송을 받았다", 갈 1:1), 혹은 부정적인 진술들이 만들어질 때("나는 하나님의 은혜를 헛되게 하지 않습니다", 갈 2:21) 혹은 수사학적인 질문이 제기되기도 할 때이다.("내가 지금 사람들의 마음을 기쁘게 하려 하고 있습니까? 아니면, 하나님의 마음을 기쁘게 해드리려 하고 있습니까? 아니면, 사람의 환심을 사려고 하고 있습니까?", 갈 1:10) 그것들은 간접적으로 바울의 대적자들이 바울을 반대하려고 가져온 고발들을 반영하고 있다. 소위 이러한 변호의 말이나 질문을 반복하므로 바울을 반대하기 위해 만들어진 혐의들이 재구성될 수 있다.(예를 들어, 바울은 열등한 사도였다라든가 아니면 그는 사람을 즐겁게 해주는 사람이라는 것이다.) 이 자서전적인 부분(갈 1-2장)은 성격상 그 배역에 맞게 반동적이고 방어적인 것으로 받아들여진다. 바울은 자신의 사도권을 입증하고 있으며 다른 사도들과 자신의 관계를 분명히 하고 있다.[19] 그 장들을 조사하는 데 역사적인 방향을 가지고자 하는 결정은 편지의 논증에서 그것들의 역할을 하고 있는 해석에 현저하게 영향을 준다.

하지만 문제는 갈라디아서 1-2장을 이렇게 역사적으로 읽음으로 문제들이 생겨난다. 하나의 문제는 바울에게 퍼부어대는 비난의 내용을 고려할 때 동의가 부족하다는 것으로부터 유래한다. 바울은 예루살렘 사도들에게 좌지우지되는 사람이라고 기소를 낭했던 것인가? 아니면 그가 그들로부터 너무 독단적이었다고 기소를 당한 것인가? 아니면 그가 원래 예루살렘 지도자들에게 임명을 받았지만 그러나 어떤 배신자, 즉 복음을 타협하고 있다고 기소를 당했던 것인가? 그것을 말하기는 어렵다. 그리고

19) "거울-읽기"에 관해서는 조지 라이온스(George Lyons)가 다음 책에서 날카롭게 비판한다. George Lyons, *Pauline Autobiography: Toward a New Understanding* (Atlanta: Scholars Press, 1985), 96-112. 유효한 방법이라는 응답은 다음의 학자가 주장한다. John M. G. Barclay, "Mirror-Reading a Polemical Letter: Galatians as a Test Case," *JSNT* 31(1987): 73-93.

주석가들의 의견들은 다양하다. 흥미롭게도 바울은 (고후 10:9-11에서 하는 것처럼) 그를 반대해서 가져온 고발들을 말하지 않는다.

더욱이 그리스어 *apostolos*('사도')와 그와 유사한 것은 갈라디아서 안에서 1절 이후에는 중요한 것이 아니다. 반면에 *euaggelion*('복음')과 그것과 같은 종류의 언어가 그 장을 지배하고 있으며 2장에서는 결정적인 위치에서 나타난다.(2:2, 5:7, 14) 바울은 방어보다는 오히려 그의 대적자들이 복음을 이해하는 데 실패한 것을 공격하고, 그리고 자신의 삶의 변화 속에서 본보기가 된 한 가지 은혜의 복음을 주장하는 것으로 공격적인 태도를 취할 수 있었을까?

갈라디아서 1-2장의 역사적인 읽기의 좀 더 진지한 문제는 바울의 수사학적인 논리를 알아보는 것의 실패이다. 조지 라이온스(George Lyons)의 조사는 자서전적인 자료가 고대 후기의 기록들 안에서 광범위하게 나타나고 있다는 것을 지적하는데, 그것은 어떤 사람의 직업이나 인생철학에 의해서 자주 생겨났다. 그것이 경우에 따라서 자기변호에 이용되는 반면에, 그것은 좀 더 자주 그의 가르침이 구체화되도록 요구하는 철학자를 위한 방법이 되었다. 고대 자서전들에 관한 빈번한 관심은 어떤 사람의 이론과 실천 사이의 일관성을 증명하는 것이었으며, 그의 경쟁자들의 모순과 대조를 이룬다.[20] 경쟁자들과 비교하는 것은 어떤 사람이 고발에 대해서 응답하는 것을 예상하지 않는다. 게다가 그리스-로마 시대의 편지들 안에서, 특히 세네카(Seneca)와 플리니우스(Pliny)의 편지들 안에서 자서전은 권고와 지시와 연결되어 나타난다. 작가는 종종 망설임을 나타내면서 가르치기 위하여 자기 자신에 관한 언급을 이용한다.[21]

갈라디아서 1-2장의 수사학적인 고려는 복음의 대변자인 바울 자신

20) Lyons, *Pauline Autobiography*, 67.

21) B. R. Gaventa, "Galatians 1 and 2: Autobiography as Paradigm," *NovT* 28 (1986): 309-326.

에 관한 설명이 그가 가르치는 철학을 구현하기 위한 철학자의 요구에 부합한다는 사실을 제안하고 있다. 갈라디아서 1:13-2:21은 그의 교훈의 특징과 기원을 고려하면서 1:10-12에 나오는 진술에 대한 입증이다. 바울의 경험은 복음의 범례, 인간의 삶에 새로운 방향을 제시하는 복음의 능력에 대한 설명이 되었다. (이전의 유대교의 삶에서 이방인들에게 복음을 전하는 것으로) '역전된 그의 이력서'는 해방하는 복음을 증명한다. 그는 갈라디아 사람들이 그것을 완전하게 받아들이기를 원하고 있다.[22] 마지막 분석에서 갈라디아서 1-2장에 대한 수사학적인 접근은 역사적인 접근을 하는 것보다 만족할 만한 읽기를 제공해 준다. 그것은 자서전적인 자료를 편지의 필수적인 일부, 신학적인 논의의 한 작품으로 보도록 할 수 있다. 그것은 단지 기록하고 있는 환경을 재구성하기 위한 증명이 아니다.

로마서에서 디아트리베 그리고 갈라디아서 안에서 자서전을 사용하는 것에 관한 보고들은 수사학 비평이 관심하고 있는 것의 묘미를 제공하는데, 특히 역사비평적인 접근으로 무시되어온 바울의 논증에 관한 특징들을 드러내는 방법에서 그렇다. 그것은 텍스트 안에서 발견된 논중의 노

22) 다른 사람들도 갈라디아서 1-2장에 관해서 같은 결론에 이르렀지만, 그러나 라이온스(Lyons)와 가벤타(Gaventa)가 증명한 것처럼 그렇게 대단하게 진지한 주목을 끌지 못한다. 다음을 보라. John Howard Schütz, *Paul and the Anatomy of Apostolic Authority*(Cambridge: Cambridge University Press, 1975), 124-158; C. B. Cousar, *Galatians*, Interpretation(Atlanta: John Knox, 1982), 25-28. 특히 다음을 참조하라. J. L. Martyn, "A Law-Observant Mission to Gentiles: The Background of Galatians," *MQR* 22(1983): 221-236. 마틴(Martyn)은 바울이 갈라디아서에 반대한 사람들에 관해서 '대적자들'로 말하기보다는 오히려 '교사들'이라고 말한다. 왜냐하면 그는 이 그룹이 바울에게 독립하여 자신들의 에큐메니컬 선교에 참여하고 있다고 느꼈기 때문이다. 바울은 하나님이 메시아의 율법을 통해 이방인들에게 다가가고 계신다는 진지한 확신 아래 있기 때문이다. "주로 그들이 바울의 신학에 반응하는 것이 아니고, 오히려 그가 그들에게 반응하고 있는 사람이다."(235)

선을 따라가기 위하여 그 논증이 독자들에게 어떻게 영향을 주고 있는지 질문하기 위해서 수많은 역사적인 질문들을 논의에서 제외한다. 수사학적인 자료들은 바울서신들과 같이 설득하기 위하여 기록된 문학작품의 조사에서 필수적이다.

제3장

바울의 자료 사용

초대 교회 안에서 이방인들의 사도이며 모임의 지도자였던 바울의 출현은 어떤 고립상태에서 일어나지 않았다. 바울 자신은 적극적인 바리새파 사람이었으며, 나무랄 데 없는 자격을 가지고 있었고 그의 조상들의 교훈과 실천을 훈련받았다. 그가 말하는 것처럼 "나는 내 동족 가운데서, 나와 나이가 같은 또래의 많은 사람보다 유대교 신앙에 앞서 있었으며, 내 조상들의 전통을 지키는 일에도 훨씬 더 열성이었습니다."(갈 1:14; 빌 3:4-6 참조) 이것은 그가 다른 많은 것 중에서 그리스도인들이 '구약성서'로 부르는 것을 포함하여 유대교 문학에 대해서 교육을 잘 받았다는 것을 의미한다. 게다가 이미 바울 이전에 그가 가입했던 한 그리스도교 공동체가 있었고, 그 공동체는 자신들의 교훈과 실천을 가지고 있었다. 거기에는 확실한 예배학 자료들(찬송가, 고백문들, 교리들)과 예수를 기억하고 도덕적인 지침을 위해서 공동체 안에서 이용된 어록들도 있었다. 바울은 그의 편지들 안에서 논증하고자 할 때 그의 유대교 유산과 초기 그리스도교 전통이라는 두 개의 유산을 가지고 있었다.[1)]

1) 우리는 이미 바울 역시 헬레니즘의 도덕 전통으로부터 가져온 윤리적인 자료들을 사용하고 있다는 사실을 주목하였다.

자료들을 확인하는 것은 그 편지들을 읽는 데 본질적인 기여를 한다. 우리가 어떤 자료를 분리해 낼 수 있다면, 그것이 이용 가능한 논증에서 무슨 기능을 하고 있는지 질문할 수 있는 입장에 있게 된다. 그것은 바울의 독자들이 그의 권위를 받아들일 수 있었고 그렇기 때문에 그가 자신의 경우에 요청할 수 있는 자료들인가? 이것은 구약성서 구절들이 인용되고 있을 때(롬 3:10-18) 그리고 주의 만찬 제정 말씀을 암송할 경우가 발생할 때(고전 11:23-25) 종종 그렇다. 구약성서 본문은 하나님의 옛 약속이 지금 실현되고 있거나(갈 3:8-9의 창 12:3) 아니면 미래에 성취될 것(롬 11:26의 사 59:20-21과 27:7)을 확정하기 위해서 인용된 것인가? 구약성서 인용은 예배의 목적(롬 11:34-35의 복합자료)에 도움이 되고 있는가? 바울은 때때로 공동체 안에서 다른 해석자들과 함께 본문들의 주석 논쟁에 참여하고 있는 것인가?[2] 그 자료들은 독자들의 행동을 위한 모범의 기능을 하고 있는가?(빌 2:5-11) 이것들은 그 자료가 한 번은 확인되어야 하는 정당한 질문들이다.

우리는 바울이 그의 편지들 안에서 사용한 세 부분의 자료들을 살펴보아야 한다. 그것은 구약성서, 초대 교회의 신조, 찬송가, 예배형식들, 예수의 가르침들이다.

1. 구약의 사용

바울의 순수서신들 안에서 이용된 구약성서 본문들은 90개 가까이 이른다.[3] 그러나 문제는 직접인용을 넘어서서 암시, 사건들에 대한 언급, 동

2) 다음을 참조하라. J. Louis Martyn, "A Law-Observant Mission to Gentiles: The Background of Galatians," *MQR* 22(1983): 221-236; reprinted in *SJT* 38 (1985): 307-324.

3) 인용문의 대다수는 칠십인역을 따르지만, 21개 혹은 30개 정도의 많은 인용은 칠

사의 유사성들, 주제들에 관한 저변에 깔린 폭넓은 의견들에 이른다. 어떤 주석가는 바울 작품의 한 단락이 사도의 언어와 사상에 대한 구약의 영향을 거의 반영하지 못한다고 말하기도 한다.[4)]

하지만 바울이 구약성서를 다루는 것에 관한 조사가 항상 활기차고 유익한 기획이 되었던 것은 아니다.[5)] 한 가지 예를 들면, 수많은 교회사를 통해서 바울(그리고 신약성서의 다른 기록자들)에 의한 구약성서 해석은 **그것의** 적절한 해석으로 받아들여졌다. 그러나 그것은 그 구절이 그 구약성서를 배경으로 하여 무엇을 포함하고 있는지 고려하지 않았다. 역사비평이 두 가지 배경 사이에 존재하는 상이함에 대해서 주의할 것을 요청했을 때, 하나의 해석은 바울이 다른 구약성서 텍스트를 사용했을 것이라는 사실을 찾고자 했다. 즉, 바울은 오늘날 우리에게 없는 구약성서 필사본을 이용했고 그렇기 때문에 그가 분명한 "잘못된 인용을 했다"고 설명하는 것이다.

아직도 다른 비판들은 전체 문제를 주변적인 것으로 무시하는 경향이 있다. 왜냐하면 그들은 바울의 실제 교훈이 그의 종교적인 경험에서 벗어나 성장했으며 어쨌든 구약성서로부터 벗어나서 성장한 것이 아니라고 주장하기 때문이다. 그는 구약의 권위를 받아들였던 유대교 반대자들을 다룰 때만 유일하게 구약성서를 인용하였다. 그것은 그가 갈등에서 사용한 무기였지만, 그러나 그의 신학적인 사고에서 완전한 것은 아니었다.[6)] 그가 특별한 방식으로 그 본문들을 다루고자 했다면, 그것은 그리 중요한

십인역이나 마소라(Massoretic) 본문과 일치하지 않는다.

4) Moisés Silva, "Old Testament in Paul," in *Dictionary of Paul and His Letters*, eds. Gerald F. Hawthorne, Ralph P. Martin, and Daniel G. Reid(Downers Grove, IL: Intervarsity, 1993), 634.

5) 다음을 보라. Richard B. Hays, *Echoes of Scripture in the Letters of Paul*(New Haven: Yale University Press, 1989), 5-10.

6) 바울의 편지에 있는 직접 인용 중 60% 이상이 로마서와 갈라디아서에서 발견된다는 사실은 종종 주목을 받는다. 두 편지는 유대교 문제에 관여하고 있다.

것이 아니었다.

덧붙여서 말하자면 거기에는 바울사상의 핵심으로 율법과 복음 사이의 날카로운 대립을 가지고 구약성서를 율법의 주된 사례로 보았던 해석의 학파가 있었다. 예를 들어서 루돌프 불트만은 구약성서를 인간이 완전하게 지킬 수 없는 하나님의 도덕적인 요구를 표현하는 것으로 보았다. 그렇기 때문에 그것은 복음의 자비롭고 용서하는 은혜를 위해서 부정적인 배경의 역할을 한다. 기껏해야 그것은 인간의 죄를 드러내고 그리스도교 교훈의 복음을 위한 길을 준비한다. 구약성서는 역사와 함께 하나님의 관심에 주의를 기울이고 있는 교회를 보호한다. 하지만 그렇게 하면서 오직 인간의 깨어진 상태와 희망의 실패를 드러낸다. 불트만은 바울의 구약성서 사용의 복잡함을 연구해야 할 이유가 없었다. 왜냐하면 그것은 그의 신학에 긍정적인 영향이 없으며 그리스도교의 계시라는 생각이 거의 들지 않았기 때문이다.[7)]

다른 학자들은 구약성서 인용의 기술적인 측면에 주목한다. 그것은 바울이 사용하는 구약성서의 형식이 무엇인지, 어떤 구약성서가 인용되고 있는지, 바울이 구약성서를 주로 증거본문들로 사용하는 것인지 하는 것이다. 이것은 최근의 연구를 위해서 좀 더 많은 관심을 남겨주었다. 그리고 아마도 이것은 바울의 주석 방법들이 무엇을 증명하며 그가 구약성서를 인용하거나 암시할 때 정확하게 무슨 일이 일어나고 있는가 하는 질문의 과제는 좀 더 위험한 것일 수 있다.

영어권에서 신약성서의 구약성서 사용에 관한 현대 연구는 다드(C. H. Dodd)와 함께 시작되었다. 그는 그의 책 부제 안에서 그 연구의 중요성에 관한 어떤 것을 지적하고 있다.("신약신학의 하부구조"[*The Substructure*

7) 구약에 대한 불트만의 입장은 다음을 보라. "The Significance of the Old Testament for Christian Faith," in *The Old Testament and Christian Faith*, ed. Bernard Anderson(New York: Harper & Row, 1963), 8-35.

of Newtestament Theology])[8] 다드는 교회생활의 가장 이른 시기에 알려진 그리스도교 공통의 선포(kerygma)가 있었고 그것이 나중에 신약성서의 주요저작들 안에서 반영되었다고 주장한다. 그 자체에서 설교는 신학 이전의 것(pre-theological)이다. 왜냐하면 그것은 단지 얼마 안 되는 사건들만 알려주기 때문이다.(예수의 죽음, 장례, 부활) 하지만 하나의 열쇠는 자주 그 설교를 기록한 본문들 안에서 일어나는 성취에 관한 반복된 언급이다.(예를 들어 그것은 고전 15:3-5의 다음 언급이다. "그것은 곧, 그리스도께서 성경대로 우리 죄를 위하여 죽으셨다는 것과, 무덤에 묻히셨다는 것과, 성경대로 사흗날에 살아나셨다는 것과, 게바에게 나타나시고 다음에 열두 제자에게 나타나셨다고 하는 것입니다.") 이것은 교회에게 그 사건들의 의미를 해명하기 위해 구약 연구에 박차를 가하였다. 그리고 그 연구를 하면서 다양한 신약의 문서들을 위한 신학적인 기초가 세워졌다. 그때 구약성서의 인용들은 "바울의 신학적인 구조, 히브리서의 저자, 요한복음서 기자를 위한 출발점"을 제공해 준다.[9]

다드의 작업은 그들이 이용하는 구약성서의 방식에서 다양한 신약성서의 기록물들에 관한 독특성에 주의를 기울이지 않았다는 한계가 있다. 바울이나 요한복음의 저자가 다드가 제안하는 것처럼 구약성서 본문들에 관한 공통의 수집으로부터 운영된 것인가 아닌가 하는 것은 분명이 논쟁이 된다. 하지만 다드 작업의 중요성은 신약성시의 신학을 형성하면서 구악성서에 부여하고 있는 그 역할이다. 그는 불트만과 다르게 신약성서 기록자들의 사상구조에 긍정적인 발달이라는 입장을 부여하고 있다.

---

8) C. H. Dodd, *According to the Scriptures: The Substructure of New Testament Theology*(London: James Nesbit & Co., 1952). 다드 자신은 렌들 해리스(Rendell Harris)가 *Testimonies*(1916, 1920)라는 제목을 붙인 두 개의 얇은 책을 신약성서 안에서 구약 사용에 대한 근대 연구의 출발점이 된 것으로 본다. 하지만 해리스의 결론은 오늘날 진지하게 받아들여지지 않는다.

9) Dodd, *According to the Scriptures*, 127.

바울의 구약성서 사용에 관한 토론의 두 번째 단계는 그리스도인 학자들이 고대 유대교 공동체들 안에서 사용한 주석방법에 좀 더 주의를 기울이기 시작했을 때 나타났다. 사해 두루마리들의 발견과 분석, 특히 "하박국 주석"이라고 부른 문서는 초대 그리스도교가 구약성서를 다루는 것과 기원후 5세기 동안 실행해 왔던 랍비들의 해석 사이에 존재하는 잃어버린 연결고리에 관한 어떤 것을 제공하고 있다. 이 세 가지(초기 그리스도교 기록들, 사해 두루마리, 랍비들의 주석)는 여러 면에서 달라지지만 해석의 공통 전통에 속한다. (적어도 현대의 독자들에게는) 바울의 수많은 이상한 구약성서 구절 사용이 그가 그 당시 받아들였던 유대교의 실천을 따르고 있다는 사실로 설명된다.

일반적으로 랍비들은 성서가 신의 계시였다는 사실을 믿는다. 그 계시 안에서 그 어떤 것도 천박하거나 아니면 본질에서 벗어나는 것은 아무것도 없다. 각 구절과 문자는 그것의 목적을 가지고 있다. 만약에 어떤 것이 비본질적이거나 혼란스러운 것으로 나타났다면, 그것은 그것의 관련성을 증명하기 위한 해석이 되었다. 미드라쉬(*Midrash*, 히브리어 동사에서 유래하는 것으로 '찾다', '연구하다', '해석하다'의 의미다.)는 해석자에 의해서 만들어진 거룩한 본문의 확장과 설명이다. 그 결과 그 본문은 그것이 과거에 말했던 동일한 방식으로 현재의 상황에 대해서 말할 수 있다.[10)]

이 해석의 활동은 그 자체가 진행과정이기 때문에 (비록 랍비들 중 많은 사람이 이러한 전통에 거의 유일한 것이 아님에도 불구하고) 원칙들(*middoth*-랍비들이 성서로부터 유추하는 해석 방법 – 역자 주)은 그들

10) 다음을 보라. Jacob Neusner, *What Is Midrash?*(Philadelphia: Fortress, 1987) 미드라쉬 해석에 관해서 다루는 도움이 되는 자료는 다음에서 볼 수 있다. Gary G. Porton, *Understanding Rabbinic Midrash: Text and Commentary*(Hoboken, NJ: Ktav, 1985); Donald Juel, *Messianic Exegesis: Christological Interpretation of the Old Testament in Early Christianity*(Philadelphia: Fortress, 1988), 31-57.

중에서 해석의 실천을 안내하는 것이 나타나기 시작했다. 우리는 바울의 편지들 안에서 같은 원칙들의 예를 볼 수 있다. 예를 들어 '게제라 세와'(*gezerah shewa*: 동일한 핵심 용어를 유추하여 다른 것의 애매한 의미를 상호 관련지어 해석하는 유대교 랍비들의 해석 방법 – 역자 주)는 유비(analogy)로 문학적인 단위들을 연결하는 방법이다. 그 진술들은 그것들이 공동의 단어들이나 단락들을 공유하기 때문에 함께 연결되어 있다. 로마서 4:3-8에서 바울은 다음과 같이 쓰고 있다.

> 성경이 무엇이라고 말합니까? "아브라함이 하나님을 믿으니, 하나님께서 그를 의롭다고 **여기셨다**"(창 15:6) 하였습니다. 일을 하는 사람에게는 품삯을 은혜로 주는 것으로 **치지 않고** 당연한 보수로 주는 것으로 생각합니다. 그러나 경건하지 못한 사람을 의롭다고 하시는 분을 믿는 사람은, 비록 아무 공로가 없어도, 그의 믿음이 의롭다고 **인정을 받습니다.** 그래서 행한 것이 없어도, 하나님께서 의롭다고 **여겨 주시는** 사람이 받을 복을 다윗도 다음과 같이 말하였습니다. "하나님께서 잘못을 용서해 주시고 죄를 **덮어 주신** 사람은 복이 있다. 주님께서 죄 없다고 인정해 주실 사람은 복이 있다."(시 32:1-2)

위의 본문에서 "여기셨다"로 번역되는 그리스어 동사 *logizomai*는 창세기 15:6에 시편 32:1-2의 연결을 가능하게 한 표어였다. 그 본문들의 병치는 중요한 관점을 주장한다. 하나님이 자유롭게 죄들을 용서하심으로 행동하시는 그 방법은 바로 점수를 기록하는 것 없이 불신자의 의롭게 됨을 선언하는 가운데 행동하시는 것이다.

쿰란 공동체 안에서 구약성서 한 절을 인용하고 해석이 주어지는 것으로 발전된 주석 방법을 '페쉐르'(*pesher*)라고 부른다.(이 단어는 '해석'을 의미하는 히브리어 명사에서 유래한다.) 그 공동체의 구성원들은 스스로 하나님의 새 시대 출현의 끝자리에 있다고 느꼈기 때문에, 성서를 그들의 종말론적인 환경에 대한 목격자로 해석했다. 바울은 그와 똑같은 것을 하고 있으며 고린도후서 6:1-2에서 다음과 같이 기록하고 있다.

> 우리는 하나님과 함께 일하는 사람으로서 여러분에게 권면합니다. 하나님의 은혜를 헛되이 받지 않도록 하십시오. 하나님께서 말씀하시기를 "은혜의 때에, 나는 네 말을 들어주었다. 구원의 날에, 나는 너를 도와주었다"(사 49:8) 하셨습니다. 보십시오, 지금이야말로 은혜의 때요, 지금이야말로 구원의 날입니다.

페쉐르는 이사야 본문을 바탕으로 현재의 위급함을 지시하기 위해 제시되고 있다.[11]

한편, 이것은 바울을 사해 두루마리처럼 초기로 식별될 수 있게 하고 후기 랍비들의 대단한 생산성을 포함하고 있는 주석 전통에 두는 데 유익이 된다. 그의 해석 습관은 그들이 그렇게 하지 않았던 것처럼 아주 특별하게 나타나지 않는다. 다른 한편, 드물게 바울이 유대교 주석방법을 따르고 있다는 단순한 관찰은 한 구절의 의미를 명확하게 하기도 한다. 거기에는 구약성서와 신약성서 본문들 사이에서 끌어낸 연결이 무엇으로 구성되어 있으며, 인용과 암시가 논증에 어떻게 영향을 주고 있고, 편지들 안에서 언급이 있을 때 독자들에게 주는 영향이 무엇인지 더욱더 질문해야 할 긴급한 과제가 남아 있다.

현재의 문학비평의 빛에서 나타난 이 질문들은 리처드 B. 헤이스(Richard B. Hays)의 바울의 구약성서 용법 연구에서 제기되었다.[12] 헤이스는 다른

---

11) 바울의 미드라쉬 해석을 다루는 자료는 다음을 보라. E. Earle Ellis, *Paul's Use of the Old Testament*(Grand Rapids: Eerdmans, 1957); A. T. Hanson, *Studies in Paul's Technique and Theology*(London: Society for the Promotion of Christian Knowledge, 1974), 205-209; Richard Longenecker, *Biblical Exegesis in the Apostolic Period*(Grand Rapids: Eerdmans, 1975), 114-132.

문학전통들 안에서와 마찬가지로 성서의 정경들 안에서 본문들이 다른 본문들을 만들어 내고 있다는 사실을 인정하였다. 좀 더 이른 본문들은 후대의 본문들을 통해 목소리를 계속해서 내고 있다. 그 목소리는 이전 본문들과 후대의 본문들 양쪽이 서로 의존하고 있으면서도 그것들을 변경한 것이다. 그 좋은 예는 로마서 10:6-9이다. 이 본문은 신명기 30:11-14를 인용하고 있다. 구약성서 본문은 로마서 10장의 논증을 위한 구조와 언어를 제공하고 있다. 하지만 그것 자체는 진행과정에서 급진적으로 재해석되고 있다.

> 그러나 믿음에 근거한 의를 두고는, 이렇게 말합니다. "너는 마음속으로 '누가 하늘에 올라갈 것이냐' 하고 말하지 말아라. (그것은 그리스도를 끌어내리는 것입니다.) 또 '누가 지옥에 내려갈 것이냐' 하고 말하지도 말아라. (그것은 그리스도를 죽은 사람들 가운데서 끌어올리는 것입니다.)" 그러면 그것은 무엇을 뜻합니까? "하나님의 말씀은 네게 가까이 있다. 네 입에 있고, 네 마음에 있다" 하는 말씀이 있습니다. 이것은 우리가 전파하는 믿음의 말씀입니다. 당신이 만일 예수는 주님이라고 입으로 고백하고, 하나님께서 그를 죽은 사람들 가운데서 살리신 것을 마음으로 믿으면 구원을 얻을 것입니다.

이 구절은 페쉐르 방법('그것'이 반복되고 있는 것을 주목하라. 이것은 신명기로부터 유래하는 해석을 소개하고 있다.)의 고전적인 예이다. 율법이 그리스도로 대치되고 있는 것은 더 중요하다. 바울은 구약이 실제적으로 그리스도의 복음을 선포하고 있는 경우를 만들어 내고 있는 신명기 30장에 관한 수정주의자 읽기를 제공하고 있다. "율법 안에 있는 이스라엘에 근접해 있는 그 말은 지금 그리스도의 선포로 근접해 있는 그 말씀과

12) Hays, *Echoes of Scripture*, 13.

일치한다."[13]

이러한 해석과정은 '간텍스트성'(intertextuality)이라고 부르며,[14] 방향에서 방법은 주로 문학적이지 역사적인 것은 아니다. 거기에는 신명기가 이해했고 바울이 그 본문에서 발견한 같은 의미를 의도했다는 가정이 없다. 구약성서는 바울에 의해서 은유(metaphor)로 받아들여졌다. 그것은 간접적인 방식으로 교회의 상황을 설명한다.

게다가 마치 어떤 사람이 이스라엘의 이야기를 읽을 수 있었고 논리적으로 그리스도가 그것의 결론이며 성취가 되어야 한다고 추론하는 것처럼 해석과정에서 바울의 출발점은 구약성서 본문이 아니다. 대신에 그는 복음의 렌즈를 가지고 그리고 그것을 통해서 구약성서를 읽는다. 루이스 마틴(J. Louis Martyn)은 다음과 같이 언급하였다.

> 바울은 더 이상 성경본문을 복음의 출현 전에 했던 것처럼 읽지 않기 때문에… 어떤 사람은 성경 안에서 복음을 증언하는 하나의 음성을 발견할 수 있다. 그러나 한 사람은 증언하는 이 음성(성경의 하나님 음성)을 발견한다. 왜냐하면 어떤 사람은 이미 복음 안에서만 하나님의 음성을 듣기 때문에, 그것은 십자가의 이야기 안에서 말하는 것이고, 그것은 그것 자신의 인식의 범주를 가져다주며, 그렇기 때문에 그것은 자신의 주석의 범주를 가져온다.[15]

그러므로 헤이스는 바울은 다른 초대 그리스도교 작가들과 현저히 다

13) *Ibid.*, 81.

14) 다음을 보라. Michael Fishbane, *Biblical Interpretation in Ancient Israel*(Oxford: Clarendon Press, 1985). Hays가 제안한 "간텍스트성"(intertextuality)의 수많은 예에 추가해서 다음을 보라. Gail R. O'Day, "Jeremiah 9:22-23 and 1 Corinthians 1:26-31: A Study in Intertextuality," *JBL* 109(1990): 259-267.

15) J. Louis Martyn, "Listening to John and Paul on Gospel and Scripture," *WW* 12(1992): 77.

르게 예수가 메시아라는 사실을 '증명하기' 위해서 구약의 본문들을 모으는 데 관심이 없다는 것을 말한다. 그와 그의 독자들 양쪽은 예수의 메시아성과 관련된 것을 수집했던 것으로 보인다. 대신에 바울은 구약성서 안에서 무엇보다도 하나님의 백성, 예수를 주님으로 고백하는 사람들로서 교회의 예시(豫示)를 발견했다. 성서는 신앙공동체에 관한 바울의 이해, 유대인들과 이방인들로 구성된 그리스도교 공동체에 관한 그의 경험은 성서에 관한 그의 해석을 형성해 주었다. 한마디로 말하자면 바울의 구약성서 이용은 그리스도론 중심보다 교회론이 더 중심이다.[16]

2. 신조들, 찬송가들, 예배형식들의 사용

바울의 편지들은 우리가 신약성서 안에 가지고 있는 가장 빨리 기록된 문서들을 보여준다. 그러나 바울은 결코 최초의 그리스도인이 아니었다. 그리스도교 공동체들은 그가 이방인들의 사도로 부름받기 이전에 예루살렘이나 안디옥 같은 장소에서 살았으며 성장하고 있었다. 게다가 유대교와 헬레니즘의 두 가지 환경 안에서 이 공동체들은 회중 예배들 안에서 광범위하게 사용된 신조들, 찬송가들, 성례전적인 고백들 같은 중요한 예배 자료들을 발전시켰다. 바울은 현대 설교자들이 사도신경 혹은 익숙한 찬송가에서 인용하는 것과 같이 그의 교회들과 의사소통을 하면서 초기 그리스도교 전통의 이 본문을 자주 의지하였다. 바울은 자기가 받아들인 그런 본문을 기꺼이 인정한다. "여러분이 나를 모든 면으로 기억하며, 또 내가 여러분에게 전해 준 대로 전통을 지키고 있으니, 나는 여러분을 칭찬합니다."(고전 11:2)

경우에 따라서 이런 바울 이전의 자료들이 편지들 안에 나타날 때 그

16) Hays, *Echoes of Scripture*, 86.

것은 의심할 바 없이 독자들의 마음에 남겨져 있는 그것 자체를 명백히 지시한다. 두 개의 고전적인 예가 고린도전서 11:23-25 그리고 15:3-4에서 나타난다.

> 내가 여러분에게 전해 준 것은 주님으로부터 전해 받은 것입니다. 곧 주 예수께서 잡히시던 밤에, 빵을 들어서 감사를 드리신 다음에, 떼시고 말씀하셨습니다. "이것은 너희를 위하는 내 몸이다. 이것을 행하여 나를 기억하여라." 식후에, 잔도 이와 같이 하시고서, 말씀하셨습니다. "이 잔은 내 피로 세운 새 언약이다. 너희가 마실 때마다 이것을 행하여, 나를 기억하여라."[17)]

> 나도 전해 받은 중요한 것을 여러분에게 전해 드렸습니다. 그것은 곧, 그리스도께서 성경대로 우리 죄를 위하여 죽으셨다는 것과, 무덤에 묻히셨다는 것과, 성경대로 사흗날에 살아나셨다는 것입니다.

이 두 개의 구문들은 그 자료들이 다른 자료에서 왔다는 것을 인정하는 것으로 시작된다. 첫 번째 구문은 공관복음서 안에서 발견되는 성만찬 제정의 유사한 말씀과 비교될 수 있다.(막 14:22-24; 마 26:26-29; 눅 22:14-20) 이것들은 다양한 공동체들 안에서 그 자료들의 광범위한 사용을 확정해준다. 두 번째 구문은 (이하의 '사실'을 반복하는) 결정적인 구조와 예배의 전통을 규정하는 (성서와 일치하는) 평행구조를 증명해 준다.

바울의 편지들 안에서는 비록 도입형식이 사용되지 않음에도 불구하고 바울 이전의 자료들이 반영되고 있다. 인용된 자료들은(예를 들어 빌 2:6-11) 때때로 찬송가처럼 보이기도 하고, 다른 때는(예를 들어 롬 1:3-4

17) 26절은 공관복음서에 나오는 어떤 기록에도 나타나지 않기 때문에 성만찬 제정에 관한 바울의 추가로 보인다.

처럼) 신앙고백으로, 또 다른 때는(예를 들어 고전 11:23-25처럼) 성례전 예배문처럼 보인다. 누군가 그 자료를 어떤 범주에 넣을 수 있을까 하는 것은 어떤 사람이 그 범주를 어떻게 정의하는가에 달려 있다.

이 구문들에 대한 연구는 20세기 초로 거슬러 올라간다. 그 당시는 (주로 독일의) 학자들이 구약의 자료들과 관련된 유사한 연구의 빛에서 보는 것처럼 전통을 분리해내고 그 역사의 추적을 시작했던 시대이다.[18] 바울 이전의 자료와 더불어 그리고 이 자료에 관해서 제기된 특별한 질문은 다년간 약간의 무엇인가를 변화시켰다. 단순한 구문을 확인하고, 그 구문을 고려하면서 학자들이 가졌던 다양한 질문을 좇아가며, 다른 공헌들을 관찰하는 것은 유익하다. 성격상 분명히 시적인 형식을 가진 빌립보서 2:5-11은 흥미 있는 연구를 보여준다.

여러분 안에 이 마음을 품으십시오.
그것은 곧 그리스도 예수의 마음이기도 합니다.
그는 하나님의 모습을 지니셨으나,
하나님과 동등함을 당연하게 생각하지 않으시고,
오히려 자기를 비워서
종의 모습을 취하시고,
사람과 같이 되셨습니다.
그는 사람의 모양으로 나타나셔서,

18) Eduard Norden, *Agnostos Theos: Untersuchungen zur Formengeschichte der religiösen Rede*(1913; reprint, Stuttgart: Teubner, 1956); Joseph Kroll, C*hristliche Hymnodik bis zu Clemens von Alexandria*(Königsberg: Harlung, 1921). 한스 리츠만(Hans Lietzmann)과 에른스트 로마이어(Ernst Lohmeyer)의 나중의 작업을 참조하라. 그 요약은 라인하르트 다이히그레버(Reinhard Deichgräber)가 세시한나. Reinhard Deichgräber, *Gotteshymnus und Christhymnus in der frühen Christenheit: Untersuchungen zu Form, Sprache und Stil der frühchristlichen Hymnen*(Göttingen: Vandenhoeck & Ruprecht, 1967), 11-21.

자기를 낮추시고,
죽기까지 순종하셨으니,
곧 십자가에 죽기까지 하셨습니다.
그러므로 하나님께서는 그를 지극히 높이시고,
모든 이름 위에 뛰어난 이름을 그에게 주셨습니다.
그리하여 하늘과 땅 위와 땅 아래 있는 모든 것들이
예수의 이름 앞에 무릎을 꿇고,
모두가
예수 그리스도는 주님이시라고 고백하여,
하나님 아버지께 영광을 돌리게 하셨습니다.

하나의 관심분야는 형식에 관한 정의와 결정, 언어와 문학적인 구조에 관한 검토였다. 빌립보서 2:5-11 안에 포함되어 있는 이 찬송가는 5절로 도입되고 있으며, 실제적으로는 6절의 관계대명사('그는')로 시작하고 있는데, 이것은 시적인 찬송가의 시작을 위해서 전형적인 것이다. 이것이 (영어 번역보다는 그리스어에서 좀 더 분명하게 나타나는데) 현저하게 평행구조로 나타나기 때문에 장엄하고 리듬감 있는 양식은 적절한 강조를 가지고 있는 연들(strophes)로 나누어질 수 있을까? 학자들의 대답은 '예, 그럴 수 있다'이지만, 그러나 선택은 다양하다. 이것은 각각 세 줄로 된 여섯 연으로 나누어지기도 했고(Lohmeyer), 각각 네 줄을 가진 세 연(Jeremias), 네 개의 연으로 되어 있는 교차대칭구조이며, 처음과 마지막의 연은 여섯 줄로 되어 있고, 두 번째와 세 번째 연은 세 줄로 구분되기도 하였다.(Hooker)[19]

신조로부터 찬송가를 어떻게 구분할 수 있을까? 솔직히 형식에 기초

19) 몇몇 학자는 바울이 전통적인 찬송가에 2:8의 "십자가의 죽음", 2:10의 "하늘과 땅과 땅 아래에", 그리고 2:11의 "영광을 위하여", 2:11의 "하나님 아버지의"를 추가했다는 제안을 하면서 균형을 잡기도 한다.

해서만 말하는 것은 불가능하다. 랄프 P. 마틴(Ralph P. Martin)은 신약성서의 찬송가들을 (형식보다는 오히려) 기능과 내용에 따라서 분류하고 있으며 네 가지 유형을 제시하였다. 그것들은 성례전적이고, 명상적이며, 신앙고백적이고 그리스도론적이다.[20] 빌립보서 2:6-11은 그리스도론적인 것으로 분류되지만 그러나 그 유형은 상호 간에 결코 배타적일 수 없다.

이것이 바울 이전의 찬송가이고 사도 자신의 창작이라는 사실을 어떤 사람이 확신할 수 있을까? 문학형식, 언어의 문제와 신학이 고려될 때 그 주장들은 양쪽의 입장에서 훌륭하게 조화가 된다. 바울은 분명히 고양된 시적인 문체로 기록했을 가능성이 있고(예를 들어 롬 8:31-39), 그러므로 단지 문학적인 장르에만 기초한 판단들은 불가능하다. 형식과 문체를 제외한 문제들은 바울보다 앞서 있었던 찬송가를 위한 기원을 지지하는 규모들이 무슨 방법이었는가 하는 것이다. 다수의 핵심 단어들은 바울의 편지들 다른 곳에서는 발견되지 않았고, 신학적인 동기들은 바울에게 생소하며, 그 단어들의 부재가 일반적으로 바울의 그리스도론과 결합되어 있다.

문제제기의 두 번째 노선은 찬송가 안에서 발견되는 종교적인 사상의 기원과 발전과 관련되어 있다. 예수는 하나님의 형식으로 존재하는 모습으로 나타난다. 하지만 그는 자기 자신을 비웠고 종의 모습을 가졌다. 그는 낮아졌고 하나님에게 순종하였으며, 결국 하나님이 그를 모든 인간이나 우주적인 세력들보다 높이셨고, 그는 최고의 주님으로 경배를 받는다.

예수에 관한 이러한 묘사는 어디서부터 오는 것인가? 몇몇의 주석가

---

20) Ralph P. Martin, *Carmen Christi: Phil 2:5-11 in Recent Interpretation and in the Setting of Early Christian Worship*(Grand Rapids: Eerdmans, 1985), Stephen Fowl의 "찬송가"에 관한 논의는 다음을 보라. Stephen Fowl, *The Story of Christ in the Ethics of Paul: An Analysis of the Function of the Hymnic Material in the Pauline Corpus*(Sheffield: JSOT, 1990), 31-45. 파울(Fowl)은 빌 2:6-11과 같은 구절들이 "거룩한 인물의 본성 및/또는 활동에 대한 시적 설명이라는 매우 일반적인 의미에서"(45) 받아들여졌다고 결론을 내린다.

들은 그것의 뿌리를 유대교의 사고 패턴까지 추적한다. 그 사고 패턴은 구약성서 안에 있는 것이거나(예를 들어 사 52:13-53:12의 고난 받는 종의 모습) 혹은 헬레니즘 유대교(예를 들어 선재하는 지혜의 모습을 가지고 있는 "의로운 자" 혹은 필로에게 찾아볼 수 있는 하늘과 땅의 아담 사이에 존재하는 대립의 혼합) 안에 있는 것이다. 다른 사람들은 헬레니즘(영지주의 구원자 신화를 보여주는 우주적인 구원의 드라마) 안에서 그 찬송가의 기원을 찾는다. 어떤 점에서는 그렇게 주장이 진행되고 있는데, 이러한 신화의 배경들은 예수의 의미를 표현하기 위한 매개물로 그리스도교 공동체에 의해서 적용되었다는 것이다. 찬송가의 뿌리를 유대교의 모습에서 찾는 그룹과 헬레니즘 자료 안에서 그것의 기원들을 식별하는 이 둘은 하나의 공동체로부터 다음 공동체까지의 발생관계를 추적하려는 종교적인 생각으로 가능하다고 가정한다.(진술 A는 빌려왔거나 아니면 진술 B에 의존하고 있다.) 다른 학자들은 초대 그리스도교를 벗어난 찬송가 자료에 관한 명확한 확인 전망에 관해서 회의적인 입장이다.

바울 이전의 자료를 고려하는 문제제기의 세 번째 노선은 바울과 초대 그리스도교의 그의 전임자들 사이에 존재하는 연속 노선을 탐구하려는 노력으로 자극을 받았다. 헌터(A. M. Hunter)는 그의 연구를 시작하면서 다음과 같이 논평한다.

> 나의 의도는 어느 정도 확실하게 나타낼 수 있는 바울 이전의 그리스도교에 대한 바울의 의존에 관한 증거들을 선택하고, 그것들을 차례로 조사하는 것이다. 이것을 내가 성공적으로 해낼 수 있다면, 나는 내 목적의 더 많은 부분을 성취해 내야 할 것이다. 그것은 바울을 그의 사도적인 편협성 밖으로 꺼내는 것이며 그를 초대 그리스도교 한가운데 세우는 것이다. 그것은 그를 불타는 외로운 개척자, 혼자 힘으로 그리스도교의 궤적을 놓은 자로 보는 것이 아니라, 개척자들의 용감한 동료 중에 하나로 보는 것이다. 아니면 그것은 (그 모습을 바꾸어서) 그를 혼자서 사상의 낯선 바다

를 향해하고 있는 일종의 영적인 콜롬버스가 아니라, (역사적인 바울이 배를 운행했던 것처럼) 사도의 배에서 다른 사람들과 함께 동행하면서 배를 타고 있는 사람으로 그를 보는 것이다.[21)]

헌터는 빌립보서 2:6-11을 바울보다 앞섰던 복잡한 그리스도론의 동기들을 가지고 있는 초기 그리스도교의 찬송가로부터 분리시킨다. 이것은 그로 하여금 바울을 신학적인 교리에 복음을 집어넣어 예수의 복음을 왜곡한 혁신적인 파괴자라는 고발로부터 구출하여 그를 초기 그리스도교의 주류에 위치시키도록 해줄 수 있다.

편지들 안에서 바울 이전의 자료를 조사하는 것에 대한 네 번째 관심은 초대 그리스도교의 신앙고백과 예배의 실천을 이해하는 것이 되었다. 오스카 쿨만(Oscar Cullmann)은 이러한 연구노선을 개척하였다. 그는 가장 빨랐던 신앙고백 형식 작품을 밝히려고 노력하였고 그것들이 요동치는 1-2세기에 어떻게 발전하였는지 찾고자 하였다. 그는 (사도신경과 니케아 신조 같은) 교회의 오래된 신학적인 상징들이 신약성서의 신앙고백 노선과 일치하고 있는지 아닌지 알아보는 데 관심이 있었다. "교회는 신약성서 27권의 저자들이 (사도신경 같은) 상징을 실제적으로 그들 저작의 본질적인 내용으로 간주한 것을 포함하고 있는지 아닌지 알아야만 한다."[22)] 쿨만은 찬송가들을 분리해 내고 유대교와 헬레니즘 안에서 그것들의 유산을 추적하는 시도들보다 오히려 다른 방향, 즉 신약성서의 신앙고백으로부터 후기 교회의 신학적인 상징들로 움직인다.

---

21) A. M. Hunter, *Paul and His Predecessors*, rev. ed.(London: SCM, 1961), 10.

22) Oscar Cullmann, *The Early Christian Confessions*(London: Lutterworth, 1945), 12. 다음의 자료도 참조하라. H. Neufeld, *The Earliest Christian Confessions* (Grand Rapids: Eerdmans, 1965). 쿨만(Cullmann)의 학생 중 한 명은 예배 자료와 관련된 같은 과제에 참여하였다. 다음을 참조하라. Robert C. Bankhead, *Liturgical Formulae in the New Testament*(Clinton, SC: Jacobs, 1971).

빌립보서 2:5-11은 쿨만이 발견한 연결고리 안에 비판적인 연관성이 있다는 것으로 밝혀졌다. '그리스도가 주님이시다'라는 가장 이르고 가장 기초적인 신앙고백은 예수의 낮아짐과 높임을 포함하는 찬송가로 확대되었다. 그 찬송가는 성육신까지 거슬러 올라가며 앞으로는 종말론의 미래까지 이르고 있다. 이것은 비판적인 확장이다. 왜냐하면 그것은 하나의 신앙고백을 만드는 것으로 하나님의 과거와 하나님의 미래 사이를 연결하는 것으로 현재를 확정할 수 있기 때문이다.

다섯 번째 질문 노선은 전통들, 찬송가들, 신조들이 편지들 안에서 어떤 기능을 하고, 그것들이 바울이 이런저런 일련의 독자들에게 하고 있는 주장에 어떻게 공헌하고 있는지 질문한다. 연구의 다른 네 분야는 직접적인 배경에서 나오는 그 구절들을 요약해 주었고 바울 이전 혹은 이후의 자료들에 관한 독립적인 생활에 초점을 맞추었다면, 이 다섯 번째 접근은 상황적인 것이다. 이것은 그 자료들이 어디서 왔고 후대 교회가 그것과 씨름한 용도가 무엇인가 하는 것은 주된 관심사가 아니다. 그것은 바울이 그것을 가지고 무엇을 했는지 질문한다.

빌립보서 2:6-11은 그것의 직접적인 문맥들 안에서 어떻게 이해되고 있는가? 이 찬송가는 초점이 엄격하게 그리스도론적이지만, 아직도 빌립보서 문맥 안에서 어떤 것도 그 찬송가가 특별한 그리스도론적인 문제들을 주장하기 위하여 편지 안에서 이용되고 있다는 사실을 제시하지 못하고 있다. 분명히 빌립보서 안에서 예수 그리스도에 관한 부적절한 관점이 도전받을 필요는 없다. 오히려 그 찬송가가 나타나는 편지의 직접적인 부분(1:27-2:18)은 하나가 되라는 요구를 다루고 있으며 독자들이 자기 자신들보다는 타자에 대해서 더 관심을 가지라고 주장한다. 겸손이 경쟁보다 더 중요한 것이다. 이 찬송가는 5절의 빛에서 보면 권고의 성격을 가진다.[23] 그러나 어떤 의미에서 그런가? 그리스도는 단순하게 본 받아야 하

23) 5절은 생략부호(완전한 생략을 위해 필요한 단어의 누락 또는 생략)가 있기 때문

는 모범으로만 제시되고 있는가?[24] 아니면 이 찬송가는 구원의 우주적인 드라마를 묘사하고 예수를 주님으로 인정하는 사람들처럼 그리스도인들에게 구원의 이야기 빛에서 그들의 인간관계 안에서 살라고 주장하는 것인가?[25] 아니면 이 찬송가는 독자들이 직면하고 있는 문제에 적용되고 있는 정확한 사례가 되는 하나의 예로서 역할을 하고 있는 것인가?[26] 이 질문들은 오직 빌립보서와 그 편지 전체 양쪽의 복잡한 주석학적인 문제들에 대해서 세심한 주의를 기울인 다음에야 해답을 찾을 수 있다. 하지만 이 질문들은 해결되어야 하지만, 이러한 질문 노선들은 찬송가의 바울 이전 혹은 바울 이후의 배경에 대해서 걱정하지 않는다. 그러나 이 질문 노선들은 그 편지의 주장에 대한 공헌을 고려한다.

만약에 누군가가 가장 이른 것부터 가장 최근까지 시간적인 규모에 관한 다섯 가지 질문 노선들의 줄거리를 잡았다면, 그는 연구에서 발생학적인 기원들과 자료들의 궤적에 관해서 추적하는 관심으로부터 이동하여 그 자료들이 편지들 안에서 어떤 기능을 하고 있는지 질문하는 방향으로

에 번역하기가 대단히 까다롭다. NRSV는 가능한 표현 중 하나이다. "그리스도 예수 안에 있었던 것이 당신 안에 있도록 같은 마음을 가지십시오." 다른 해석은 다음과 같다. "예수 안에 있는 사람에게 적합한 것처럼 여러분 스스로 서로를 향하여 행동하시기 바랍니다."

24) C. F. D. Moule, "Further Reflections on Phil 2:5–11," in *Apostolic History and the Gospel*, ed. Ward Gasque and R. P. Martin(Exeter: Paternoster, 1970), 264–276.

25) Ernst Käsemann, "A Critical Analysis of Phil 2:5–11," in *God and Christ: Existence and Province*, ed. Robert W. Funk(New York: Harper & Row, 1968), 45–88. 다음의 자료도 보라. Ralph P. Martin, *Philippians, New Century Bible Commentary*(Grand Rapids: Eerdmans, 1976), 92–93.

26) Fowl, *The Story of Christ*, 92–98. 허테이도(Hurtado)는 유사한 견해를 보여준다. Larry W. Hurtado, "Jesus as Lordly Example in Phil 2:5–11," in *From Jesus to Paul*, ed. Peter Richardson and John C. Hurd(Waterloo: Wilfrid Laurier University Press, 1984), 113–126. 그는 누가 그리스도를 모방하는 것이 아니라 그와 일치하는가에 대해 말하고 싶어 한다.

움직이고 있는 경향을 발견할 것이다. 그것은 주된 경향 혹은 근본적인 변화에 관해서 말할 것이 너무 많이 있는 반면에, 그럼에도 불구하고 최근 연구에는 자료들이 발생하고 있는 직접적인 문맥을 위한 관심방향으로 제한된 변화가 있었다. 만약에 2:6-11이 바울 이전의 찬송가**라면**, (우리는 그것에 관해서 확신할 수 있지만) 그것이 어디서 유래하고 있는지, 그것이 그 편지가 기록되기 이전에 어떻게 이용되고 있었는지, 그리고 그것이 후대 교회에 의해서 어떻게 사용되었는가 하는 것은 편지 안에서 그 찬송가에 관한 검토와 그것의 기능조차도 경전본문으로서 그것의 의미에 관한 이해를 발전시키지 못하고 있다. 분명히 바울이 좀 더 이른 전통으로부터 빌려왔을 때 그는 그것을 새롭게 해석하고 그것이 새로운 교훈을 말할 수 있도록 하면서 '그것을 자신의 것으로 만들었다.'

3. 예수의 가르침 사용

어떤 사람이 바울의 편지들을 처음으로 진지하게 읽고 있는 중이라면, 바울서신들로부터 놀라운 인상을 받게 된다. 그것은 예수의 삶에 관한 언급들이 적다는 것이다. 만약에 우리가 바울의 편지들만 가지고 있다면, 우리는 예수의 사역 과정, 그의 출생 환경, 세례 요한에 의한 그의 세례, 그의 생생한 비유, 열두 제자의 양육, 그와 종교권위들과의 갈등, 창녀와 세관원과 죄인들과의 교제, 그의 많은 기적에 관해서 아무것도 알 수 없을 것이다. 바울이 기꺼이 예수의 죽음, 장례, 부활을 고려한다고 할지라도, 우리는 십자가상의 말씀, 그를 장사지낸 사람들의 이름에 관해서 아무것도 듣지 못하고 비어 있는 무덤이 발견된 것에 관해서도 아무것도 듣지 못한다. 복음서들이 없다면 우리는 예수의 삶과 가르침에 관한 과정이나 성격에 관해서 모를 것이다.

바울 자신은 예수의 말씀과 행위의 목격자가 아님에도 불구하고, 그는 예수의 신체적인 이별 이후 몇 년 만에 그리스도교 공동체에 들어갔다. 네 개의 정경 복음서 모두는 바울의 죽음 이후에 기록되었기 때문에 바울은 예수 사역과 가르침의 전승에 접근할 수 없었다는 것이 가능했을까? 그리고 그가 먼저 십자가에 달리신 그리스도에 관해서 암흑 상태에 있었다는 것이 가능했을까? 이것은 바울이 그가 예루살렘으로 여행을 하고 베드로(게바)와 예수의 형제 야고보를 만났기 때문에 거의 불가능해 보인다. (갈 1:18-19)[27] 만약에 그가 (우리가 보는 것처럼) 그보다 앞섰던 그리스도인들로부터 다른 전통들을 받아서 전달한 사람이었다면, 그 편지들은 왜 예수의 삶과 가르침에 관해서 더 많은 것을 반영하지 않는 것인가? 우리는 한순간 예수의 가르침을 향한 바울의 부주의에 대한 학문적인 반응을 참조해야 한다.

그러나 우선적으로 예수의 가르침에 관한 어떤 흔적들이 바울의 편지들 안에서 발견되는가?[28] 고린도전서에만 나오는 세 가지 경우들이 있다. 그 안에서 바울은 '주님'의 말씀에 대한 분명한 언급을 하고 있다.[29] 이것들 중에 하나(고전 11:23-25의 주의 만찬 제정사)는 이미 다루어졌다. 다

---

27) 갈 1:18의 NRSV에서 그리스어 동사가 "방문하다"(*historêsai*)로 번역된 것은 조금 거리가 먼 의미를 제시하는 것임에도 불구하고 경우에 따라서 바울이 베드로에게 물어보았던 사실을 암시하기 위한 것으로 받아들여졌다. 어쨌든 그 방문은 바울이 역사적 예수에 관한 정보를 베드로로부터 모으는 기회를 가졌음을 가리킨다.

28) 다음을 참조하라. Hunter, *Paul and His Predecessors*, 45-51; V. P. Furnish, *Theology and Ethics in Paul*(Nashville: Abingdon, 1968), 51-67; *Jesus According to Paul*(Cambridge: Cambridge University Press, 1993), 40-65; David L. Dungan, *The Sayings of Jesus in the Churches of Paul: The Use of the Synoptic Tradition in the Regulation of Early Church Life*(Philadelphia: Fortress, 1971); A. J. M. Wedderburn, ed., *Paul and Jesus: Collected Essays*(Sheffield: JSOT, 1989).

29) 때때로 예수님에 관한 예언적인 어록으로 들을 수 있는 다른 본문은 살전 4:15이다. 하지만 "주님의 말씀으로"라는 구절은 아마 예수에 관한 어록을 일치시키려는 것보다 오히려 편지를 쓰고 있는 그의 권위를 가리킴을 의미한다.

른 두 가지 말씀은 고린도전서 7:10-11과 9:14이다.

> 결혼한 사람들에게 말합니다. 이것은 나의 말이 아니라, 주님의 명령입니다. 아내는 남편과 헤어지지 말아야 합니다. (만일 헤어졌거든 재혼하지 말고 그냥 지내든지, 그렇지 않으면 남편과 화해하여야 합니다.) 그리고 남편도 아내를 버리지 말아야 합니다.

> 이와 같이 주님께서도, 복음을 전하는 사람들에게는 복음을 전하는 일로 살아가라고 지시하셨습니다.

앞에 나온 구절에서 바울은 고린도의 특별한 상황을 말하고 있다. 믿는 사람들 몇 사람이 분명히 결혼은 무가치하다고 느꼈고 그들의 배우자와 이혼하려 하고 있었다. 그는 주님의 명령에 의지하여 그 상황에 적용할 것을 요청하고 있으며 그것을 다음 절에서는 구별하고 있다. 그 절에서 그는 적용할 수 있는 주님의 말씀 없이 말하고 있다.("그 밖의 사람들에게 말합니다. 이것은 나의 말이요, 주님의 말씀은 아닙니다.") 바울이 7:10-11에서 마음에 가지고 있는 특별한 명령은 아마도 이혼에 관한 예수의 가르침 중에 어떤 형식일 것이다.(예를 들어 막 10:11; 눅 16:18; 마 5:32, 19:9) 두 번째 구절 안에서 바울은 그들의 일로부터 재정적인 후원을 받는 그리스도인 사역자들의 권리를 세우고 있다. 그는 그가 자신을 위해서 그러한 권리를 사용하지 않았다는 주장을 하기 위하여 그 경우를 만들고 있다. 예수의 말씀에 대해서 언급하는 것은 누가복음 10:7일 가능성이 제일 크다.(마 10:10 참조) 이렇게 특화된 예수의 말씀에 덧붙여서 편지들 안에는 연결이 본문 안에서 특별하게 이루어지지 않았음에도 불구하고 예수의 말씀들에 대한 암시가 식별되는 몇 개의 자리가 있다. 몇 개는 로마서 12:14-21 같은 덩어리들 속에서 나타난다.

로마서	복음서들
여러분을 박해하는 사람들을 축복하십시오. 축복을 하고, 저주를 하지 마십시오.(12:14)	너희를 저주하는 사람들을 축복하고, 너희를 모욕하는 사람들을 위하여 기도하여라.(눅 6:28; 마 5:44 참조)
아무에게도 악을 악으로 갚지 말고(12:12a)	네 뺨을 치는 사람에게는 다른 쪽 뺨도 돌려대고, 네 겉옷을 빼앗는 사람에게는 속옷도 거절하지 말아라.(눅 6:29; 마 5:39b-40 참조)
여러분 쪽에서 할 수 있는 대로 모든 사람과 더불어 화평하게 지내십시오.(12:18)	서로 화목하게 지내어라.(막 9:50b; 마 5:9 참조)
사랑하는 여러분, 여러분은 스스로 원수를 갚지 말고, 그 일은 하나님의 진노하심에 맡기십시오. 성경에도 기록하기를 "원수 갚는 것은 내가 할 일이니, 내가 갚겠다고 주님께서 말씀하신다" 하였습니다. "네 원수가 주리거든 먹을 것을 주고, 그가 목말라 하거든 마실 것을 주어라. 그렇게 하는 것은, 네가 그의 머리 위에다가 숯불을 쌓는 셈이 될 것이다" 하였습니다. 악에게 지지 말고, 선으로 악을 이기십시오.(12:19-21)	그러나 내 말을 듣고 있는 너희에게 내가 말한다. 너희의 원수를 사랑하여라. 너희를 미워하는 사람들에게 잘 해주고.(눅 6:27; 마 5:44a 참조)

바울의 다른 편지들	복음서들
내가 주 예수 안에서 알고 또 확신하는 것은 이것입니다. 무엇이든지 그 자체로 부정한 것은 없고, 다만 부정하다고 여기는 그 사람에게는 부정한 것입니다.(롬 14:14)	무엇이든지 사람 밖에서 사람 안으로 들어가는 것으로서 그 사람을 더럽히는 것은 아무것도 없다.(막 7:15; 마 15:11 참조)
모든 율법은 "네 이웃을 네 몸과 같이 사랑하여라" 하신 한마디 말씀 속에 다 들어 있습니다.(갈 5:14; 롬 13:8-10 참조)	예수께서 대답하셨다. 첫째는 이것이다. "이스라엘아, 들어라. 우리 하나님이신 주님은 오직 한 분이신 주님이시다. 네 마음을 다하고, 네 목숨을 다하고, 네 뜻을 다하고, 네 힘을 다하여, 너의 하나님이신 주님을 사랑하여라." 둘째는 이것이다. "네 이웃을 네 몸 같이 사랑하여라." 이 계명보다 더 큰 계명은 없다.(막 12:29-31; 마 22:34-40 참조)

이 몇 개의 예들(그리고 12개 혹은 인용될 수 있는 그 이상의 것들이 있다.)로부터 두 개의 의견이 다음과 같이 제시된다.

첫째, 단어의 일치가 있을 때조차도 그 유사성이 예수에 관한 구전전승, 초대 교회의 도덕적 가르침, 아마 다른 자료들이 반영되고 있는 것인지 아닌지 확신하는 것은 어렵다. 이 자료들 중에서 몇 개는 다른 유대교 작품들 안에서도 발견될 수 있다. 예를 들어서, 이웃사랑 계명은 레위기 19:18로부터 나온다. 갈라디아서 5:14는 아마 구약에 관한 바울 자신의 생각이기는 하지만, 예수의 말씀에 대한 직접적인 언급은 아니다. 예수에게 거슬러 올라가는 이런 일치의 결정적인 추적은 불가능하다.

둘째 의견은 이런 예들 모두가 바울서신들의 권고와 윤리로부터 온다는 것이다. 한 학자는 "바울이 그의 편지들 어디서도 예수의 어떤 말씀들을 인용하지 않거나 혹은 분명이 어떤 하나를 암시하며, 그 안에서 그는 중요한 그리스도론과 구원론 진술들을 만들어 내면서 그의 복음의 핵심을 상세하게 설명하고 있다"[30]고 말하였다. 바울에게 복음은 예수의 죽음 그리고 부활과 관계가 있으며 하나님이 세상의 구원을 위한 이 교훈을 통해서 어떻게 일하셨고 일하고 계시는가 하는 것에 관심을 기울이고 있다. 거기에는 복음이 예수의 가르침에 대한 언급으로 만들어졌다는 지시가 없다.

지상의 예수에 대한 이러한 관심 부족은 오랫동안 학자들을 당황스럽게 하였다. 19세기와 20세기 초 많은 사람이 예수와 바울 사이에 존재하는 간격을 강조하려는 경향이 있었다. 예를 들어서 빌리암 브레데(William Wrede)는 "바울이 그리스도교의 제2의 창시자"라는 자주 인용되는 논평을 하였다. 바울은 후대 그리스도교에 대해서 예수보다 훨씬 더 위대한 영향을 주었다.[31] 브레데에게 예수가 가르친 모든 것은 개개인의 인간적인 특성에 목표가 있었다. 그것은 하나님에 관해서 한눈을 팔지 않는 충성을 위해 개인을 부르시는 것이다. 하지만 바울의 믿음은 예수의 가르침에 관한 공부로부터 발전한 것이 아니고 '계시'로부터 발전하였다.(갈 1:11-12) 그리고 그는 이미 만들어진 구원론에 관해서 믿고 있었던 사람들에게 편지를 썼다. "그는 그리스도교 공동체에게 처음으로 새로운 종교가 되는 인식을 주었다. 그는 최초의 그리스도교 신학자였고, 그의 신학은 수단으로 하여 초기 단계의 종교를 결정적으로 변형하였다."[32] 브레데를 따르면 바울이 예수의 가르침으로부터 스스로 거리를 두고 무엇을 하였는가 하는 것은 그 당시에 꼭 필요했을 것이다. 그러나 그것의 오랜 결과는 "인간

---

30) Nikolaus Walter, "Paul and the Early Christian Jesus-Tradition," in *Paul and Jesus*, 63.

31) William Wrede, *Paul*(1908; reprint, Lexington, KY: American Theological Library Association, 1962), 179.

32) *Ibid.*, 175.

예수를 몰아낸 것이다."[33]

루돌프 불트만은 브레데보다 최근에 예수와 바울은 율법비판과 사랑의 계명에 대한 중요성 같은 어떤 문제들에서는 일치하는 반면에, 예수 가르침과 설교의 본질은 바울과 관계가 없다고 주장하였다. 그 이유는 예수가 미래와 오고 있는 하나님 나라에 대해서 기대를 가지고 있지만, "바울은 뒤를 보기 때문이다. 시대의 전환점은 이미 와 있다. 예수가 기대하는 결정적인 사건이 바울에게는 이미 자리를 잡고 있다."[34] 불트만에 따르면, 브레데는 예수로부터 생각이 발전하고 있는 사상들의 관점에서 볼 때 바울을 이해하려는 노력에서 잘못되었다. 바울은 부활절의 다른 쪽에 서 있었고 예수를 하나님의 구원 사건으로 선포했고, 시간을 초월한 진리의 교사로 선포한 것이 아니다.

우리는 예수의 가르침에 관한 바울의 용법이 (그의 구약 사용이나 초대 그리스도교 신조들과 비교해서) 다소 약함을 보았다. 바울이 그의 편지들 안에서 발견되는 것보다 예수에 관해서 더 많이 알고 있었는가 하는 것은 대답이 될 수 없는 질문이다. 교회의 규정으로 기능을 하였던 몇 가지 말씀들, 그러나 바울에게 분명히 좀 더 중요한 것은 하나님이 십자가와 부활 사건 안에서 행하신 그 무엇이다. 바울의 신학적인 숙고는 부활절 이전의 예수의 가르침보다는 거기(십자가와 부활)에 있었다.[35]

---

33) *Ibid.*, 182.

34) Rudolf Bultmann, "The Historical Jesus and the Theology of Paul," in *Faith and Understanding*(New York: Harper & Row, 1969), 233.

35) 예수와 바울 사이의 연결에 관한 매우 긍정적인 언급을 보려면 다음을 참조하라. David Wenham, *Paul: Follower of Jesus or Founder of Christianity?*(Grand Rapids: Eerdmans, 1995).

제4장

바울의 교회들

여러분은 바울이 편지를 보냈던 교회의 구성원들이 어떤 사람들이었는지 궁금하게 생각해 본 적이 있는가? 이들의 처음 독자들은 누구였을까? 그들의 경제적인 수준은 어느 정도였을까? 그들은 생계를 어떻게 유지하였을까? 그들은 공식적으로나 비공식적으로 어떤 교육을 받았을까? 어떤 사회적인 압력이 그들의 생활에 영향을 주었을까? 그들은 어떤 사회적인 제도들과 관련되어 있었을까? 그들은 어떤 종류의 가정구조를 가지고 있었을까?

우리는 우리 자신의 경험으로부터 개인들과 그룹들의 사회적인 위치(경제수준, 국적, 성, 인종, 직업, 사회적인 위치)가 개인들이나 혹은 그룹들이 현실을 해석하는 방식에 영향을 준다(어떤 사람은 좌우된다고 말할 것이다.)는 것을 알고 있다. 부유한 외곽에 살고 있는 집의 소유자는 낙후된 공공 주택에서 살고 있는 사람들과 같은 방식으로 투표할 가능성이 없다. 같은 부류의 중상위층 집단은 그들의 삶과 계획을 도시의 빈민가(urban ghetto)에 있는 가게 앞 교회와 아주 다른 방식으로 이루어지는 경향이 있다. 초대 교회 안에서 서로 다른 인종의 배경을 가진 신앙인들은 어떤 관계를 맺고 있었을까? 바울의 공동체 구성원들의 사회적인 위치는 그들의 종교적인 생활에 어떤 영향을 주었을까? 그리고 거꾸로 그들의 종교적인 신념들은 그들의 사회적인 환경을 어떻게 형성하였을까?

적어도 2세기 동안 역사비평은 바울 교회들의 다양한 특성을 탐구하였다. 그 편지들은 개별적으로 어려움에 처해 있던 특별한 교회들을 가리키고 있다. 어떤 편지도 '내가 믿고 있는 이것' 혹은 '나의 마음이 어떻게 변했는가' 하는 진술이 아니다. 각 편지는 복음의 왜곡, 목회적인 과실, 혹은 완전한 낙심, 종종 교회들 자체로부터 오는 구전이나 기록된 의사소통에 응답하면서 말하고 있다. 역사비평은 재구성 작업에 몰두하기 때문에, 교회에 관한 그림을 그리고자 하였고, 그것은 그 교회들이 지리적으로 어디에 위치하고 있었는지 등등 세세한 것을 포함한다. 역사비평은 각 교회에 대한 바울의 관계, 어떤 반대, 반대가 있을 경우 바울이 직면하고 있는 이유, 그리고 그 편지들의 시간적인 배열을 다룬다.

그러나 이런 역사적 연구는 굉장한 양의 정보를 만들어 낸 반면에 주로 종교적인 생각들을 명확하게 하는 일에 관여해 왔다. 이것은 바울과 그의 독자들 사이에 존재했던 신학적인 대화의 진행을 명확하게 하고자 공동체들의 상황을 재구성하고자 하였다. 일반 교회 구성원들의 삶에 관한 문제는 아주 드물게만 제기되었다. 1세기 지중해 세계에서 사람들이 공유했던 중요한 문제와 가치는 무엇이었는가? 종교적인 사상들은 어떻게 영향을 주었고, 사람들의 사회적인 습관들에 의해서 어떻게 영향을 받았는가? (우리가 곧바로 살펴보겠지만) 거기에는 규칙의 예외가 있었고, 대부분의 연구가들은 1970년대 이래로 바울 공동체들의 사회적인 차원에 관해서 작업을 해왔다.

최근의 작업을 조사하기 전에 우리는 과거로의 환원주의(복잡하고 추상적인 사상을 관찰가능한 것으로 설명하자는 입장 – 역자주)에 대한 두려움 때문에 신약성서에 관한 사회학적인 연구가 방해하였던 하나의 문제를 대면할 필요가 있다. 그것이 의미하는 것은 관습이나 신앙은 **오직** 사회적인 용어들로 설명될 수 있어야 한다는 요구이다. 벵트 홀름버그(Bengt Holmberg)는 그것을 "일종의 연구 우월주의"[1)]라고 부른다.

지금의 사회학자인 로버트 벨라(Robert Bellah)는 우리의 현대 언어가 사회과학으로부터 유래하는 용어들로 흠뻑 젖어 있는 방법에 관해서 말했다. 사회과학은 일반적이고 학술적인 양쪽의 토론에서 결국 거의 제국주의적인 역할을 떠맡고 있다. 종종 언어와 수반된 현실의 본질에 관해서는 검증되지 않은 추측이 존재한다. 그런 종교적인 요구들은 결과적으로 참이나 거짓으로 판단이 되지 않지만 간단하게 말하자면 개인들, 문화, 역사적인 시간들로 다양화된다. 아니면 모든 인간의 행위들은 과학적인 작업이 설명할 수 있는 다양한 용어로 설명이 될 수 있다는 것이다.[2] 벨라는 현대적인 배경에 많은 성서학자의 두려움이 있었다는 것에 관해서 경고하고 있다. 모든 수수께끼는 사회학적인 설명으로 결과가 날 것이며 방법론적으로 신의 현존은 제거될 것이라는 것이다.

오늘날 신약성서에 대해서 사회학적인 접근에 관여하고 있는 사람들 대부분은 그들의 연구가 꼭 필요한 길이 하나이며, 많은 길 중에 오직 하나라는 주장을 하고자 애쓰고 있는데, 그것은 성서본문에 관한 완전한 이해에 응답하는 것이다. 그들은 신학을 추방시키는 대신에 "신약성서의 신학적이고 (비신학적인) 진술들의 '의미'가 문화적이고 언어적인 특별한 환경들 안에서 기능하는 것을 볼 때만 발견될 수 있다는 사실을 강하게 주장한다. 신앙의 양식은 삶의 양식에 영향을 주었고 **그 반대의 경우도 있었다**. 오직 변증법적인 진행의 일부로 볼 때에만 어느 하나라도 완전하게 이해될 수 있다."[3]

---

1) Bengt Holmberg, *Sociology and the New Testament: An Appraisal*(Minneapolis: Fortress, 1990), 150.

2) Robert Bellah, "The Recovery of Biblical Language in American Life." 이 주제는 1987년 4월 11일 캘리포니아 버클리 New College에서 강연한 것이다.

3) Susan R. Garrett, "Sociology(Early Christianity)," in *Anchor Bible Dictionary*, ed. D. N. Freedman(New York: Doubleday, 1992), 6:90. 사회학 연구가 역사적, 신학적 연구와 어떻게 관련되어 있는가 하는 모든 문제는 결코 해결되지 않았다. 이 주제와 관련된 연구는 다음을 참조하라. Robin Gill, *The Social Context of*

그때 초대 교회들의 활동에서 무엇이 초대 그리스도인들의 사회적인 삶과 사회적인 역동성에 관한 신선한 관심을 자극하였을까? 부분적으로 그것은 간단히 말해서 시대정신일 수 있다. 그 안에서 사회적인 맥락, 즉 고대와 현대 양쪽에 관한 질문이 새로운 긴급함으로 요구되고 있다. 그러나 또한 거기에는 커져가는 인식이 있어 왔다. 바울의 교회들 안에서 발생한 권위, 지도력, 의식, 개인적이고 사회적인 정체성 같은 많은 문제는 신학적인 용어로만 적절하게 설명되지 않는다. 사상은 모든 것을 설명하지 못한다. 종종 사회적인 추측과 한 그룹의 습관은 명확한 확신보다 더 강한 힘을 가지고 있는 심사숙고한 추론의 결과가 아니다. 때로 공유된 관점은 말로 나타나지 않는다. 그러므로 사회적인 설명과 텍스트 안에서 무엇이 명백하고 그렇지만 무엇이 은연중에 내포되고 암묵적인 것인지를 조사하는 분석이 요구된다.

우선, 우리는 바울의 교회들을 고려하면서 두 개의 연구영역에 관심을 기울어야 한다. 그것은 그 구성원들의 사회적인 삶에 관한 역사적인 설명과 그들의 관습과 신앙에 관한 사회학적인 고려이다. 이 둘은 결코 상호 배타적인 것이 아니고, 오히려 각각의 것이 다른 것을 의지한다. 이 장의 마지막에서 우리는 교회 구성원들의 인종적인 배경, 몇 개의 교회들 내에서 긴장을 만들어 낸 문제에 몰두할 것이다.

1. 바울의 교회들과 사회적인 생활

사실상 연구의 이런 관점은 사상이나 사건의 순서가 아니라 사회적인 현상에 관해서 질문하는 역사가의 과제이다. 바울의 교회들 안에 있었던 사람들의 사회적인 삶에 관해서 말해주는 약간의 정보들을 밝히고자 자

Theology: A Methodological Enquiry(London: Mowbrays, 1975).

료들이 연구되었다. 웨인 믹스(Wayne Meeks)가 그의 연구 서두에서 말하는 것처럼 "초대 그리스도교의 사회사를 다루는 역사가의 임무는 당시의 환경 안에서 일상적인 그리스도인들의 생활을 설명하는 것이다."[4)]

최근에 가장 많은 관심을 받는 주제는 초대 그리스도인들의 사회경제적(socioeconomic) 상황에 관한 설명이다. 우리가 이미 주목해 보았던 것처럼 세기의 전환기에 아돌프 다이스만은 이집트에서 발견된 비문학적인 편지들을 검토하였다. 그의 관찰 중에 하나는 파피루스의 언어와 문체가 신약성서의 그리스어와 비교될 수 있는 길거리의 사람들이 말하였던 대중적인 그리스어를 보여주었다는 것이다. 그러므로 그는 초대 그리스도교가 "하층계급 운동"[5)]이었다고 결론을 내렸다. 다이스만의 의견은 몇 개를 제외하고 지난 1930년대까지 널리 퍼져 있었다.

하지만 다수의 연구들은 1970년에서 1980년 안에 나타났다. 그 연구들은 다이스만의 결론에 도전할 뿐만 아니라 그 문제에 대한 새로운 실마리를 제공해 주었다.[6)] 에이브러햄 J. 말허베(Abraham J. Malherbe)는 신

---

4) Wayne Meeks, *The First Urban Christians: The Social World of the Apostle Paul*(New Haven: Yale University Press, 1983), 2. 우리는 사회 현상에 대한 설명과 사회학적 분석을 구별하고 있지만, 그것은 오로지 논의를 목적으로 하는 것이다. 홀름버그(Holmberg, *Sociology and the New Testament*, 6)는 명시적으로나 은연중에도 어떤 이론적인 틀이 없이는 사회생활 현상에 관한 어떤 설명을 할 수 없다는 사실을 정당하게 주장한다.

5) Adolf Deissmann, *Light from the Ancient East*, 4th ed.(New York: George Doran & Co., 1928), 9.

6) 이 장에서 논의된 기여에 추가해서 다음을 참조하라. E. A. Judge, *The Social Patterns of Christian Groups in the First Century*(London: Tyndale, 1960); John G. Gager, *Kingdom and Community: The Social World of Early Christianity*(Englewood Cliffs, NJ: Prentice-Hall, 1975), 93-113; John Howard Schütz, *Paul and the Anatomy of Apostolic Authority*(Cambridge: Cambridge University Press, 1977); Holmberg, *Sociology and the New Testament*, 21-76; Francis Watson, *Paul, Judaism, and the Gentiles: A Sociological Approach*(Cambridge: Cambridge University Press, 1986); 그리고 대중적인

약성서의 언어에 관한 다이스만의 연구를 철저하게 규명하였다. 그리고 그는 신약성서의 그리스어가 문학적인 그리스어와 관련해서 보여주는 특수성이 주로 교육을 받지 못한 사람들의 길거리 그리스어가 존재한 결과가 아니라 셈어적인(Semitic) 형태에 의한 것이라고 주장하였다. 그것은 기본적인 사고방식이 히브리 사람들의 그리스어라는 것이다. 이것은 소수의 지위를 행사하는 것 같은 사회적인 수준이 그렇게 많지 않다는 사실을 가리킨다. 게다가 신약성서 안에서 암시나 인용들은 기록자들이 적어도 이차적인 상위 교육계층과 동등함을 갖추고 있었다는 것을 강하게 가리킨다. 그리고 특히 바울서신들 안에서 세련된 수사학은 심지어 좀 더 높은 수준을 제시하고 있다.[7)]

문학적인 문화와 다른 방식 역시 바울 교회들의 구성원들이 보편적으로 가난하고 교육을 받지 못했다는 언급에 대해서 이의를 제기하고 있다는 것이다. 게르트 타이센(Gerd Theissen)은 고린도 교회에 관한 철저한 조사를 하였다. 그 조사는 전체적으로 편지들 안에서 (고전 1:26-29 같은) 교회, (고전 1:14와 행 18:8의 그리스보 같은) 고린도와 관련된 개인의 이름들, 교회 안에 있는 그룹에 관한 진술들을 평가하는 것이었다. 그는 구성원들이 가지고 있었던 (롬 16:23의 이름 목록에서 '도시의 재무관' 에라스도 같은) 공직, (고전 1:16, 16:15처럼) 집을 소유하고 있거나 혹은 그 집의 세대주와 관련된 사람, (롬 16:1-2에서 후원자 'benefactor'로 부르고 있는 뵈뵈같이) 특별한 봉사를 언급하고 있는 사람, (롬 16:3; 고전 16:19; 행 18:18-19의 브리스길라와 아굴라처럼) 멀리 여행한 사람들에 대한 언급들을 철저하게 조사하였다.

타이센은 하층계급 중에서 무산계급 운동이 있었다고 하는 것보다는

다음의 연구를 참조하라. Carolyn Osiek, *What Are They Saying about the Social Setting of the New Testament?*(New York: Paulist, 1984), 47-64.

7) Abraham J. Malherbe, *Social Aspects of Early Christianity*, 2nd ed.(Philadelphia: Fortress, 1983), 32-59.

오히려 초대 그리스도교가 그리스-로마 사회의 횡단면, 다양한 사회적이고 경제적인 계층의 사람들을 포함하고 있었다는 결론을 내렸다. 대부분의 팔레스타인 시골배경으로부터 그리스-로마 세계의 도시문화까지의 그리스도교 확장은 사회 상류층까지 포함하는 것으로 결론이 났다. 그 사회 상류층은 대부분 그 가운데 익숙해 있던 하층계급을 만드는 데 성공한 상태였다.[8)]

웨인 믹스는 바울의 편지들이 제공하는 자료들에 관한 다른 연구에서 타이센의 결론들 대부분을 확정하였다. 그 증거가 비록 단편적인 것임에도 불구하고 드러나는 모습은 여러 사회 계층들로 구성된 하나의 교회가 있었다는 것이다. 그 연구에서 최고위층과 최하위층에 관한 자료는 없었다. 그것은 토지를 가진 귀족들과 원로원 의원들에 대해서 언급이 없다는 것과 고용된 하인과 농노들에 관해서 언급이 없다는 것이다.

하지만 믹스는 사회적인 계층이 다차원으로 생각되어야 한다는 사실 없이 한 걸음 더 나아간다. 그 다차원은 권력, 직업적인 명성, 수입, 교육, 가족과 민족 그룹의 위치, 공동체의 상태와 같은 다양한 변수와 연결된다. 정보가 이용될 수 있는 곳에서 (바울 자신을 포함한) 바울 동아리의 탁월한 대부분의 구성원들은 어떤 범주에서는 상위 서열을 나타내고 다른 범주들에서는 하위 서열을 나타내는 사람들이라는 사실이 나타난다. 예를 들어서 브리스길라와 아굴라는 꽤 부유했을 것이다. 왜냐하면 그들은 넓은 지역을 여행했고 세 개의 도시들 안에서 가정을 세웠다. 천막을 만드는 사람들이라는 그들의 전문직업은 직업적인 명성의 등급에서 보면 아직도 상대적으로 낮은 지위를 차지하고 있다. 믹스는 바울 동아리가 '높은 지위와 불일치' 하는 사람들로 구성되었다는 일반화를 과감하게 말한다. 그는 이것으로 그들이 '경제적이고 사회적인 지위 향상 경향'이었다고 말하고

8) Gerd Theissen, *The Social Setting of Pauline Christianity: Essays on Corinth* (Philadelphia: Fortress, 1982), 69-119.

있다. 그들은 그들의 출생으로 그들에게 주어졌다고 생각하는 것보다 더 높게 하나의 지위를 획득하였다. 이것은 그들을 사회 안의 다소 애매한 위치에 있게 하였다.[9]

그리스-로마 세계 안에서 도시 생활의 기초 단위는 가정이었다. 그 가정은 직계가족뿐만 아니라 노예, 고용된 노동자들, 경우에 따라서는 사업동료들로 구성되어 있었다. 앞에 나오는 노예들은 보호와 후원을 해준 것에 대한 답례로 그들의 주인에게 봉사하는 것 또한 포함한다. 어떤 의미에서 가정은 그 도시의 작은 세계였다. "보호, 복종, 명예, 의무의 모든 관계는 하나의 도시가 번영해 나갈 때 적절하게 변화되어야만 했다. 이것들 모두는 남편과 아내, 주인과 노예들, 부모와 어린이들, 가장들과 부양가족들, 가장과 사회적인 동등한 사람들 사이에서 존재한다."[10]

맨 꼭대기에 아버지/가정의 지도자가 있는 권위의 위계질서 구조는 법에 의해서 그리고 실생활이라는 두 가지 면에서 존재하고 있었다. 소위 가정 규범은 그러한 구조를 반영하고 있으며 범위를 나타낸다. 그 범위는 좀 더 넓은 사회의 삶의 질서가 영향을 주었던 그리스도인 가정들까지 미친다. 그런 가정은 제2 바울서신들 안에서 나타나고 있다.(엡 5:22-6:9; 골 3:18-4:1; 벧전 2:13-3:7도 해당된다.) 그 지도자는 일반적으로 가정 전체의 종교적인 관계를 결정하지만(고전 1:6, 16:15; 행 16:15, 31, 34, 18:8), 가정의 모든 구성원이 동일한 열정을 가지고 종교적인 의무를 받아들이지 않았다. 오네시모는 빌레몬 가정의 구성원이었다. 하지만 분명히 그는 도망을 가서 바울이 갇혀 있는 감옥에서 그를 만날 때까지 그리스도인이 되지 않았다.(몬 10-11, 15-16절)

부분적으로 그리스도인들은 가정 구조의 모든 계급으로부터 왔기 때문에 교회 안에서 권위의 문제는 하나의 심각한 문제가 되었다. 갈라디아

9) Meeks, *The First Urban Christians*, 72-73.

10) Wayne A. Meeks, *The Origins of Christian Morality: The First Two Centuries* (New Haven: Yale University Press, 1993), 38.

서 3:27-28의 세례에 관한 바울의 말은 더욱더 이목을 끈다. "여러분은 모두 세례를 받아 그리스도와 하나가 되고, 그리스도를 옷으로 입은 사람들이기 때문입니다. 유대 사람도 그리스 사람도 없으며, 종도 자유인도 없으며, 남자와 여자가 없습니다. 여러분 모두가 그리스도 예수 안에서 하나이기 때문입니다." 적어도 갈라디아서 안에서 바울의 그리스도교는 가정의 위계질서를 뒤집어엎는 것처럼 보였다.

카렌 조 토어지슨(Karen Jo Torjesen)의 최근 연구는 실생활에서 여성들이 가정 구조 안에서 종종 두드러진 지도력의 역할을 가지고 있었다는 경우를 보여주었다. 그것은 때때로 독자적으로 그리고 때로는 그들의 남편들과 함께 이루어졌다. 성서적인 예는 빌립보의 루디아의 경우이다.(행 16:11-15, 40) 가정의 구성은 우리의 현재 가족들보다 훨씬 더 복잡했다. 그 당시 가정은 중요한 책임을 수반했다. 그 책임은 노예들을 다루는 것과 훈련시키는 것, 자녀들의 교육, 자녀들을 위한 결혼을 계획하는 것이다. 또한 가정은 소비하는 것과 마찬가지로 생산을 하였던 경제적인 단위였다. 그리고 여인들은 종종 창고와 농작물의 분배 옷감의 제조를 감독하였다. "그러므로 가정경영자의 역할은 지금 가정의 가정주부보다 작은 공장의 영업직에 좀 더 가깝다."[11]

토어지슨은 가정이 여성지도력을 위한 훈련장을 제공하였다고 주장한다. 그리고 그녀는 교회의 지도력이 가정의 운영을 본떠서 오랫동안 만들어진 것이라면, 여성들은 (남성들과 함께) 교회 안에서 비슷한 역할들을 생각할 수 있었을 것이라고 주장한다. "초대 교회 지도력의 기능들은 여성들에게 어떤 장벽도 세우지 않았다. 그들의 숙련된 기술과 경영자로서의 경험들은 충분히 그들에게 교육의 의무들, 훈육, 양육, 물질적인 자원

11) Karen Jo Torjesen, *When Women Were Priests: Women's Leadership in the Early Church and the Scandal of Their Subordination in the Rise of Christianity* (San Francisco: HarperSanFrancisco, 1993), 53-87; 인용은 68-69에서 왔다.

들을 다루는 것을 생각하도록 준비시켰다."[12] 교회들이 공적 생활의 제도들 안에서 훈련을 받았던 귀족의 구성원들을 끌어들이기 시작했을 때, 여성의 지도력이 더 논란이 되고 평가절하된 것은 그 후에 있었던 일이다.[13]

2. 교회생활과 믿음

바울의 교회들은 단순히 신학적인 사상의 창조물이 아니었다. 그것들 역시 사회적인 세력의 산물이었다. 그것들은 그리스도의 몸을 표현한 것이었다. 동시에 그것들은 사회분석의 주제가 되는 제도였다. 사회학자들은 신학적인 것과 사회적인 것 사이의 연결, 즉 사회적인 상황에 대한 신앙체계들의 관계에 관해서 질문한다. 만약에 바울의 교회들이 도시사회의 횡단면, 즉 애매한 상태의 혼합된 계층들을 보여주었다면, 이것은 그들이 받아들인 신앙 그리고 그들이 의식(ritual)에 참여한 방법과 무슨 관계가 있었던 것일까?

우리가 아는 것처럼 초대 그리스도인들처럼 사회적으로 혼합된 어떤 그룹으로 통합된 기능을 하고 있는 실체가 스스로를 유지해 나가는 것은 어려운 것이다. 고린도 교회는 결속을 이루는 것이 얼마나 어려웠는지에 관한 아주 좋은 예다. 소란은 주의 만찬을 기념하기 위하여 모였을 때 일어났다.(고전 11:17-34) 성만찬은 정기적인 식사와 연결되어 있었고, 분명히 어떤 구성원이 식사 때 충분히 먹는 것보다 더 많이 먹었을 것이다. 반면에 다른 사람들은 배고픈 상태로 왔다. 타이센과 믹스 두 사람은 고

12) *Ibid.*, 82.

13) 토어지슨의 제안에 대한 한 가지 문제점은 목회서신에서 나오는 자료이다. 가정은 그 편지들 안에서 지도력을 위한 주요 모델이지만, 그러나 여성의 지도력은 거부되고 있다.(예를 들어 딤전 2:11-15) 목회서신과 관련된 이 문제는 11장을 참조하라.

린도의 친목단체나 노동자조합의 관습이 공동체 식사에서 구성원들을 구분했고, 관직에 있었던 사람들, 그리고 손님을 초대한 주인들은 보통의 회원들보다 더 많은 양의 음식, 좀 더 질이 좋은 음식을 받았다는 사실을 지적하였다.[14)]

교회는 분명히 당시와 같은 관습을 배웠을 것이다. 부유한 회원들은 그 식사들을 초대한 주인이었고 다른 사람들을 위하여 음식을 제공했을 가능성이 있다. 그들은 중요한 공헌을 하였던 것이다. 그래서 그들이 식사에서 좀 더 큰 도움과 특별한 음식을 받는 데 무엇이 잘못된 것이었을까?

그때 주의 만찬을 둘러싼 갈등은 부자들과 가난한 사람들, 즉 전통적인 관습에 익숙했던 어떤 한 그룹과 성만찬에 적합한 평등한 의례를 받아들인 다른 사람들의 기대들 사이에 존재했던 것임이 밝혀졌다. 바울은 더 많이 먹거나 아니면 특별한 음식을 원하는 사람들에게 공동체가 모이기 전에 미리 집에서 먹으라는 실제적인 충고를 하고 있다.(11:22, 33-34) 바울은 모든 사람이 같은 양의 음식과 같은 품목의 요리를 받아야 한다고 단정적으로 말하지 않는다. 어떤 의미에서 그의 조언은 상호 간에 절충안이다. 이것은 그룹 안에서 계층의 차이를 인정하는 것이지만, 그러나 식사에서는 그들의 영향력을 최소화하려고 한다.

부유한 사람들에 대한 바울의 예리한 말("여러분이 하나님의 교회를 멸시하고, 가난한 사람들을 부끄럽게 하려는 것입니까?", 11:22)은 고린도에서 사회적인 통합으로 들어가는 개인들의 다양한 모임을 그리는 것에 맞추어져 있다. 심지어 그들이 관습적인 사회적 양식으로 가려져 있지만, 부유함과 가난함이 교회를 분열시키는 요인은 아니다. 세례로 세워진 교회(고전 1:13-14; 갈 3:27-28)는 주님의 식사라는 성만찬으로 양육이 되어야 하는 것이지 분열이 일어나서는 안 된다. 안디옥에서 베드로와의

14) Theissen, *The Social Setting*, 145-174; Meeks, *The First Urban Christians*, 67-69, 157-162.

갈등 같은 그런 사건(갈 2:11-14)은 바울의 의도가 교회의 사회적인 일치를 위한 것이라는 것을 확정한다. 일치는 단지 영적인 하나님됨만이 아닌 것이다.

믹스는 주님의 만찬 성례전에 대한 다른 사회적인 차원을 지적한다. "그룹의 연대성은 강한 경계를 수반한다."[15] 그리스도의 몸 안에서 일치는 다른 종교적인 그룹들로부터 엄격한 배제를 필요로 한다. "우리가 축복하는 축복의 잔은, 그리스도의 피에 참여함이 아닙니까? 우리가 떼는 빵은, 그리스도의 몸에 참여함이 아닙니까?"(고전 10:16) 바울은 성만찬 언어를 사용하면서 이교도 제사의 식사에 참여하는 것을 반대하는 경고를 하고 있다. "여러분은, 주님의 잔을 마시고, 아울러 귀신들의 잔을 마실 수는 없습니다. 여러분은, 주님의 식탁에 참여하고, 아울러 귀신들의 식탁에 참여할 수는 없습니다."(고전 10:21) 성만찬의 거룩한 세계는 그 몸 밖에서 발견되는 혼돈의 세계에서 예리하게 서술되고 있다. 그때 성만찬은 내부의 통일과 평등을 증진시킬 뿐만 아니라 다른 제사 모임을 존중함으로 경계들을 보호하는 데 기여한다.

성만찬에 덧붙여서 거기에는 교회들 내에서 독창적인 문화를 강화하는 그 이상의 특징들이 있다. 믹스는 '형제들, 자매들' 같은 가족 이미지, '성도들'과 '선택' 같은 특별한 용어처럼 편지에 퍼져 있는 소속을 나타내는 언어를 지적하면서 다음과 같이 논평한다. "이런 종류의 대화로 구성원들은 인간의 두 계층만 생각하도록 교육받았을 것이다. 그 두 계층은 소종파와 외부인이다. 각 사람은 이 과정이 효력을 나타내는 범위에서 새로운 유형화라는 용어로 모든 행동에서 자신에 관해 생각해야만 했을 것이다. 그것은 '나는 그리스도를 믿는 사람입니다' 혹은 '나는 그리스도 안에 있습니다'"[16]라는 생각이다. "나의 시민권은 하늘에 있다"는 빌립보서

15) Meeks, *The First Urban Christians*, 159.
16) *Ibid.*, 86.

3:20의 진술은 이렇게 강한 자기정체성을 표현하고 있다. 내부인/외부인 언어는 그룹 내부의 삶을 만들지 않을 수 없었지만, 그것은 또한 교회 밖의 사회를 위한 부정적인 함의를 지니는 데 도움이 되지 않았다.

게다가 외부세계로부터 오는 적개심을 예상했고 사실 그 적개심을 받아들였던 그것의 경계들을 강화하고자 했을 가능성이 있다. 바울은 자주 자기 자신의 고난(고전 4:11-13; 고후 4:8-12, 6:4-10, 11:23-29; 갈 5:11, 6:17)에 관해서 그리고 교회들의 고난(빌 1:29-30; 살전 2:14)에 관해서 썼다. 외부세계로부터 오는 위협에 대한 경계를 요청한 한 가지 결과는 그룹의 연대성을 강화한다.

이것은 바울 교회들의 소종파적인 특징과 도시문화에 대한 그들의 관계에 관한 질문을 야기하였다.[17] 그들은 어떻게 쿰란의 종파들이 하였던 것처럼 주변 사회로부터 떠났던 것인가? 분명히 그들은 세상의 도덕들에 의해서 타락하게 되는 것을 두려워하지 않았다. "내 편지에서, 음행하는 사람들과 사귀지 말라고 여러분에게 썼습니다. 그 말은, 이 세상에 음행하는 사람들이나, 탐욕을 부리는 사람들이나, 약탈하는 사람들이나, 우상을 숭배하는 사람들과, 전혀 사귀지 말라는 뜻이 아닙니다. 그러려면, 여러분은 이 세상 밖으로 나가야 할 것입니다."(고전 5:9-10) 그리스도인들은 비그리스도인 배우자와 결혼을 계속 유지해 나갈 수 있었고(고전 7:12-16), 제국의 공무원들 권위를 인정하리고 설득을 당해야 했다.(롬 13:1-7) 그들은 이교도의 제사에 참여하지 않았던 반면, 이전에 우상에게 바쳤던 고기를 먹는 것은 대수롭지 않은 문제였다.(고전 8:1-13)

동시에 바울의 교회들 구성원들은 그들 스스로 분쟁을 해결하였고 민사법원에 그들의 불만을 가져가지 않았다.(고전 6:1-8) 바울은 '세상'에

17) 바울의 교회들이 가졌던 소종파적인 특징들에 관해서는 다음을 참조하라. Margaret Y. MacDonald, *The Pauline Churches: A Socio-Historical Study of Institutionalization in the Pauline and Deutero-Pauline Writings*(Cambridge: Cambridge University Press, 1988), 32-45.

관해서 많은 것을 말하지만, 그러나 그 중에서 긍정적인 것은 거의 없다. 고린도전서 1:18-25의 '세상의 지혜'에 관해서 조롱하는 비판은 고린도 교회의 사람들에게 복음의 은혜는 세상의 허세에 대해서 첨예한 대립이 된다는 것을 상기시키고 있다. 그는 새 창조가 세상에 대해서 자신을 십자가에 못 박은 것이며, 세상은 자신에 대해서 죽었다는 것과 관계가 있다는 것을 말하면서 자신의 논증을 마무리한다.(갈 6:14-15)

문화를 향한 이러한 모호성은 바울의 교회들이 그들을 가시적인 하위문화로 나타내려 하는 것을 설명할 수 있는 정체성 쪽으로 움직이는 중이었음을 암시한다. 그들의 독특한 신앙, 그들의 성만찬 실행, 그들의 도덕적인 민감성들은 그들을 주변의 문화로부터 구별해 주었다. 그들은 할례와 유대인 공동체들에게 정체성을 주었던 정결법에서 벗어나면서 그들의 정체성을 다른 곳에서 발견하였다. 그들은 외부세계가 그들에게 어떻게 대응하는가와 관련해서 실제적인 관점들이 요구되어야 한다는 것을 유지했지만, 그럼에도 불구하고 그들은 불필요한 범죄를 하지 않고 살고자 했다. "우리는 여러분이 더욱더 그렇게 하기를 권면합니다. 그리고 우리가 여러분에게 명령한 대로, 조용하게 살기를 힘쓰고, 자기 일에 전념하고, 자기 손으로 일을 하십시오. 그리하여 여러분은 바깥 사람을 대하여 품위 있게 살아가야 하고, 또 아무에게도 신세를 지는 일이 없도록 해야 할 것입니다."(살전 4:10b-12)

교회의 구성원들은 사회경제적인 관점들을 보여주었고 가정 구조에서 달라지는 위치로부터 왔기 때문에 그들은 자연스럽게 갈등에 민감했다. 놀라울 것도 없이 그 편지들은 결속과 연대성을 촉진하고자 한다. 하나님의 은사가 있는 동안에 일치는 반대파를 혼란스럽게 하는 수단으로 평가되고 그래서 열심히 추구되어야 하는 것이다.(빌 1:27-28)

3. 민족성과 그것의 긴장관계

지금까지 우리는 바울 교회 구성원들의 민족적인 배경에 관해서 아주 조금만 말했다. 그리고 아직 우리의 현대 사회 속에서도 사람들의 민족-인종적인 성향은 그들이 어떻게 생각하고 어떻게 행동하는가에 있어서 매우 중요하다는 것을 잘 인식하고 있다. 어떤 그룹들 내에서 민족적이고 종교적인 특징은 분리할 수 없는 경우가 있게 된다.(예를 들어 본토 미국인) 그러므로 우리가 바울이 편지를 써서 보낸 교회들의 민족적인 구성에 관하여 가능한 한 정확하다는 것은 비판적인 것이다. 특별히 그 이유는 우리가 그 편지들 안에서 유대인으로 믿는 사람들과 비유대인으로 믿는 사람들 사이에서 일어나는 긴장을 발견하기 때문이다.

무엇보다 그 편지들은 명확하게 아니면 암시적으로 바울 독자들 대다수가 이방인이었다는 사실을 진술한다.[18] 데살로니가 청중은 우상으로부터 하나님에게 돌아섰던 그룹으로 알려졌으며(살전 1:9), 유대 그리스도인들에 관해서 어떤 언급도 없다. 그와 동일한 것은 고린도인들에 관해서도 사실이다. 그들은 이전에 우상을 숭배하는 사람들이었고, 전형적으로 이방인들 악행의 대부분에 대해서 잘못이 있었다.(고전 6:10-12, 12:2) 갈리디아시는 할례를 받아야 한다는 요구에 굴복하지 말라고 촉구하고 있는 비유대인 개종자들에게 이야기한다.(갈 5:2-4, 6:12-15) 로마서 안에는 가끔씩 유대인 독자들을 가리키는 말이 있지만, 그러나 주요 대상은 이방인 독자층이다. 그들은 로마 교회의 대부분을 구성하고 있다.(롬

---

18) '이방인' 범주에 묶여 있는 비유대인 집단의 특성에 관한 것이 좀 더 구체화되는 것은 불가능하다. 1세기에 인구의 이동이 있었다면, 그 회중은 다양한 국적과 기원을 가진 사람들로 구성되었을 것이다. 예를 들어 갈라디아서의 독자들을 본성이 변덕스럽고 불안정안 갈리아인(Gauls)으로 설명하려는 시도는 거의 설득력이 없다.

1:5-6, 13, 11:13-32, 15:7-12, 15-16) 바울은 유대인이라는 자신의 정체성을 유지함에도 불구하고(예를 들어 롬 9:1-3; 고후 11:22) 자신을 '이방인을 위한 사도'로 규정하고(롬 11:3, 15:16), 이방인을 그의 주요한 선교의 장으로 인정하고 있다.(갈 2:10)

동시에 바울의 교회는 분명하게 유대교적인 현존을 반영하고 있다. 예를 들어서 로마서 16장은 그 공동체의 사람들에게 인사하는 긴 목록을 가지고 있다. 그 이름의 목록들 중에서 많은 사람이 아굴라와 브리스길라, 안드로니고와 유니아 같은 유대인들이다. 게다가 이방인 구성원들 중 많은 사람은 소위 '하나님을 경외하는 사람들'(godfearers)이다. 이들 대부분은 유대교 전통에 매료되었지만 그러나 고통스럽고 많은 사람에게는 혐오감을 준 할례 의식을 견디기 어려워했다. 그들은 종종 유대교로 개종한 여인의 남편이나 친척이었다. 그들은 유대교의 한 분 하나님을 믿음으로 받아들였고, 규칙적으로 유대인들의 의식에 참여하면서 유대교 공동체와 동일한 것으로 인정받았다.[19] 사도행전에 따르면 이렇게 하나님을 경외하는 많은 사람이 차츰 그리스도인이 되었고, 그들은 위심할 바 없이 그리스도교는 할례를 요구하지 않고 그러면서도 아직 유대교 전통에 관심이 있다는 사실에 매료되었다.[20] 그들은 비록 이방인 태생이지만 그리스도교적인 경험에 유대교 생활과 관련된 다양한 기준들을 가져왔다. 여기

---

19) 이방인들과 하나님을 경외하는 사람들에 관한 논의는 다음을 참조하라. Everett Ferguson, *Backgrounds of Early Christianity*(Grand Rapids: Eerdmans, 1993), 512-517.

20) 행 10:2, 23, 35, 13:16, 26, 50, 16:14, 17:4, 17. 학자들은 사도행전 진술에 얼마나 많은 비중이 있는가에 관해서 매달리면서 바울의 선교 전략에 관해서 차이를 나타낸다. 사도행전은 도시들 안에서 바울의 일관된 패턴이 유대인 회당에서 설교를 시작했다는 것을 가리키고 있다. 그는 아마도 소수의 개종자를 얻었을 것이지만, 그러나 종종 대부분의 설교는 거부당했고 그는 그때부터는 오직 비유대인 청중들에게 복음을 선포하기 시작했을 것이다. 다음의 논의를 참조하라. Arland J. Hultgren, *Paul's Gospel and Mission: The Outlook from His Letter to the Romans*(Philadelphia: Fortress, 1985), 137-143.

서 말하는 다양한 기준은 유대교의 신학과 실천을 의미한다. 그리고 그들은 바울의 교회들 안에서 유대교 존재의 일부로 포함되고자 했다.

처음에 예수를 메시아로 받아들인 유대인들과 하나님을 경외하는 사람들 대부분은 유대교의 경계 안에서 행복하게 살았다. 그들은 유대교 율법의 계약을 지키며 유대교의 방식을 따라서 예배하기를 계속했다. 심각한 긴장은 바울의 선교로 점점 더 커져가는 이방인의 숫자가 믿는 사람들이 되었을 때 발전했고, 그들이 유대교를 충실하게 견지해 가는가 고려해야 하는 문제가 일어났다. 남성은 하나님의 구성원이나 가족이 되기 위하여 할례를 받아야 하는가? 바울의 대답은 명확하다. 왜냐하면 그에게서 유대교의 관습을 받아들이는 것이 그리스도교 신앙에서는 인종의 문제가 되기 때문이다. 그는 분명하게 유대 그리스도교 부모들이 그들의 자녀들에게 할례를 주는 것을 문제 삼지 않는다. 그는 오직 이방인 개종자들에게 강제로 요구될 때만 할례를 반대한다.

유대인과 이방인 신자들 사이의 관계에 관한 또 다른 문제는 갈라디아서 2:11-14에서 언급되고 있는 이야기 안에서 나타난다. 베드로가 공동체의 유대인들과 이방인 구성원들이 함께 예배를 드리고 식사를 하였던 안디옥을 방문했고, 그는 분명히 아무런 걱정 없이 그 지역의 실제에 참여하였다. 그때 한 그룹이 예루살렘으로부터 안디옥에 도착하였고, 어떤 이유에서인지 베드로는 그들이 나타난 것으로 영향을 받아 이방인들과의 식사를 중단하였다. 무엇이 문제였는지 바울이 지적하지 않았지만, 베드로는 그의 행동을 바꾸기 위한 논리적인 이유를 가져야 했던 것으로 보인다. 왜냐하면 바나바와 다른 유대 그리스도인들도 베드로와 함께 행동했기 때문이다.[21] 하지만 바울은 이렇게 물러나는 것을 복음에 대한 인

---

21) NRSV는 갈 2:12에서 혼란스럽게 "할례당파를 두려워하여"로 번역하고 있다. 그리스어로 본문을 읽으면 문자적으로 유대인을 의미하는 "할례받은 그들을 두려워하여"로 읽는다. 나는 베드로가 두려워하는 그룹이 유대 그리스도인들의 당파가 아니라 열광적이고 국수주의적인 유대인들이라고 생각한다. 그들은 예루살렘에

종적인 제국주의와 폭력적인 행위로 보았다. 즉, 그는 그 효력으로 베드로와 다른 사람들과의 식탁교제를 나누도록 하기 위해서 이방인들을 강제로 유대인이 되게 하려는 하나의 행위로 보았다. 그 식탁으로부터 물러나는 것은 교회의 일차적인 정체성인 십자가에 못 박힌 그리스도의 중심을 거부하는 것이었다.

로마의 교회는 우리에게 민족적인 긴장에 관한 그 이상의 계획을 전해준다. 거기에는 1세기에 존재했던 꽤 커다란 유대인 공동체가 있었다. 그들은 노예들, 자유인들, 시민들로 구성되어 회당으로 조직되었다. 클라우디우스 황제가 통치하는 동안에 유대인들은 "일반적으로 자신들의 성가신 문제를 만든다"는 비난을 받았고, 49년에 로마로부터 그들을 추방하는 것으로 절정에 이르렀다. 수에토니우스의 클라우디우스 일대기는 그 이유를 제공해 준다. "그들은 크레스투스(Chrestus)의 선동으로 계속해서 소요를 일으켰다."[22] 이 언급은 분명히 유대인들과 그리스도교 선교사들 간의 갈등에 대한 것이다. 모든 유대인이 로마로부터 나가라는 명령을 받은 것인지 아닌지 하는 것은 사도행전 18:2가 가리키는 것처럼 적어도 시민이 아니었던 모든 사람은 떠나야만 했던 것 같고, 그 도시의 그리스도인 가정 교회는 배타적인 이방인 그룹들로 바뀌었다.[23]

54년 클라우디우스가 죽은 후 유대인 추방령은 폐지되었고, 많은 사

서 유대 그리스도인들에게 이방인과의 교제를 그만두도록 강력히 압력을 가하고 있었다. 안디옥의 베드로의 자유주의 행동이 예루살렘으로 전해졌고, 야고보는 그의 행동이 예루살렘 교회에 대해서 가지고 있는 영향 때문에 그를 알아보려고 밀사를 보냈다. 그때 베드로의 그러한 행동 철회는 예루살렘에 있던 그리스도인들을 더 어렵게 하기보다는 안디옥에서의 공동식사를 포기하는 것이 더 나았을 것이라는 전제가 가능할 것이다.

22) Suetonius, *Claudius* 25.4.

23) 클라우디우스 치하의 유대인들에 관한 논의는 다음을 참조하라. E. Mary Smallwood, *The Jews Under Roman Rule: From Pompey to Diocletian*(Leiden: Brill, 1976), 210–216.

람이 되돌아왔다. 아굴라와 브리스길라는 되돌아온 그룹들 중에서 다른 유대 그리스도인들과 함께 하였다. 그 도시 안에서 이러한 유대 그리스도인들의 재등장과 한쪽에서는 유대인이 우세하고, 다른 쪽에서는 이방인들이 우세한 가정교회들 간의 일반적인 긴장관계가 일어나고 있었는데, 그것이 로마서 14:1–15:13에서 바울이 말한 갈등의 배후에 존재하고 있었다. 좀 더 큰 교회의 일치는 고기를 먹고, 포도주를 마시며, 안식일 규정에 대한 문제 때문에 위협을 받았다. 바울은 다양한 그룹들이 서로서로 용납할 것을 조언하며 그의 주장을 유대인들과 이방인들 양쪽을 향한 복음의 정당성에 고정시키고 있다. "그리스도께서는 하나님의 진실하심을 드러내시려고 할례를 받은 사람의 종이 되셨으니, 그것은 하나님께서 조상에게 주신 약속들을 확증하시고, 이방 사람들도 긍휼히 여기심을 받아서, 하나님께 영광을 돌리게 하시려고 한 것입니다."(롬 15:8–9) 분명히 민족적인 뿌리내리기와 그것으로부터 나오는 종교적인 요구들은 바울의 교회들 안에 있었던 중요한 문제들을 보여준다.

이 장에서 우리가 보았던 것은 바울의 교회들 안에 존재하는 사회적인 세력이라는 용어로 보면 단지 빙산의 일각이다. 빙산 전체를 훑어 보는 것은 편지들 자체가 우리에게 주는 정보의 부족으로 방해를 받는다. 고대 세계에 관한 많은 특별한 것들은 사회학적인 이론들을 확정하거나 거부하는 것을 어렵게 하면서 우리에게 미지의 상태로 남아 있다. 이론들은 결코 절대론자의 역할을 떠맡지 않지만, 반면에 그것들은 종종 해석자들에게 차츰 그 이상의 연구를 이루어 내는 새로운 일련의 질문들을 제기할 수 있도록 함으로써 스스로 발견하게 하는 교육의 가치를 갖고 있다.

제5장

바울신학

왜 우리는 바울서신들을 읽는가? 초대 그리스도교 역사 안에서 바울의 자리를 찾기 위해서인가? 1세기 안에서 여인들의 사회학적인 상황에 관해서 더 많이 배우기 위한 것인가? 1세기 작가들의 수사학적인 전략들을 검토하기 위한 것인가? 바울서신들의 형식과 구조를 다른 그리스-로마 시대 편지들의 형식이나 구조와 비교하기 위한 것인가? 읽기를 위한 이런 이유들(그 이상의 것)은 물론 정당하다. 그리고 자기 나름의 각각의 연구는 우리가 사도와 그의 편지들에 관해서 가지고 있는 지식의 저장에 공헌한다.

아마도 그 편지들을 연구하기 위해서 주어진 대부분의 광범위한 이유는 단순하게 말해서 바울의 사상을 이해하는 것이다. 어떤 독자들, 아마 그리스도교 공동체의 구성원들을 위해서는 다음과 같은 대답이 좀 더 분명하게 있을 수 있을 것이다. 그것은 바울의 교훈을 듣고 그것으로 교육을 받는 것이다. 거기에는 교회 기록물 정경의 일부인 바울서신들이 오늘의 세계 안에서 그리스도인이 되는 소명에 대해서 비판적으로 말할 수 있는 무엇인가를 가지고 있다는 기대감이 존재한다. 해석자들은 바울이 텍스와 함께 개인적인 참여를 위해 무엇인가를 썼다는 단순한 설명을 넘어서 움직이는 데 관심이 있다. 하지만 다른 독자들을 위해서 바울이 필연적으로 참되거나 혹은 적절한 것으로 쓴 것을 받아들여야 한다는 이전의 합의는 존재하지 않을 것이다. 그들에게 주어진 동기는 그 편지들을 다음 세대에게 굉장한 영향력을 발휘하는 중요한 종교적인 인물에 관한 진술로 이해하는 것이다. 어떤 경우든 독자들 다수는 의심할 바 없이 바울의 사상, 즉 그의 신학을 이해하기 위해서 그 편지들을 집어 든다.

하지만 개인의 서신들을 해석하는 것으로부터 일관성이 있는 신학을 말하는 것으로 옮겨가는 것은 복잡한 여행이다. 다음의 몇 페이지들은 적어도 모든 면에서 인정을 받기 위해서 필요한 장애물들을 주목해 볼 것이다.

논쟁은 해석자들에게 새로운 현상이 아니다. 해석자들은 편지들의 배후에서 사도의 마음에까지 가고자 노력한다. 2세기 마르시온(Marcion)이라는 이름을 가진 그리스도인은 바울에 관해 열광적인 학생이 되었다. 그는 바울신학의 신비를 파고드는 그의 노력으로 갈라디아서를 그 문을 여는 비판적인 열쇠로 선택했다. 왜냐하면 모든 편지 중에서 그것이 가장 분명하게 그리스도가 율법의 부담으로부터 믿는 자들을 해방시켰다는 것을 확신하게 하는 것으로 여겼기 때문이다. 거기에는 그리스도의 행위에 관해 비교할 수 없는 새로운 것이 있었다. 마르시온이 느꼈던 그리스도는 알려져 있지는 않았지만 그러나 동정심 많은 하나님으로부터 오신 분이다. 그리스도의 선교는 인간을 다른 신, 즉 냉혹한 신의 손아귀로부터 해방하는 것이었다. 그 냉혹한 신은 세상을 창조하셨고 율법을 수단으로 하여 인간을 노예 상태로 있게 했다. 마르시온이 갈라디아서 안에서 발견한 자유에 관한 이런 급진적인 표현은 규범이 되었다. 그 규범에 의해서 다른 편지들 안에 있는 모든 것이 측정되었다. 율법으로부터 사람을 해방하는 그리스도와 일치가 되지 않는 것은 (구약성서를 포함하여) 무시되기도 했고 혹은 바울의 편지들을 편집하는 어떤 사람에 의해 부패한 것이 되었다고 생각되었다.

마르시온의 관점은 교회 안에서 격렬하게 논쟁이 되었다.(그는 궁극적으로 교회에서 추방되었다.) 갈라디아서는 구약성서에 대한 거부를 가지고 있는가? 바울신학은 하나의 규범적인 관점으로 축소될 수 있는가? 논쟁의 중심에는 바울신학을 어떻게 이해할 것인가에 관한 질문이 있었다.

1. 바울신학의 주제들

오늘날 일반적인 동의가 있다. 어떤 사람이 '신학'에 의거해서 주의 깊게 순서대로 배열된 종합적인 사상체계를 의도한다면, 바울신학에 관해서 말하는 것이 불가능하다. 바울은 (토마스 아퀴나스가 그랬던 것처럼) 『신학대전』(*Summa Theologica*)을 쓰거나 (칼 바르트가 그랬던 것처럼) 『교회교의학』(*Church Dogmatics*)을 쓰지 않았다. 해석자들은 때때로 편지에 기초해서 신학적인 체계를 선택하려고 하였고 그것을 '바울신학'으로 부르려고 했다. 그들은 하나의 편지를 선택하기도 했는데, 보통 로마서를 선택하고 그것으로부터 체계를 위한 윤곽을 이끌어 내거나,[1] 아니면 그들은 약간 다른 학문분야로부터 범주들을 끌어들이기도 했는데 보통 조직신학이나 아니면 교리신학을 끌어들였고, 편지들에다가 그것들을 부과했다. 그 결과는 선택한 윤곽이 결론을 내리고 있다는 것이다. 바울은 편지들 안에서 그가 결코 질문을 받아보지 못했고 방법상 직접적으로 의도하

---

1) 예를 들어 로마서에 관한 보른캄(Bornkamm)의 견해는 그러한 목적에 쉽게 부합할 수 있다. "이 위대한 문서, 그것은 가장 중요한 주제들과 바울 교훈과 신학에 관한 사상들을 요약하고 발전시키고 있다. 이것은 결정적인 상황들의 순간 이상으로 그의 신학을 향상시키고 있으며 항구적이고 보편적인 영역과 고군분투하고 있다. 이 로마서는 사도 바울의 마지막 뜻이며 유언이다."(Günther Bornkamm "The Letter to the Romans as Paul's Last Will and Testament," in *The Romans Debate*, rev. ed., ed. K. P. Donfried[Peabody, MA: Hendrickson, 1991], 27-28) 앞에서 제시된 책 안에 있는 다른 많은 논문은 로마서에 관한 다른 이해에 관해서 주장을 펼치고 있다. 로마서는 어떤 목적이나 특별한 목적을 위해서 역사적인 조건이 있었던 문서로 다루어지고 있다.

지 않았던 질문에 대답하는 것으로 되어 있다. 바울이 근본적으로 교회들과 문제들의 다양성을 위한 복음의 해석자였다는 사실은 무시되고 있다. 이런 빛에서 볼 때 우리는 여기서 '신학'이라는 용어를 매우 넓은 의미에서 사용하고 있다. 바울신학은 그가 마주하고 있던 목회적인 환경의 빛에서 복음에 관해서 비판적으로 심사숙고하고 있었을 때 그의 편지들 안에서 나타났던 일련의 확신들이다.[2)]

1. 하나의 정의를 넘어서 제기되는 첫 번째 질문은 편지들 안에서 나타나는 일련의 확신들이 어떤 응집력이 있는 양식으로 이해될 수 있는가 하는 것이다. 그럴 경우 어떻게 이해가 될 수 있는가 하는 것도 질문이다. 바울은 그의 생각의 종합적인 요약을 뒤에 남긴 것이 아니기 때문에, 그리고 그 편지들은 특별한 문제들을 가지고 있는 특별한 교회들을 가리키고 있기 때문에, 우리는 바울신학에 대해서 제한적인 접근만 하게 된다. 그것은 확실히 우리가 편지들 안에서 가지고 있는 것 이상이었다. 그리고 아직도 편지들은 우리가 가지고 있는 것의 전부다. 우리가 사도행전과 바울의 체계 안에 있는 다른 여섯 개의 편지들로부터 얻는 정보는 기껏해야 간접적인 의미만 가질 수 있다.

로빈 스크록스(Robin Scroggs)는 그녀의 수업에서 강의가 목표로 하였던 것이 학생들의 질문과 관심으로 인하여 빗나가 버리는 교수에 대한 하나의 유비를 들어서 문제를 설명한다. 교수는 청중의 관심에 응답하려고 자신의 사상계 안에서 다소 덜 중요한 주제를 다루면서 시간의 대부분을 사용하는 경우가 있을 것이다. 만약에 서로 다른 과정에서 전달된 강의

2) 나는 바울연구사 안에서 그들이 발전시킨 것으로서 '신학'에 관해 좀 더 주의 깊게 미묘한 차이를 나타내는 개념 정의에 관심이 있다. 하지만 나는 좀 더 단순한 이해가 여기서 목적에 좀 더 도움이 된다고 확신한다. 예를 들어 퍼니쉬(Furnish)는 바울신학보다는 오히려 신학자로서 바울의 발전을 다루기를 더 선호한다.(V. P. Furnish, "Paul the Theologian," in *The Conversation Continues: Studies in Paul and John*, eds. R. T. Fortna and B. R. Gaventa [Nashville: Abingdon, 1990], 25)

들 일곱 개의 필기노트가 무작위로 선택된다면, 이후의 연구가는 그녀 사상의 요점에 어떻게 도달할 수 있을까? 하지만 이것이 확실히 바울의 상황이기도 하다.[3)]

우리는 편지들 안에 있는 바울의 사상들을 요약하고 그것들을 체계화하는 것인가? 그 체계화는 자료들에 대해서 대부분 적절하게 여겨지는 것을 이용하는 것이다. 우리는 편지들의 실제적인 진술들 배후에서 바울의 '마음'에 대해서, 그의 말을 형성하고 있는 신앙에 대해서 강조하는 것인가? 우리는 반대 그룹의 관계 속에서 만들어진 논증의 특수성에 대해서 어느 정도의 무게를 두어야 하는가? 우리는 바울이 그의 독자들과 함께 나누었지만 표현되지 않은 가정들을 어떻게 고려해야 하는가? 게다가 우리는 무엇을 찾고 있는 중인가? 그것은 바울이 신학을 하고 있는 것에 의한 하나의 해석학적인 과정인가? 섬세하게 조화를 이루는 일련의 사상들은 균형을 유지하고 있는가?

이러한 문제들을 진지하게 받아들이는 바울신학에 관한 두 가지 처리 방법은 리앤더 E. 켁(Leander E. Keck)과 J. 크리스티안 베커(J. Christiaan Beker)가 제시한 것들이다. 켁은 바울신학에 관한 그의 진술을 두 부분으로 나누었다. 그것은 '바울이 설교한 복음'과 '바울은 무엇을 위해서 싸웠는가' 하는 것이다.[4)] 그는 앞의 부분에서는 편지들의 양상들을 다루고 있다. 바울은 그 편지들 안에서 그 이전의 가르침 혹은 공동체 안에서 설교하는 것을 암시하고, 혹은 그 안에서 전통적인 자료들, 주제들, 그리고 그가 그의 독자들과 공통으로 이미 나누었던 논증들을 사용하고 있다. 바울의 원래 청중 대부분은 그가 설교하는 것을 들었고 그의 편지들을 읽기 전

3) Robin Scroggs, "Salvation History: The Theological Structure of Paul's Thought (1Thessalonians, Philippians, and Galatians)," in *Pauline Theology*, vol. 1, *Thessalonians, Philippians, Galatians, Philemon*, ed. Jouette M. Bassler (Minneapolis: Fortress, 1991), 214.

4) Leander E. Keck, *Paul and His Letters*, 2nd ed.(Philadelphia: Fortress, 1988).

에 그의 교훈을 알았기 때문에, 대화 속에는 큰 협상이 전제되고 있었다. 작가와 독자들은 구약성서, 신조들, 찬송가들, 예배에서 공통의 관심을 유지하고 있었고, 복음의 교훈에도 관심을 가지고 있었다. 그리고 이 자료는 나머지 편지들에 대한 일종의 토대를 형성했다. 켁은 이렇게 나누었던 교훈의 신학적인 상호연결을 발전시키고 있다.

켁이 다루고 있는 후반부는 바울이 편지를 보냈던 교회들 안에서 논쟁했던 신학적인 주제들을 다룬다. 그 문제들은 예를 들면 하나님에 대한 응답으로서 신앙의 적절성 같은 것이고 계속해서 영과 육을 이해하는 것, 몸과 윤리에 대한 관계 같은 것이며, 죄인을 새롭게 하심에 있는 행위 같은 것이다. 바울은 그의 교회들 안에서 선동을 일으키고 있는 다양한 대적자들의 입장에 대해서도 관심을 두고 있으며, 더 중요한 것은 그가 대적자들에게 응답하면서 말한 것과 그가 논쟁 중에도 신학자로서 어떤 역할을 하고 있는가 하는 것이다.

켁은 이 구조가 논리정연한 것이 아니라는 것을 기꺼이 인정한다. 거기에는 바울이 설교하였던 복음을 위해 본질적이지만 그러나 그것이 또한 교회 안에서 비난을 받았고 변호되어야만 했던 문제가 있다. 두 개의 구분은 아직도 편지들의 독특성을 말하고 있으며 편지들을 보강하면서 공통의 교훈을 탐구하고 있다. 그것은 바울신학의 매우 논쟁적인 특징을 진지하게 받아들이고 있지만, 아직도 신학은 단순한 논쟁술의 반복으로 해결되지 않는다.

베커는 켁과 다르지 않게 바울이 근본적으로 해석학적인 신학자라고 주장한다. 다른 말로 하면 그는 특별한 상황을 위한 복음의 해석자라는 것이다.[5] 그래서 그는 그의 해석학적인 과정에 대해서 안정적이면서도 변하

---

5) J. Christiaan Beker, *Paul the Apostle: The Triumph of God in Life and Thought* (Philadelphia: Fortress, 1980); "Paul's Theology: Consistent or Inconsistent?," *NTS* 34(1988): 364-377; "Recasting Pauline Theology: The Coherence-Contingency Scheme as Interpretive Model," in *Pauline Theology*, vol. 1,

기 쉬운 두 요인을 가진다. (베커가 '일관성'이라고 부르는) 안정적인 요인은 바울의 사상의 중심을 형성하는 믿음으로 의롭게 됨과 같은 교리적인 핵심이 아니다. 그것은 오히려 유동성이 있는 유연한 구조, 즉 "바울의 사상의 주요한 상징주의"[6]다. 이렇게 바울이 복음과 인간의 상황을 해석하는 것으로부터 나오는 일관성 있는 관점은 유대교의 묵시사상이다. "그때 복음의 일관성은 그리스도의 복음과 부활에 관한 묵시적인 해석에 의해서 구성된다."[7]

편지들 안에 존재하는 바울의 해석 행위 안에는 안정적인 요인과 (베커가 '우연성'이라 부르는) 끊임없이 변하기 쉬운 요인이 함께 끊임없이 작용한다. 베커는 우연성에 의해서 바울이 그의 선교 활동에서 마주하며 말하고 있는 사회학적, 경제적, 목회적인 상황들에 관한 다양성을 나타내고자 한다. 편지들은 일관성과 우연성, 안정적인 요인과 변하기 쉬운 요인, 바울의 묵시적인 관점과 그의 독자들의 독특한 상황 사이에 존재하는 상호작용의 결과이다. 켁스처럼 바울신학에 관한 베커의 해석도 이중적이다. 그것은 '복음의 우연성'과 '복음의 일관성'이다.

켁과 베커에 관한 주의 깊은 비교는 두 개의 접근방법 사이에 중요한 차이를 보여주지만, 그들의 제안들은 여기서 간략하게 평가되었다. 왜냐하면 두 사람은 사상의 상황적인 것에서 기본적인 틀로 움직이려고 하는 그들의 시도에 대해서 심사숙고하기 때문이다. 두 사람은 바울이 그의 편지들 안에서 사려가 깊고 일관성이 있다고 생각하지만, 아직도 두 사람은 바울신학을 촘촘하고 잘 정리된 구조로 체계화하고자 하는 압력에 대해

15-24.

6) Beker, "Recasting Pauline Theology," 17.

7) *Ibid.*, 18. 베커(Beker)는 (다니엘서와 요한계시록이 제시하는) 묵시라는 장르를 가지고 글을 쓴 것이 아니라는 사실을 인식하고 있다. 오히려 묵시적인 주제들과 해석들이 그의 생각을 지배하고 있다. 영향력 있는 동기는 하나님이 궁극적으로 승리하실 것이라는 확신이다. 롬 8:31-39를 참조하라.

서 반대하고 있다.

2. 바울신학을 심사숙고하면서 제기되는 또 다른 질문은 바울이 일관성 있는 사상가이며 혹은 그럴 수 있다는 것에 이르는 범위이다. 그 문제가 비록 바울 연구사에서 가끔씩 툭툭 튀어나옴에도 불구하고, 가장 최근에는 핀란드 학자인 헤이키 레이제넨(Heikki Räisänen)이 전면에 등장했다. 레이제넨은 율법을 고려하면서 바울의 진술들을 조사하였고 "모순과 긴장을 율법에 관한 바울신학의 지속적인 특징들로 받아들여져야 한다"고 결론을 내렸다.[8] 바울은 신의 제도, 즉 율법이 하나님이 그리스도 안에서 하신 일을 통해서 폐지되었다는 그 사실과 싸웠다. 그리고 이것은 때때로 그 폐지에 대해서 그리스도를 조용히 하게 하려는 모호성을 만들어낸다. 한편, 바울은 율법에 관해서 부인하는 것을 좋아한다. 다른 한편, 그는 이전에 유효했던 것처럼 그것을 이용하면서 그리스도인들만 그것을 성취한다고 암시한다.[9] 모순들은 단순하게 우연적이거나 주변적인 것이 아니고 바울의 논증들에 관한 진짜 핵심을 문제로 삼는다.

게다가 레이제넨은 어려움들이 다음과 같은 말들로는 해결될 수 없다고 주장한다. 그 말은 바울이 변증법적인 사상가라든가 혹은 그의 신학적인 인식이 그의 사역을 통해서 변하고 발전되고, 성숙해졌다는 것이라든가 혹은 그 모순들은 그의 편지들의 마지막 편집의 결과라는 것들이다. 레이제넨은 그 문제들을 "역사적이고 심리학적인 설명을 요구하는 개인적인 갈등"의 탓으로 돌린다.[10] 여기서 나의 목표는 바울에 관한 레이제넨의 판단 배후에 있는 상세한 본문 주석을 다루는 것이 아니다. 다른 결론에

---

8) Heikki Räisänen, *Paul and the Law*(Philadelphia : Fortress, 1983), 11.

9) 레이제넨(Räisänen)은 모순이 나타나는 다섯 영역을 확인해 준다(*Paul and the Law*). 그것들은 편리하게 199-202쪽에 요약되어 있다.

10) Räisänen, *Paul and the Law*, 14. 그는 바울의 율법을 향한 부정적 특성에 관한 "경직되고 인위적인" 모습들을 다른 말로 하면 "이차적인 합리화"이고, 바울은 실제적으로 율법과의 관계를 끊었지만 그러나 이유를 설명하기 위한 "합리화"를 제시해야만 한다. 201쪽을 참조하라.

도달했던 바울의 율법관(觀)에 대한 연구들이 있다.[11] 하지만 레이제넨은 일관성에 관한 질문과 해석자가 어떻게 바울사상 안에서 분명한 모순들을 평가할 것인지 강요해왔다.

이 점에서 두 가지 관찰이 필요하다. 첫째, '일관성'이 의미하는 것은 비판적인 것이다. "어리석은 일관성은 속 좁은 사람의 허깨비다"라는 에머슨(Emerson)의 관찰에는 진리가 있다. 특히 그것은 일관성이 똑같은 것, 단일성, 혹은 심지어 강직성처럼 이해될 때다. 긴장들과 양극성은 훌륭한 문학의 구성요소들로 잘 인식되며 단지 유용한 수사학적인 목적들만 제공하지 않는다. 하지만 그것은 또한 사상의 일관성 있는 양식을 보여준다.[12]

J. 폴 샘플리(J. Paul Sampley)가 제안하는 것처럼, "바울은 그의 사상계 안에서 예민한 균형감각을 가지고 근본적인 문제들을 붙들고 있으며" 때로 그 균형은 혼란스럽기도 하다. "바울의 사상의 풍부함과 난이도는

---

11) 다음을 참조하라. Stephen Westerholm, *Israel's Law and the Church's Faith: Paul and His Recent Interpreters*(Grand Rapids: Eerdmans, 1988); James D. G. Dunn, *Jesus, Paul, and the Law: Studies in Mark and Galatians*(Louisville: Westminster/John Knox, 1990); Frank Thielman, "Law," in *Dictionary of Paul and His Letters*, eds. Gerald F. Hawthorne & Ralph P. Martin(Downers Grove, IL: Intervarsity, 1993), 529-542. E. P. Sanders가 Räisänen과 가까운 입장이다. 다음을 참조하라. E. P. Sanders, *Paul, the Law, and the Jewish People* (Philadelphia: Fortress, 1983).

12) H. W. Boers는 구조주의적인 방향에서 벗어나 바울의 생각이 실존적이고 사회적인 미시-세계의 근본적인 대립 사이에 기초하고, 믿음에 의한 칭의와 행위에 의한 칭의 사이에 존재하는 대립 속에 자리를 잡고 있다는 흥미로운 사례를 제시한다. 바울은 그의 사상의 가장 깊은 단계에서는 해결되지 않는 대립에 기초하여 생각하는데, 이것은 그의 편지 안에 존재하는 표면적인 단계에 있는 모순을 설명해준다. 보어스(Boers)는 아이러니컬하게도 바울의 사상에 일관성을 주는 것은 엄밀하게 말해서 이 대립이라고 결론을 내린다.("The Foundations of Paul's Thought: A Methodological Investigation—The Problem of the Coherent Center of Paul's Thought," *ST* 42[1988]: 55-68)

줄어들고 있다." 이것은 양자택일의 문제가 아니라 양쪽 둘 다, 즉 이스라엘과의 연속성과 불연속성 둘 다이고, 자유와 책임 둘 다이며, 옛 약속에 대한 하나님의 신실성과 하나님의 새로운 행동 둘 다 등 모두를 말한다.[13] 바울의 일관성에 대한 고려(혹은 그것의 부족함)는 그의 생각에 관한 이런 특징을 인정할 필요가 있다.

둘째, 우리는 반복적으로 바울이 그와 함께 특별한 문제들을 보여주었던 다양한 교회들에게 편지를 써 보냈다는 것을 반복적으로 인식하고 있다. 바울은 갈라디아에 있는 교회에 관해서 들었을 때, 그는 그들의 상황을 평가하였고 그들을 위한 편지를 목표로 삼았다. 그는 그렇게 하면서 주의 깊게 균형을 잡은 그의 신학 진술을 제시하지 않았으며 그의 독자들과 관련이 있는 관점을 강조하고 심지어 과장하였다. 그가 로마에 편지를 써 보냈을 때, 그의 청중의 상황은 매우 다양했던 것으로 보인다. 그리고 다시 그는 그의 평가로부터 시작해서 지적한 것에 대한 응답을 정교하게 만들고 있다. 그것은 갈라디아서를 겨냥해서 응답했던 것과는 다른 방향으로 움직였던 것 같다. 한쪽에서(갈라디아서 안에서) 그는 율법에 관해서 비판적이었고, 그것은 단지 일시적인 유효성을 가지고 있다고 주장한다.(갈 3:19-29) 다른 쪽에서(로마서 안에서) 그는 율법의 지속적인 기능에 관해서 좀 더 긍정하고 있으며 그것이 "거룩하고, 의롭고, 선하다"고 선언한다.(롬 7:13) 두 개의 편지들 안에서 그 의도는 상태가 좋지 않았던 그의 독자들 가운데 있는 인식을 수정하는 것이었다. 바울이 첫 번째 편지 안에서는 한쪽의 균형을 주장했고, 두 번째 편지 안에서 표면적인 진술에서 모순이 나타나는 것처럼 보일지라도 또 다른 한 쪽이 그것을 모순이 있는 것으로 만들지 않는다.[14] 부모들은 일관된 사랑의 행동을 하기 때문에 각각

13) J. Paul Sampley, "From Text to Thought World: The Route to Paul's Ways," in *Pauline Theology*, vol. 1, 6-7. 앞에 제시한 같은 책 안에 있는 다음의 논문도 참조하라. N. T. Wright, "Putting Paul Together Again: Toward a Synthesis of Pauline Theology(1 and 2 Thessalonians, Philippians, and Philemon)," 189.

의 자녀는 특별한 대우를 받고 있다는 것을 알고 있지만, 종종 그나 혹은 그녀의 형제에게 적용되는 것 때문에 그 사랑이 달라지는 경우가 있다.

베커는 다양한 분야 단위들의 필요에 따라서 필수품을 보내주는 군사 명령센터의 이미지를 사용한다. '의'에 관한 주제는 갈라디아와 로마의 상황에 적합하지만 고린도에서 그에 대한 필요성을 만나지 못한다. 거기에는 '지혜'나 '지식' 같은 다른 상징들이 좀 더 잘 어울린다. "이런 식으로 상황의 우연성은 복음의 일관성에 관한 해석을 강요한다."[15)]

3. 세 번째 질문은 바울신학이 처음 시기에서 나중의 시기로 바뀌는 것인지, 해석가들이 그의 견해의 발전이나 성장을 기대할 수 있는가 질문하는 것으로 제기되는 문제다. 결국 바울신학은 갑자기 그가 그리스도인이 되자마자 활짝 피어 나타난 것인가? 다양한 교회들과 그와의 만남은 그들에게 그 흔적을 남겨놓아야만 했던 것인가? 그리고 그가 목회의 성공과 실패로부터 배웠고 이어지는 편지들 속에서 다른 주장들을 시도한 결과와의 만남도 그들에게 그 흔적을 남겨놓아야만 했던 것인가? 그렇다면 바울신학은 하나님, 교회 등에 관한 발전된 역사로 구성될 가능성이 있을 것이다.[16)]

발전에 관한 제안은 종종 로마서가 바울의 대작(magnum opus), 즉 그의 성숙과 심오하게 생각한 사상의 표현이라는 가설에 의존하고 있다. 다른 편지들은 본질적으로 전주곡들이다. 베츠는 이것에 관한 예를 제공

---

14) 다음을 참조하라. J. Paul Sampley, "Romans and Galatians: Comparison and Contrast," in *Understanding the Word*, ed. J. T. Butler, E. W. Conrad, and Ben C. Ollenberger(Sheffield: JSOT, 1985), 315-339.

15) Beker, "Paul's Theology: Consistent or Inconsistent?," 370.

16) 바울의 발전에 관한 가장 설득력 있는 연구는 영어권에서 다음을 참조하라. Charles H. Buck and Greer Taylor, *St. Paul: A Study of the Development of His Thought* (New York: Charles Scribner's Sons, 1969). 그에 대한 통렬한 비판을 다음을 참조하라. V. P. Furnish, "Critical Discussion: Development in Paul's Thought," *JAAR* 38(1970): 289-303.

하고 있다. "사도 바울이 자신의 신학 전반 틀 안에서 그의 윤리를 개념화하는 데서 경험한 어려움들은 그를 재고하도록 요구하였고 여러 가지 점에서 그의 생각들을 교정하였다. 그런 교정은 그가 분명하게 그의 마지막 편지 안에서 그의 사상에 관한 마지막 견해로 생각하는 곳, 즉 로마서에 도달하기 전이다."[17] 바울신학의 구성에서 로마서가 다른 편지들보다 앞에 있어야 한다는 주장이 있다. 그 이유는 로마서가 그의 마지막 사상을 대변하기 때문이다.

발전에 관한 다른 제안은 그리스도의 계시사건, 즉 다메섹 도상에서의 경험을 강조하는 것으로 시작된다.[18] 하지만 바울이 붙잡고 있었고 그가 알았던 믿음은 부활한 그리스도와의 만남을 촉진시키는 경험을 기대하던 그 순간보다 앞서 있었다. 그 점에서 그가 전체 복음을 받았지만 신학적인 사상은 이어진 몇 년 후에 나타났다는 것은 소수의 의견이며, 단지 이것을 결정하는 순간에 관한 것만 만들어 낸다.

다시 말해서 다음의 두 개의 연구들은 발전에 관한 어떤 생각을 고려할 필요가 있다. 첫째, 편지작성에 관한 정확한 순서에 관해서 학자들 중에서 의견의 일치가 없다. 예를 들어서 어떤 사람들은 갈라디아서를 매우 초기로 잡지만, 다른 사람들은 그것이 바울 사역의 중간기에 나온 것으로 본다. 만약에 빌립보서와 빌레몬서가 바울이 로마에서 감금되었을 때 기록되었다면, 그것들은 일곱 개의 편지들 중에서 가장 나중에 기록된 것이

17) H. D. Betz, "The Foundation of Christian Ethics according to Romans 12:1–2," in *Witness and Existence*, ed. P. E. Devenish and G. L. Goodwin(Chicago: University of Chcago, 1989), 55. 심지어 베츠(Betz)는 편지들의 기록시기를 결정하기 위하여 발전 개념을 사용한다. 그는 갈라디아서가 로마서 안에서 발견되는 것보다 덜 성숙하고 덜 신중한 바울을 제시하는 근거를 가지고 갈라디아서의 이른 시기를 주장한다. 그의 책 *Galatians*(Philadelphia: Fortress, 1979), 12를 참조하라.

18) 다음을 참조하라. Seyoon Kim, *The Origin of Paul's Gospel*, rev. ed.(Tübingen: Mohr[Siebeck], 1984).

다. 만약에 그것들이 어딘가 있었던 감옥으로부터 기록된 것이라면, 그때 로마서는 편지들 중에서 가장 나중의 것이 될 가능성이 있다. 우리의 역사적인 정보 부족과 편지가 기록된 순서에 관해서 확신하지 못하는 것은 발전에 관한 생각을 제공하지 못하고, 그것들은 발전 **이론들을** 대단한 억측으로 만들어 버린다.

둘째, 어떤 사람이 **발전**이라는 용어에 관해서 신중함에도 불구하고 바울 입장의 특징들 중에서 변경과 개선을 지적하는 것은 부적절한 것이 아니다. 예를 들어서 몇몇 학자들은 (일반적으로 초기 서신으로 생각되는) 데살로니가전서 안에서 바울은 죽은 자들이 주님이 다시 오실 때 그들의 무덤으로부터 일어날 것이라는 사실을 그들에게 써 보냈지만(살전 4:16), 반면에 빌립보서 안에서 바울은 죽음을 그리스도와 함께 있는 즉각적인 변화로 해석하고 있다(빌 1:23)는 사실을 주목한다.[19] 이와 같은 수정이 그의 입장의 변화 혹은 설명을 보여준다거나 아니면 그 수정이 단순하게 특별한 독자들에 대한 우발적인 접근의 차원이었는가 하는 것은 결정하기가 어렵다. 어떤 경우든지 (사실상 변경이 된다면) 수정되고 있는 문제는 바울의 시각에 관한 핵심 초점의 이동이라고 거의 생각할 수 없다. 그것은 방향의 주된 변화를 대변하지 않는다.

요약하자면 우리는 바울의 신학, 그가 그의 세계에 관한 실제의 의미를 알고 하나님이 그리스도 안에서 세상에 간섭하시는 방식에 완벽한 접근을 하지 못했다. 우리가 한 것은 그가 돌보고 있는 교회들에게 편지를 보냈던 몇 개의 의사소통들 가운데서 발견한 것이다. 그것은 주의 깊게 주장하고, 이해할 수 있도록 요구하고 있는 대화들인 것이다. 바울의 사상은 그가 편지를 썼던 10년 동안에 발전했을 것임에도 불구하고 자료들은 많은 판단을 하도록 허용하지 않는다. 그럴 경우 바울신학의 일관성 있는 진

19) 게다가 바울은 살전 4:17에 따르면 그가 살아 있을 때 주님이 다시 오시는 것을 기대하고 있다. 하지만 그는 빌립보서(2:21-24)에서는 죽음의 가능성을 생각하는 것일 수 있다.

술 혹은 균형 잡힌 일련의 확신을 찾으려는 모험은 어렵고 위험부담을 안고 있다. 동시에 그것은 결코 절망적인 일이 아니다. 최근의 바울 연구자들은 올바르게 "우리는 적어도 그리스도교의 초기 100년을 위한 어떤 사람의 신학보다는 바울신학을 쓸 수 있는 좀 더 나은 위치에 있다"[20]고 말한다. 바울이 그의 편지들 안에서 목회적인 문제들을 마주하는 방식은 그의 사상의 좀 더 큰 구조에 대한 연구를 자극하고 있다.

2. 바울신학의 새로운 방향들[21]

어떤 의미에서 정경에서 바울 부분은 연구에서 가장 잘 일구어 놓은 밭이다. 그 연구는 그리스도교 공동체의 가장 이른 날까지 거슬러 올라가는 해석들을 다루고 있다. 에베소서와 골로새서의 기록자들은 바울에 관한 최초의 중요한 해석자들이었을 가능성이 있다. 그리고 그 뒤를 목회서신들의 기록자(혹은 기록자들)가 뒤따랐다. 그것들은 공동으로 그의 죽음 이후에 이어지는 새롭게 변화된 환경 속에서 바울의 목소리를 들려주려고 노력했다. 이어진 수세기 동안 바울의 편지들은 무시되었고 그의 교훈도 무시되었다. 그는 교회의 생활과 방향에 대해서 미미한 영향을 주는 정경의 주변으로 좌천되기도 했다. 다른 때에는 바울이 재발견되어 그의 저작들이 세밀하게 조사되었으며, 그에 관한 설교가 있었고, 교회 갱신을 위한 기초가 되었다.

재발견의 또 다른 시간은 16세기였다. 아우구스티누스 수도회의 수도사였던 마르틴 루터는 그의 마음속에 떠오르는 질문과 씨름하고 있었다.

---

20) James D. G. Dunn, "Prolegomena to a Theology of Paul," *NTS* 40(1994): 407

21) Dunn은 바울에 대한 하나의 "새로운" 접근을 강조했다. 그의 다음 논문을 참조하라. "The New Perspective on Paul," in *Jesus, Paul, and the Law: Studies in Mark and Galatians*(Louisville: Westminster/John Knox, 1990), 183-214.

그 질문은 "나 같은 죄인이 어떻게 거룩하고 의로우신 하나님 눈에 용납이 될 수 있을까?" 하는 것이었다. 루터의 확고부동한 정직성은 중세의 결의론 배경에 반대하면서 자신에게 쉬운 대답을 내놓지 못하게 하였다. 그는 용서받지 못하는 죄를 깨닫는 그의 양심에 대한 끊임없는 질문을 계속했다. 왜냐하면 삶 전체가 참회의 행위가 되었기 때문이다. 논쟁의 한 가운데서 (시편과 더불어) 바울의 편지들은 루터에게 특별히 중요성을 가진다. 그는 그 편지들을 통해서 전에는 듣지 못했던 은혜와 용서의 말씀을 들었다. 그는 그리스도 안에 계신 하나님이 그를 '의롭게 하셨다'는 것을 발견했는데, 이것은 그의 죄가 용서되었고, 번민으로 가득 찬 그의 양심이 잠잠해졌음을 의미한다.[22] 그것은 루터가 말하는 것처럼 "한 인간이 이전의 칭의에 관해서 절망했고, 자기 자신을 하나님 앞에 내던지며, 겸손하게 흐느끼고, 세리가 '하나님이여 불쌍히 여기소서 나는 죄인이로소이다' 말하는 것처럼 그가 죄인이라는 것을 고백할 때,"[23] 칭의의 '내면의 길'이었다. 믿음으로 의롭게 됨은 바울의 사상의 중심이 되는 것으로 이해되었고 점차적으로 종교개혁 신학의 특징이 되었다.

은혜에 대한 루터의 경험은 그를 또한 '율법의 행위'와 '그리스도 안에 있는 믿음' 사이에 존재하는 첨예한 대립을 이루며 살게 하였다.(갈 2:15-16) 앞의 구절의 전반부는 율법이 규정한 행동을 지키는 것으로 구원을 얻는 인간의 노력을 지적하였지만, 반면에 후반부는 그리스도의 구원행위를 겸손하게 받아들이는 것을 묘사하였다. 은혜에 관한 바울의 교훈은 하나님이 순전히 보상과 형벌에 기초하여 처리하신다는 믿음과는 정반대로 이해되는 것이었다. 때때로 거기에는 반대의 목소리가 있음에도 불구하고, 4세기 반 이상 많은 개신교 해석자들에게는 루터의 경험과 통찰이 바

22) Roland H. Bainton, *Here I Stand: A Life of Luther*(New York: Abingdon, 1950), 49-50.

23) Martin Luther, "Lectures on Galatians 1519," *Luther Works*, ed. Jaroslav Pelikan (St. Louis: Concordia, 1964), 27:220.

울의 저작들(특별히 갈라디아서와 로마서)을 읽음을 통해서 보는 렌즈가 되었다. 20세기에 영향력이 있는 두 가지 예는 독일의 신학자 루돌프 불트만과 에른스트 케제만(Ernst Käsemann)에게 있었다.

하지만 좀 더 최근에는 바울에 관한 종교개혁의 이해와 더불어 제기되는 진지한 문제들이 있다. 우리는 두 연구 분야를 주목해 보고자 한다.

(1) 크리스터 스텐달(Krister Stendahl)[24]과 마르쿠스 바르트(Markus Barth)[25] 두 사람은 1960년대에 바울의 편지들 안에서 칭의에 관한 진술들이 죄 많은 사람들이 어떻게 거룩하고 의로우신 하나님으로부터 용납됨을 발견하는가에 관한 문제에 대해서 말하지 않음을 주장하는 논문들을 발표하였다. 루터와 다르게 바울은 강건한 양심을 가지고 있었고 죄의식에 짓눌려 있지 않은 것처럼 보인다. 그는 유대인으로서 그의 업적에 대해서 되돌아볼 때, 스스로 '나무랄 데 없음'을 선언한다.(빌 3:6) (복수로 되어 있는) 죄들, 참회, 죄용서는 편지들 안에서 중심 주제가 아니다. 믿음으로 의롭게 됨이라는 언어가 나타날 때, 그것은 믿고 있는 이방인들이 그리스도교 공동체 안으로 들어옴을 승인한다는 문맥 안에 들어 있다. 그것은 개인적인 것이 아닌 사회적인 방향성을 가지고 있다. 그것이 말하고 있는 주제는 어떻게 유대인과 비유대인의 그리스도교 유산들이 하나님의 백성들 가운데서 서로 관계를 맺을 수 있는가 하는 것이다.

스텐달과 바르트가 인용한 구절들 중에 하나는 갈라디아서 2:11-12이다. 그 안에서 바울은 안디옥에서 베드로와 그의 갈등에 관한 이야기를 말하고 있다. 그 장면은 사회적인 배경과 관련되어 있다. 이야기의 줄거리

24) 스텐달(Stendahl)의 논문("The Apostle Paul and the Introspective Conscience of the West")이 처음에는 1961년에 미국 심리학회에서 발표되었다. 그것은 다음의 잡지에 실렸다. *HTR* 56(1963): 199-215. 그리고 이것은 다시 그의 책 *Paul Among Jews and Gentiles*(Philadelphia: Fortress, 1976), 78-96에 수록되어 있다.

25) Markus Barth, "Jews and Gentiles: The Social Character of Justification in Paul," *JES* 5(1968): 241-267.

는 그의 행동을 바꾸고 더 이상 이방인 그리스도인들과 식탁교제를 하지 않을 것이라는 베드로의 결심에 달려 있다. 바울은 "복음의 진리와 일치하지 않게 행동한 것에 관해서" 베드로와 그와 함께했던 친구들을 비난하고 있다.(갈 2:14) 그리고 이어지는 설명으로 바울은 칭의의 언어를 이용하고 있다. 요점은 그리스도 안에 있는 하나님의 너그러운 심판은 본질적으로 이방인들이 유대인들과 다른 조건 없이 그리스도교 공동체 안에 포함된다는 것이었다. 음식규정에 대한 준수를 고집하는 것은 유대인들과 비유대인들 사이를 이간시키는 것이다. 양쪽은 같은 식탁에 함께 참여하고 있는 것이다. 바르트는 다음과 같이 쓰고 있다.

> 그러므로 그리스도 안에서의 칭의는 이 사람이나 저 사람에게 일어나는 개인적인 기적 사건이 아니다. 각 사람은 자기 자신을 위해서 그것을 찾거나 혹은 가질 수 있을 것이다. 오히려 은혜로 의롭게 됨은 이 사람 혹은 저 사람, 가까운 사람이나 혹은 먼 사람, 좋은 사람이나 혹은 나쁜 사람, 높은 사람이나 낮은 사람이 함께 어울리는 것이다. 이것은 사회적인 사건이다. 어느 누구도 이웃과 함께하지 않는다면 그리스도와 결합되지 못한다. 바울에 의하면 유대인들에게 주된 이웃이 이방인이고, 이방인들에게 주된 이웃은 유대인이다.[26]

(2) 종교개혁의 바울읽기에 대한 또 다른 도전은 샌더스(E. P. Sanders)의 역사적인 작품에서 유래한다.[27] 샌더스의 공헌은 유대교 역사가가 얼마 동안 질문해 오고 있는 것이 그 무엇, 즉 기원전 2세기부터 기원후 2세기를 관통해갔던 유대교가 사소한 율법주의와 자기 스스로 만족하는 결의론 쪽으로 기울어졌다는 관점을 질문하는 것이었다. 그것은 큰 오해였

26) *Ibid.*, 259.

27) E. P. Sanders, *Paul and Palestinian Judaism*. 샌더스(Sanders)의 유대교 분석은 바울에 관한 그의 연구보다 더 광범위하게 받아들여졌다.

다고 샌더스는 주장한다. 즉, 유대인들은 율법에 대한 그들의 순종에 의해서 하나님의 백성이 **되고** 어떤 의미에서 그들의 구원을 **획득**할 수 있었다고 생각하였다. 그런 관점은 믿음으로 의롭게 됨에 관한 종교개혁 사상을 위해서 편리한 장식이 되어왔다. 그러나 그것은 유대교의 확신을 정확하고 공정하게 보여주는 데는 실패하고 있다.

유대교가 그 관점에서 다양함에도 불구하고, 그것은 샌더스와 일치하는 것으로 이스라엘 백성들은 하나님의 계획 안에서 하나의 자리를 가지고 있다는 신앙으로 통일을 이루고 있었다. 왜냐하면 하나님은 아무런 조건 없이 이스라엘과 계약을 맺으셨기 때문이다. 확실히 율법에 집착하는 것은 중요했다. 그러나 그것은 하나님으로부터 구원을 받을만한 가치가 있거나 보상을 얻을 수 있는 수단은 아니었다. 순종은 오히려 관대하신 하나님에 대한 적절한 응답이었고, 이스라엘 백성이 하나님의 백성에 포함될 수 있는 그 혹은 그녀의 의도를 나타낼 수 있는 방법이었다. 게다가 율법을 준수하는 데 있어서의 완전(perfect)이 기대되었던 것은 아니다. 왜냐하면 율법 그 자체는 속죄의 방법과 수단을 제공했기 때문이다. 유대교의 이런 공통의 특징들을 샌더스는 '계약규범'(covenantal nomism)으로 부른다.

종교개혁의 통찰을 너무 빨리 버리기 전에 우리는 루터신학에 만연해 있던 은혜의 승리를 반드시 인식해야 한다. 어쨌든 '새 관점들'(New perspectives)이 앞으로 전개될 것이고, 만약에 그것들이 십자가에 달린 그리스도의 구심점을 무시한다면, 그것들은 확실히 바울서신의 요점을 놓치게 된다. 그리고 아직도 한쪽에서는 스텐달과 바르트 그리고 다른 한쪽에서는 샌더스의 공헌이 바울신학에 관한 여러 가지 양상을 재고하기 위한 길을 내고 있다. 그들은 오래된 문제와 본문을 가지고 신선한 문제제기를 가능하게 하였다. 바로 몇 가지를 언급해 보면, 만약에 회심 이전에 바울이 바리새인으로서 하나님의 호의를 얻으려고 하지 않았다면, 바울 '회심'의 의미는 무엇인가? 만약에 바울서신들이 죄의식과 싸우며 괴로워했던 자기반성의 양심을 위한 관심을 입증한다면, 그때 구원의 본질은 무엇인가? 어떤 한 사람은 무엇**으로부터** 구원을 받고 무엇을 **위해서** 구원을 받는가? 만약에 칭의가 사회적인 사건이라면 이것은 교회가 거의 배타적으로 이방인들만 구성되었을 그때는 어떻게 그것 자체를 분명하게 나타내는가? 만약에 유대인들이 계약 때문에 자신들이 하나님의 은혜로 받아들여졌음을 이해한다면, 그리스도의 오심에 관해서는 무엇이 새로운 것인가? 하나님의 백성은 어떻게 결정되고 그 정체가 확인되는가? 그리스도교 공동체 안에서 율법의 자리는 무엇인가? 이런저런 질문들은 이 책 제2부의 주된 관심이 될 것이다.

3. 우리는 여기서 어디로 가는가?

이 책 제2부는 바울서신들 안에서 등장하는 주된 신학적인 주제들을 검토한다. 그것은 켁이나 베커의 것처럼 바울신학에 관한 완전한 진술이 결코 아니고, 그것은 자료들 안에서 발견된 신학적인 모든 문제에 관한 종합적인 처리도 아니다. 그것의 의도는 그 편지들을 읽는 진지한 독자들을 위한 신학적인 방향성을 제공해주는 것이다. 만약에 제1부가 일반적인 평면지도였다면 학생들을 최근 몇 년 동안에 학문적인 연구를 점유해 온 문제들을 통해서 안내를 받았고, 제2부는 오히려 편지들 자체의 모형지도에 가깝다. 그 지도 안에서는 관심을 끌기 위해서 오직 유용한 것들만 골라서 제시된다.

우리는 바울**서신들**의 신학들을 조사하고 있는 것이지 바울 자신의 그 신학을 연구하고 있는 것은 아니다. 우리는 편지 안에서 바울신학의 의미가 그 편지들을 합친 것 이상이라는 것을 주목해 왔다. 그러나 그 편지들은 유일한 바울의 기록 유산이다. 우리는 저자의 마음을 묘사하고, 편지를 생기게 하였던 신학을 재창조하고자 자료들 배후를 캐려고 하지는 않을 것이다. 그 움직임을 만들어 가는 것은 물론 합당하고 필요한 모험이지만, 그러나 우리의 목적은 더 겸손하다. 우리는 저자의 신학에 관해서 우리에게 정보를 제공해주는 편지들을 이용하기보다는 편지들 자체, 즉 드러나는 주요 주제들, 그리고 상호관계를 포기하지 않을 것이다.[28] 또 다른 방법으로 말하자면, 우리는 본문들 배후에 서 있는 저자보다는 본문들과 계획된 독자들 사이의 역동성에 좀 더 초점을 맞출 것이다.

둘째, 우리가 주요 주제들을 접근하려는 방법은 편지들 안에서 선택한 구절들을 검토하는 것이다. 왜냐하면 우리는 각 주제와 연관된 본문들 모두를 고려할 수 없으므로, 주제에 집중하는 데 도움이 될 수 있는 대표적인 것들을 다루고 나머지는 각주에 남겨놓을 필요가 있다. 이것은 각 경우에 적어도 구절들이 나타나는 문학적이고 어느 정도 역사적 사례의 문맥들에 대해서 간략하게 집중한다는 것을 의미한다. 편지들의 특수성과 그것들이 특별한 청중들에게 행하고 있는 구체적인 논증들을 무시하는 것은 잘못된 해석을 위한 확실한 방법이다. 어떤 면에서 본문들의 의미는 상당히 명확하다. 우리는 단순하게 구절들을 인용하고 결론을 내릴 수도 있다. 다른 면에서 바울을 공정하게 듣도록 하는 유일한 방법은 결론에 도달하기 전에 종종 서로 뒤엉켜 있는 그의 주장에 관한 줄거리들을 추적하는 것이다.

28) 전문적인 용어를 사용해서 말하자면 우리의 의도는 통시적이기보다는 공시적이다.

제2부

바울서신의 신학적 주제들

순수 바울서신들의 개요

로마서

1:1-17	–	도입부와 주제
1:18-3:20	–	불의한 인간들에게 내리는 하나님의 진노
3:21-8:39	–	그리스도의 신실하심 안에서 하나님의 의 계시
9:1-11:36	–	이스라엘을 향한 하나님의 신실하심과 차별이 없는 은혜
12:1-15:13	–	공동체를 향한 권고
15:14-16:27	–	결론

고린도전서

1:1-9	–	도입부
1:10-6:20	–	인편으로 전해 들은 소식에 대한 반응
1:10-4:21	–	교회분열의 문제
5:1-6:20	–	근친상간과 법정소송의 문제
7:1-16:12	–	편지로 받은 소식에 대한 응답
7:1-40	–	결혼과 성문제
8:1-11:1	–	우상에게 바친 제물과 이방인 신전에서의 제사 문제
11:2-16	–	예배에서 여성과 남성의 문제
11:17-34	–	주님의 만찬 문제
12:1-14:40	–	그리스도인 예배의 문제

15:1-58	–	부활에 관한 문제
16:1-12	–	헌금과 여행계획
16:13-24	–	결론

고린도후서

1:1-11	–	도입부
1:12-2:13	–	자서전적인 보도
2:14-6:10	–	사도의 사역에 관한 진술
6:11-7:16	–	화해를 위한 요청들
8:1-9:15	–	예루살렘 교회를 위한 모금
10:1-18	–	바울의 사도권 변호
11:1-12:13	–	바보설교
12:14-13:10	–	바울이 계획한 방문과 추가적인 경고들
13:11-13	–	결론

갈라디아서

1:1-10	–	도입부
1:11-2:21	–	자유하게 하는 복음의 권위
3:1-5:1	–	믿음, 율법, 하나님의 사람들
5:2-6:10	–	자유, 영, 사랑의 생활
6:11-18	–	결론

빌립보서

1:1-11	–	도입부
1:12-26	–	바울의 감금상태와 복음의 발전
1:27-2:18	–	그리스도의 이야기에 기초한 일치, 용기, 겸손, 완전함을 위한 권고들
2:19-30	–	여행계획과 그리스도를 닮아가는 두 가지 사례
3:1-4:3	–	대조되는 두 가지 모범에 의한 권고들
4:4-23	–	결론

데살로니가전서

1:1-10	–	도입부
2:1-16	–	데살로니가에서의 바울 사역에 관한 회상
2:17-3:13	–	디모데의 데살로니가 방문에 관한 보도
4:1-12	–	거룩함을 위한 권고들
4:13-5:11	–	예수의 다시 오심에 관한 가르침과 권고들
5:12-28	–	결론

빌레몬서

1-7절	–	도입부
8-22절	–	오네시모를 되돌려 보냄과 바울의 방문계획
23-25절	–	결론

제6장

예수 그리스도의 결정적인 사건

학자들은 바울신학의 핵심 혹은 구성원리에 관하여 오랫동안 논쟁을 해왔다. 거기에는 편지들의 신학적인 주제들이 나타나고 있는 것으로부터 유래하는 원칙의 기본적인 핵심 혹은 부분적인 경험이 존재하고 있는 것인가? 16세기의 종교개혁자들, 특히 마르틴 루터는 믿음으로 의롭게 됨이 바울사상의 핵심을 구성하고 그다음 그것에 의해서 다른 모든 진술이 평가되어야만 하는 기준으로서 역할을 한다고 주장하였다.[1] 몇몇 사람은 바울을 그리스도교 신비주의자로 보았고 그의 신학을 그가 그리스도 안에서 경험한 개인적인 친밀감의 넘침으로 보았다.[2] 루돌프 불트만은 바울신학을 기본적으로 인간론으로 해석했고 인간실존에 관한 두 가지 이해를 둘러싼 그의 설명을 체계화하였다. 그것은 신앙의 계시 이전의 삶과 신앙 가운데서의 삶이다.[3] 다른 사람들은 바울서신을 지배하는 특징이 하나님

1) Ernst Käsemann, *Perspectives on Paul*(Philadelphia: Fortress, 1971), 60-78. 그는 종교개혁 입장을 변호한다.

2) 다음을 참조하라. Adolf Deissmann, *St. Paul: A Study in Social and Religious History*(London: Hodder & Stoughton, 1912).

3) Rudolf Bultmann, *Theology of the New Testament*(London: SCM, 1952), 1:190-191.

의 구원이야기라고 주장해왔다. 그 구원이야기가 뒤로는 아브라함까지 거슬러 올라가고 앞으로는 그리스도의 재림까지 도달한다.[4] 물론 바울신학의 핵심을 위한 이런 제안들 각각은 편지로부터 나오는 일정한 양의 본문 지지를 요구할 수 있다. 그러나 이런 이유 때문에 각각의 제안들은 또한 이의를 제기하는 것에 대해서도 열려져 있는 상황이다.[5]

우리의 목적을 위해서는 좀 더 기초적이고 넓게 받아들여진 시작점을 고려하는 것이 더 나을 것이다. 즉, 그 시작점은 바울 저작물들 안에 있는 주요 주제들이 예수 그리스도, 다시 말해서 특히 그의 죽음이나 부활과 관련이 있다는 것이다. 고린도로 보내는 편지 안에서 바울은 '복음'을 다시 인용하고 있다. 그는 그 복음을 분명하게 그들에게 설교하였고, 그들은 그 복음을 통해서 구원은 받은 상태였다. 그 복음은 성서를 따라서 그리스도가 죽고, 장사지내졌으며, 부활했다는 선언으로 이루어져 있다.(고전 15:3-4) 물론 그 복음은 바울과 관련해서 새로운 것이 아니었다. 그는 그 복음을 자기보다 앞섰던 그리스도인들로부터 받았다. 그러나 그에게 그 복음은 그의 신학적인 토론들 모두의 중심축이 되었다. 그 은유를 바꾸어 말하자면 복음은 바울이 관여하고 있는 교회들과 대면했던 다양한 목회적, 신학적, 도덕적인 문제들을 특별한 관점으로 보는 렌즈의 역할을 하고 있다.

그 편지들은 너무 세밀하게 시시콜콜 따질 필요 없이 그리스도 자체에 대한 관심보다는 오히려 그리스도론에 대한 관심을 보여주는 것이라고 주장될 수 있다. 즉, 바울의 의사소통은 예수가 메시아인가 (아니면 하나님의 아들인가) 아니면 어떻게 예수가 형이상학적으로 하나님과 관계가 있는 것인지 관련하여 교회와의 심각한 논쟁을 반영하지 않고, 다른 시간과 장소에서 교회들을 괴롭혔던 그리스도의 본성에 관한 질문들을 반영

4) 다음을 참조하라. Herman Ridderbos, *Paul: An Outline of His Theology*(Grand Rapids: Eerdmans, 1975).

5) 5장에 있는 일관성 문제에 관한 논의와 켁(Keck)과 베커(Beker)의 제안을 참조하라.

하지 않는다. 논의는 그리스도의 의미와 영향에 좀 더 초점을 맞추고 있다. 그의 오심은 어떤 차이를 만들어 내는가? **그리스도** 몸의 구성원(지체)이 되는 것은 무엇을 의미하는가? 그리스도의 실재는 하나님에 관한 이해를 그리스도인들에게 어떻게 알려주며 복음에 응답하면서 취해야 하는 삶의 모습을 어떻게 결정해 주는가?

바울의 예수 이해에 관한 하나의 방법은 편지 안에서 사용한 칭호들을 검토하는 것이 되어야 한다. 그 칭호들은 주, 메시아, 하나님의 아들, 하나님의 지혜, 마지막 아담이다. 그것들은 바울과 그가 편지를 보냈던 교회들이 예수가 누구인가 생각했던 것에 관한 것들을 우리에게 분명하게 말해준다. 그리고 그 칭호들은 지금까지 여전히 우리에게만 전달되고 있다. 그 칭호들은 예수에 관한 그의 본성과 존재에 관한 고정된 개념을 전달하는 데 도움이 된다. 반면에 편지들은 그의 활동에 관해서 그 이상의 것을 말한다. 그 이상의 것들은 그의 죽음, 부활, 그의 재림에 관한 것이다. 그리고 편지들은 신앙공동체를 위한 그와 같은 행위의 의미를 말한다. (그것이 우리가 왜 '그리스도 사건'이라는 다소 어색한 표현을 사용하는가 하는 이유이다.)

우리는 칭호들을 검토하는 대신 이 장에서는 편지들 안에서 그리스도 사건이 중요하게 보이는 네 영역을 검토해 보고자 한다. 그 네 영역은 바울의 소명/회심을 반영하는 영역, 그리스도 사건을 종말론적인 (혹은 묵시적인) 사건으로 묘사하는 방식의 영역, 하나님 이해와 인간상황을 위한 대안적인 관점으로서 종말론의 기능 영역, 마지막으로 하나님의 아들을 위한 활동을 설명할 수 있는 방식의 영역이다.

1. 바울의 소명/회심

바울에게 일어난 변화의 본질은 무엇이었는가? 교회를 박해하는 사람이었던 그를 이방인들의 사도가 되도록 변화시킨 급진적인 180도의 전환을 일으키게 한 것은 무엇인가? 변화의 본질을 분리해 내는 것은 우리에게 그의 신학중심을 한눈에 보도록 해준다.

다메섹 도상에서 바울이 체험한 이야기는 사도행전에 세 번에 걸쳐서 이야기되고 있다.(행 9:1-19, 22:3-16, 26:1-20) 그 서술들은 상세히 적절하게 서술되고 있으며, 바울이 왜 다메섹을 향하고 있었는지, 하늘로부터 내려오는 갑작스러운 빛, 예수의 신비한 음성, 그와 여행하던 동료들의 도움, 뒤이어 바울을 위하여 그 경험을 해석해 주는 아나니아의 방문 같은 상세한 설명들을 포함하고 있다. 그 사건에 대한 보도는 사도행전의 이야기 구조 안에서 비판적인 역할을 하고 있다.

아주 대조적으로 바울서신들 안에서 소명/회심에 관한 언급은 상대적으로 드물고, 그것이 나타날 때도 그 진술들은 사도행전의 상세한 진술에 관해서는 내용이 빈약하다.[6] 바울은 자기 자신을 이야기할 때, 그 사건 과정에서 혹은 그 사건 이후의 자기감정에 관해서 아무것도 밝히지 않고, 장소, 시간 혹은 동료 참가자들에 관한 역사적인 상황을 밝히지 않으며, 빛이나 음성, 심지어 '다메섹 도상'에 관해서 아무것도 말하지 않는다. 바울은 그 사건에 관한 어떤 자기반성적인 검증에도 관여하지 않고 있으며 그 상황의 정보에 관한 선입견을 보여주지도 않는다. 그 대신에 그의 관심과

6) 나는 이 사건에 관해서 언급하고자 둘러쌌던 논쟁 때문에 '소명/회심'이라는 어색한 표현을 선택했다. 그 사건은 '회심'이 아니다. 왜냐하면 바울은 유대교로부터 그리스도교로 종교를 바꾸지 않았기 때문이다. 그는 아직도 아브라함의 하나님을 예배하고 있었다. 그리고 아직도 그 사건은 구약의 예언자를 부르는 것처럼 단순하게 '소명' 그 이상이다. 그것은 소명을 포함하지만, 그러나 또한 변화를 포함하고 있는데, 그 사건은 과거의 거부를 요구하지 않고 이해의 변화방식을 요구한다. 그것은 '과거에 관한 새로운 인식', 재-인식이다.(Beverly R. Gaventa, *From Darkness to Light: Aspects of Conversion in the New Testament*[Philadelphia: Fortress, 1986], 10-11) 베벌리 가벤타(Beverly Gaventa)는 바울서신들과 마찬가지로 사도행전으로부터 나오는 중요한 본문들에 관한 광범위한 연구를 제공한다.

의도는 전반적으로 신학적이거나 혹은 아마도 그리스도론적이다. 우리는 그의 소명/회심에 관한 두 가지 분명한 진술들을 주목해 보아야 한다.[7)]

(1) 갈라디아서 1:11-17

이 진술은 바울이 그의 독자들과 함께 오직 하나의 복음만 있다는 사실을 만들어가고 있는 경우의 일부로 나타난다. 그들은 이미 그 복음을 들었고 믿었다. '복음'이라는 상표를 요구하는 다른 교훈은 단순하게 말해서 복음이 아니다. 바울은 그의 경우를 교훈의 내용에 근거해서 주장하지 않지만, 그러나 그 교훈의 자료에 근거해서 주장한다. 즉, 그는 "그 복음을 예수 그리스도의 계시를 통해서 받았다."(1:12) 그는 갈라디아 사람들에게 유대교 안에 있었던 그의 이전의 삶, 교회를 핍박한 것, 그의 종교적인 전통에 대한 열심을 상기시켜 주고 있다. 그다음에 그는 "그러나 나를 모태로부터 따로 세우시고 은혜로 불러 주신 이가[하나님께서], 그 아들을 이방 사람에게 전하게 하시려고, 그를 나에게 기꺼이 나타내 보이셨습니다. 그때에 나는 사람들과 의논하지 않았습니다"라고 말한다.(1:15-16)

나는 갈라디아서의 이 본문에 관해서 세 가지 간단한 관찰을 하고자 한다. 첫째, 바울에게 그의 변화의 시작은 하나님으로부터 온다. 그 이야기는 '나'라는 주어로 시작하지만(나는 하나님의 교회를 몹시 박해하였습니다, 나는 앞서 있었습니다, 나는 훨씬 더 열성이었습니다.), 그러나 1:15에서 하나님이 행동을 주도해가는 것으로 이동하고 있다. 그것은 바울이 유대교와 더불어 불행했다는 것이 아니다. 그는 아마 율법에 실망을 했고, 변화를 추구했을 것이다. 매우 대조적으로 그는 교회를 괴롭혔던 것을 포함해서 하나님이 갑작스럽게 개입하기까지 분명히 자신의 종교적인 상황에 대해서 만족하고 있었다. 바울의 변화는 하나님의 행동이었고, 바울은

7) 몇몇 사람들은 세 번째 진술이 롬 7:7-25 안에서 발견된다고 제안한다. 하지만 나는 그 구절의 바울의 변화에 관해서 아무런 정보도 제공해 주지 않는다고 주장하는 다수의 입장을 지지한다.

그 하나님의 행위와 거의 아무런 관계가 없었다.

둘째, 바울의 변화 경험의 본질은 예수 그리스도의 계시다. 단어들의 선택은 의미심장한 것이다. 1:12에서는 '계시'라는 명사가 나타나고 있으며, 1:16에서는 '계시하다'의 부정사를 사용하고 있다. 이런 용어들은 바울서신들 안에서 규칙적으로 미래적인 그리스도의 오심, 최후의 심판, 구원의 완성과 연결된다. 그 용어들은 앞에서 열거한 진술들과 함께 무게감을 지니고 있다.[8] "'묵시'로서 바울의 소명/회심이라는 이 사건을 설명하는 것은 그것의 천상의 권위를 강조할 뿐만 아니라 그것이 종말론적인 중요성을 가지고 있다는 것을 암시한다. 즉, 그것은 하나님의 창조목적의 신비를 푸는 열쇠이며, 인간 역사 전체 관문의 쐐기돌이다."[9] 하나님의 아들에 관한 계시는 바울의 이전의 삶에 대한 급진적인 공격을 수반할 뿐만 아니라 또한 지각변동의 균형에 관한 폭로가 되는 것으로 밝혀졌다.

셋째, 예수 그리스도의 계시는 하나의 목적을 가진다. 그것은 바로 이방인들 가운데서 복음을 설교하도록 바울을 위임한 것이다. 선교에 관한 특별한 이해는 바울 경험의 핵심을 차지하고 있다. 갈라디아서가 주장하는 것처럼 선교는 아브라함의 하나님을 섬기도록 비유대인을 유대인이 되도록 강요하는 것을 의미하지 않는다. 오히려 선교는 유대인들과 이방인들 양쪽의 모든 신앙인을 아우르면서 하나님의 백성을 다시 정의하는 은혜의 복음에 대한 선포를 의미한다. 그때 계시는 교회의 특성과 삶을 위한 대단한 중요성을 지닌다.

(2) 빌립보서 3:4-11

바울은 빌립보 교회에 대해서 영향력을 가지고 있었거나 잠재적으로 결정적인 영향을 가질 수 있었던 그룹('개들', '악한 일꾼들', '육체를 망가

8) 롬 2:5, 8:18-19, 16:25; 고전 1:7, 3:13; 갈 5:23.

9) J. D. G. Dunn, *The Epistle to the Galatians*(Peabody, MA: Hendrickson, 1993), 53.

트리는 이들')에 대해서 주의할 것을 요구하면서 자기 자신이 지금 자신의 종교적인 유산에 자부심을 가질 수 있는 정당한 이유를 가지고 있다고 말한다. 그는 그의 자격들을 늘어놓고 있는데, 그것들은 그가 유산으로 받은 것과 성취한 것 두 가지이다. 그것은 다음과 같다.

> 아직도 나에게 유익한 것이 있다면, 나는 이것들은 그리스도 때문에 헛된 것으로 생각했습니다. 그리고 좀 더 중요한 것은 나는 나의 주 그리스도를 아는 것이 더 뛰어난 가치가 있기 때문에 모든 것을 헛된 것으로 생각하고 있습니다. 나는 그분 때문에 모든 헛된 것들을 견뎌왔고 그것들을 하찮은 것으로 생각하고 있습니다. 그것은 내가 그리스도를 얻고 그분에게 받아들여진 것이 발견되도록 하기 위한 것입니다. 그것은 율법에 기초한 나 자신의 의로 되는 것이 아닙니다. 오히려 그것은 그리스도를 신뢰함(신실하심), 즉 신앙에 기초하여 하나님으로부터 오는 의로 되는 것입니다. 내가 오직 마지막으로 죽음의 부활을 얻고자 한다면, 내가 원하는 것은 그리스도, 그분의 부활의 능력과 그분의 죽음을 따르는 것으로 그분의 고난에 참여하는 것을 아는 것입니다.(필자의 번역)

갈라디아서의 자서전적인 발췌문처럼 이 구절들은 그리스도에 관한 경험을 바울 변화의 본질이 되게 한다. '그리스도를 얻는 것', '그리스도를 아는 것', '그리스도에게 받아들여진 것이 발견되는 것' 같은 표현들은 이 구절의 전체를 지배하고 있으며 변화의 원인과 목적 두 가지를 나타내고 있다.

바울의 과거에 관한 강한 어휘들('헛된', '하찮은')은 그의 유대교 유산에 대한 거부를 말하는 것처럼 보이는데, 사실상 그것을 지배하는 언어는 회계장부를 기입하는 것 같은 영역에서 유래하는 것이다. 한때 그가 유익한 것으로 나열했던 것들을 그는 지금 헛된 것들로 장부에서 지워버리고 있는 것이다. 그는 그가 마치 죄가 있었고 무엇인가를 뉘우치고 있는 것처럼 그의 과거에게 다시 인사를 건네고 있는 것이 아니다. 그는 그것을 재평가하고 있는 것이다. 그는 회계장부를 기입하는 새로운 방법을 채택하고 있는 것이다. “바울은 그의 삶 속에서의 이것을 그의 인지변화(cognitive shift)의 사건으로 규정한다.”[10] 수사학적인 의도는 빌립보의 독자들로 하여금 특히 예수 그리스도의 빛에서 ‘개들’인 그 사람들의 모든 요구를 재평가하도록 초대하려는 것이다.

자신에 대한 새로운 인식과 하나님의 백성들에 관한 새로운 인식이 바울의 소명/회심의 중심이다. 예수 그리스도는 관점의 개조, 즉 삶에 관한 급진적인 새로운 계획을 강요하고 있다. 그것은 그리스도가 바울로 하여금 반드시 해야만 하는 선택에 직면하도록 하는 것이 아니고, 그가 그렇게 하기로 선택할 때는 충성을 해야만 하는 새로운 길이다. 바울 자신의 예측이나 결정과 아주 다르게 하나님은 모든 것을 차이가 나도록 만들기 위해서 개입하시고 계시는데, 그 차이는 예수 그리스도이다.

2. 새 시대의 여명

갈라디아서 1:12에서 일어난 것처럼 ‘묵시’(계시)로서의 바울의 변화 사건을 설명하는 것은 그리스도 사건의 중요성이 한 개인의 경험을 훨씬 넘어선다는 것을 기억하도록 한다. 예수의 죽음과 부활은 그 삶이 바울의 것이라 할지라도 개인 한 사람의 삶의 이야기로 축소되지 않는다. 그리스도 사건은 인간 역사의 좀 더 넓은 이해 속에서 그 자리를 가지고 있다. 우리는 이것을 이해하기 위해서 ‘묵시’가 무엇인지 좀 더 정확하게 밝힐 필요가 있다.

묵시서들은 기원전 200년경에 유대교 공동체들 안에서 나타나기 시

10) Gaventa, *From Darkness to Light*, 33.

작한 문학유형을 구성하고 있다. 그 유형은 예언의 환상, 비밀종교의 상징, 천사, 짐승, 용 같은 특별한 이미지, 수비학으로 나타난다. 그 저작들은 정치적이거나 사회적인 위기, 보통 박해를 받고 있는 공동체들로부터 나타나며 그들을 둘러싸고 있는 문화로부터 권리를 박탈당하고 있을 때 나타났다. 그러한 공동체들 안에서 시대는 현재로부터 나타나고 있는 것들에 관한 해결을 상상하는 것이 불가능해 보일 정도로 아주 악하다. 거기에는 역사적인 지평에서의 구원이 절대적으로 없으며, 그렇기 때문에 예언자들에 의해서 무르익은 하나님의 주권적인 통치에 대한 희망이 우주적인 그림판 위에서 계획된다. 현재는 고통, 재앙, 고난으로 특징이 나타나는 반면, 하나님은 곧 대변혁의 방식으로 개입하실 것이다. 그 방법은 현재를 통제하고 있는 권력의 운명을 초래하고, 의로운 공동체를 구원하며, 새 하늘과 새 땅을 세우는 것이다. 정확하게 말해서 이런 하나님의 계획들은 숨겨져 있기 때문에 그것들에 관한 하나님의 폭로를 '묵시'(혹은 계시)라고 부른다.

이러한 묵시적인 모습을 구분하는 특징은 두 세대에 관한 언어다. 현재를 '옛 세대'로 부르는데, 그 시대는 악이 하나님과 신실한 사람들의 역할을 빼앗고 있는 시간이며 심각한 폭력의 지배를 받고 있다. 사물들은 잠시 동안 현재의 상태보다 나빠질 것이고, 사람들은 그들이 견딜 수 있다고 생각한 것보다 더 많이 고통을 당할 것이다. 하지만 이렇게 극심한 고통들은 새날이 밝아오는 것에 대한 '새 세대'의 징조이다. 그 시간은 하나님이 악을 심판하시고 세상을 변화시키는 것을 증명하는 시간이다.(도식 1을 보라.)

〈도식 1〉

옛 세대	하나님의 개입	새 세대
억압의 시대	↓	증명의 시대
악의 만연		하나님이 우주 통치

(비록 바울의 편지들이 묵시적인 장면들을 포함하고 있지만, 살전 4:13-5:11; 고후 15:51-57을 참조하라.) 그는 편지를 쓴 것이지 묵시서들을 쓴 것은 아니다. 그럼에도 불구하고 바울은 유대교 묵시의 관점들을 넘겨받고 있으며 그것을 그리스도 사건의 빛에 적용하였다.[11] "하나님은 강력하게 그 장면을 근본적으로 바꾸기 위해서 그 장면을 밟고 계신다."[12] 죽음과 부활은 하나님이 약속한 새 세대를 시작한다. 예수는 새로운 창조, 즉 인간 역사와 우주를 변화시키는 하나님의 변화를 시작하셨다.(갈 6:15; 고후 5:17) 예수께서 다시 오실 때, 변화는 완전해질 것이고, 옛 세대는 마지막에 이르게 될 것이다. 그 사이에 현재는 두 세대가 겹치는 시간이다.(고전 10:11) 믿는 사람들은 자신들이 두 세계의 시민임을 발견하게 되며 그것에 따라서 적절하게 그들의 삶들을 타협하도록 강요를 받는다. 그들은 이 덧없이 사라져가는 세대를 위해서 결정되어 있는 것이 아니라(고전 7:13) 새 세대의 침입으로 영원히 변화된다.(롬 12:2) 〈도식 2〉는 그가 유대교로부터 취했던 두 세대의 도식에 관한 수정을 보여준다.

〈도식 2〉

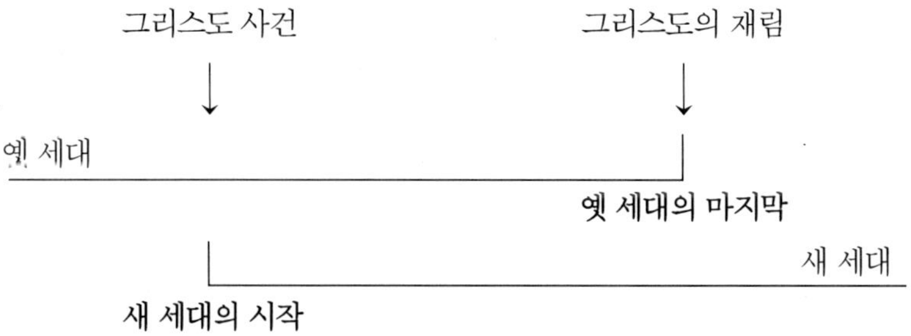

11) 바울의 유대교 묵시사상의 변형에 관한 논의는 다음을 참조하라. Leander E. Keck, "Paul and Apocalyptic Theology," *Int* 38(1984): 229-241.

12) J. Louis Martyn, "Paul and His Jewish-Christian Interpreters," *USQR* 42 (1988): 5.

우리가 편지를 연구하는 동안 살펴보아야 하는 것처럼 이 묵시적인 도식은 수정되고 적용되어 그 안에서 바울이 그리스도의 사건의 의미, 교회의 특징, 창조에 관한 현재의 고뇌에 가득 찬 언급, 하나님 백성의 도덕적인 삶의 의미를 해석하는 틀을 제공해준다. 이 도식이 그의 유대교 유산의 일부로 바울에게 이르렀고 대단한 유연성을 가지고 이용되는 동안에 그것은 그의 손에서 땅을 변화시키는 그리스도 사건의 중요성을 확인해 주는 수단이 되었다. 그 도식은 지금이 재림(그리스도의 다시 오심)을 포함하는 것까지 확장된다.

두 세대의 언어가 사라졌음에도 불구하고 그 도식이 가장 분명해지는 하나의 구문은 고린도전서 15장이다. 고린도인들 청취자들 중에는 예수 그리스도의 죽음과 부활에 이르는 세례가 그들을 구원의 목표에 도달하게 해줄 수 있다고 분명하게 생각하는 사람들이 있었다.[13] 그들은 자신들이 이미 하늘의 영적인 몸을 받았다고 생각했다. 그들은 '천사들의 방언'으로 말했다.(고전 13:1) 그들은 죽은 자들의 미래적인 부활에 참여할 필요가 없었다. 바울은 "여러분은 이미 여러분이 가지기 원하는 모든 것을 가지고 있습니다. 여러분은 이미 부자가 되었습니다!"라고 하면서 그들을 꾸짖는다.(4:8) 간단하게 말해서 이 신자들은 '실현된 부활'을 받아들이고 있는 것이다. 그들은 바울의 묵시적인 도식을 무너뜨리고 있는 것이다. 그 결과 죽음과 부활은 오히려 새 세대를 시작하는 것보다 더 완전한 것이 되고 만다.

고린도의 상황에 대한 바울의 반응은 그가 그들에게 분명하게 설교했고 그들이 받아들였던 공동의 복음에 관한 재확인으로 시작된다.(15:1-11) 그때 그는 두 방향의 논리를 가지고 예수의 죽음은 죽은 자들의 부활을 포함하며 미래의 부활을 부인하는 사람이 예수의 부활에 대한 거부를

13) 의심할바 없이 독자들은 헬레니즘 세계 전역에 만연해 있던 이원론을 신봉하고 있었다. 그것은 그들로 하여금 '신체상'의 부활을 이해하는 데 어렵게 하였다.

포함하고 있다는 사실을 요구한다. 그 두 가지의 부활은 한 쪽이 받아들여지고 다른 한 쪽은 거부되는 것처럼 분리되지 않는다.(15:12-19)

바울은 유연성이 있는 은유를 사용한다. "그러나 이제 그리스도께서는 죽은 사람들 가운데서 살아나셔서, 잠든 사람들의 **첫 열매**가 되셨습니다."(15:20) 그리스도는 첫 번째 열매인데, 그는 전체 농작물의 완성을 시작하고 약속하고 있는 것이다. 이 은유는 무엇인가 불완전함과 아직도 무엇인가 희망적인 것을 의미한다. 그리스도의 부활은 오직 처음 열매이지만, 그것은 첫 번째 열매로 전체를 확신시켜준다. 두 가지 부활, 즉 예수와 신자들의 부활은 오로지 같은 하나로 보이며, 두 개의 시간적인 무대에서 드러난다. 그것이 바로 왜 하나를 부인하면 다른 것을 부인하게 되는가 하는 것이다. 그 장의 나머지는 부활의 몸의 본질(15:33-57)과 교회를 위한 함축적인 의미(15:58)를 고려하고 있다.

우리는 고린도전서로부터 그리스도 사건에 관해 두 가지 중요한 사실들을 배웠다. 첫째, 바울에게 예수의 부활은 원래 그의 지상에서의 체류 마지막이 아니지만(출생, 삶, 죽음, 부활), 그러나 새 세대의 시작이다. 그것은 오히려 역사적인 예수의 마무리를 짓는 마지막 기적으로 역할을 하고, 죽은 자들의 부활을 확신시켜 주면서 새로운 미래의 문을 열고 있다. 전문적인 용어를 사용하자면 그리스도 사건은 종말론적이거나 묵시적인 의미를 가진다. 그것은 마지막 날들을 알리고 있다.

둘째, 그리스도 사건은 예수의 다시 오심 없이는 불완전하다.[14] 바울은 어떤 의미에서 전달받은 '복음'의 내용들을 고린도전서 15:3-4의 죽음-매장-부활의 순서를 넘어서는 것까지 확장한다. 고린도 안에서 잘못된 길을 간 그룹은 미래를 위한 하나님의 계획을 무시하고 끝을 잘라버린 복음을 주장하였다. 고린도인들은 마지막에 관해서 시기상조에 빠진 축하

14) 고전 15장에 더해서 그리스도의 재림이 두드러지게 나오는 본문들을 참조하라. 예를 들어 빌 3:20-21; 살전 1:9-10, 4:13-18을 보라.

에 참여하고 있었다. 그 시기상조는 바로 거기에 통치자들, 권세자들, 권력들이 대항하여 싸우려고 남아 있으며 파멸을 당할 것임을 깨닫는 데 실패하고 있다는 것이다.(15:24-25) 그러므로 바울은 그들의 종말론적인 열광주의에 대해서 제동을 걸고 있으며 그리스도의 두 번째 강림을 기다리도록 그들을 초대하고 있다. 바꿔 말하자면 바울의 그리스도론은 이중적인 초점을 가지고 있다. 그것은 십자가의 죽음과 부활의 다시 오심이다.

3. 십자가에 달리신 그리스도

우리는 바울의 소명/회심을 언급하고 있는 본문을 살펴보면서 바울과 그리스도의 만남이 바울 자신과 하나님의 백성에 관한 새로운 이해를 초래했다는 것을 알게 되었다. 우리는 이것을 조금 더 다루어 볼 필요가 있다. 왜냐하면 바울은 변화된 모습이 그의 독자적인 경험, 단지 그의 개인적인 변화의 특징, 특히 사도가 되는 것에 어울리는 어떤 것이었다고 생각하지 않기 때문이다. 사실상 바울의 모든 편지는 교회들에게 써서 보낸 목회적인 문서들로 이해될 수 있다. 그렇게 써 보낸 목적은 예수 그리스도에 의해서 야기되었던 새로운 관점을 채택하도록 그들을 설득하기 위한 것이었다. 그것은 급진적인 관점으로 밝혀졌다.

이것이 고린도의 편지왕래에서처럼 그렇게 분명해지는 다른 곳은 없다. 고린도전서 시작의 한 구문은 면밀한 검토를 하도록 정당화해준다. (고전 1:18-2:5) 바울은 고린도 교회 구성원들의 개인적인 방문과 편지를 받은 대화로부터 교회생활을 방해했던 많은 문제에 관해서 알게 되었다. 하나의 문제는 교회의 분열과 관계되어 있다. 분열에 관해서 들은 바울의 반응은 흥미 있는 전략들과 연결되어 있다. 그는 싸움에서 스스로 편을 들지 않았고 파당들이 주장하고 있었던 입장들을 평가하지도 않는다. 오히려 그는 전체 공동체를 분열의 실재에 직면하도록 만든다. 확실히 그는 최종적으로 독자들과 관련된 자기 자신의 역할 요구에 관심을 가지고 있지만(4:14-21), 그러나 그것은 오직 십자가의 교훈에 관한 폭넓은 진술을 하며(1:18-2:5), 하나님이 어떻게 그리고 어떤 수단으로 하나님의 백성들에게 참되게 알려지는지를 분명히 하고(2:6-16), 이 모든 것을 자신과 아볼로에게 적용하는 것은 그다음이다.(3:1-4:13)

왜 바울은 분열의 특별한 차원을 좀 더 정확하게 분석하지 않는가? 아니면 왜 바울은 그 갈등을 어떻게 다룰 수 있는지에 관해서 공동체에게 구체적인 제안을 하지 않는 것인가? 그는 단지 파벌주의를 땜질하는 것으로는 거의 아무것도 이루어 낼 수 없다는 것을 알고 있었다. 공동체가 필요로 했던 것은 공동체의 비전에 대한 중요한 재정립이었다. 그것은 하나님과 공동체의 삶을 함께 보는 다른 방법이 와야만 한다는 것이었다. 그 방법은 단지 일치만 중시하는 것이 아니라 실제적으로 일치를 가능하게 하는 것을 말한다. 달리 말하자면, 지도자들에 관한 언쟁은 계속될 것이라는 입장이다.(3:1-4, 18-23, 4:6-7)

이렇게 하나님을 보는 다른 방법을 '십자가의 교훈'이라고 말한다.(1:1) 유대인들이 표적을 구하는 것과 그리스인들이 지혜를 요구하는 것같이 하나님을 알고자 하는 인간적인 방법들은 간단히 말해서 성공을 거두지 못하였다. 바울에게 문제는 하나님을 알려는 세상의 기준이 부적절한 것으로 증명되었고 아이러니하게 알지 못한다는 결과로 나타났다. 인간지혜의 최고는 막다른 골목에서 끝나고 말았다. 그 대신 바울은 십자가에 달리신 그리스도를 제안한다. 하나님을 알고자 그들이 사용하는 범주에 의하면 그분은 유대인들에게 장애물로 보이고 그리스인들에게는 순진한 어리석음으로 보인다. 그러나 그분은 (유대인들과 그리스도인들 양쪽을 포함한) 믿는 사람들에게 "하나님의 능력이고 하나님의 지혜"이다.(1:24)

오로지 우리만 바울의 주장을 인정한다. 우리가 '십자가에 달리신 그리스도'가 편지의 초기 독자들에게 충격적이고 터무니없는 말로 여겨졌어야만 했다는 사실이 실현될 경우에만 바울의 주장을 인정한다. 그들에게서 참 메시아('그리스도')는 단순하게 말해서 십자가의 부끄러운 죽음을 죽지 않을 수 있었다. 메시아와 십자가 처형에 관한 언급들은 모순이 된다. 그것들은 하나님의 실재를 이해하기 위한 설득력 있는 '논리'를 거의 주장하지 못하였다. 바울이 인식하고 있는 것처럼 아직도 그것들은 자기계시에 관해서 하나님이 선택한 방법이다. 십자가에 달린 그리스도 안에서 하나님의 의도와 목적이 가장 독특하게 알려진다.

바울의 수사학적인 전략 하나는 그의 고린도 독자들을 그들 자신의 경험에 관해서 곰곰이 생각하도록 초대하는 것이다.(1:26-31) 그들 중에 많은 사람은 평범한 배경을 가졌던, 즉 거의 힘이 없거나 권력에 가까이 갈 수 없는 사람들이었다. 사람들은 고린도에 있는 그들을 아직도 하나님의 사람들로 부르고 있었다. 다른 신입회원을 모으는 사람과 다르게 하나님은 하나님의 과업을 수행하는 가장 영리한 최고의 사람들만 찾지 않으셨다. 십자가에 달리신 그리스도의 렌즈를 통해서 하나님을 보는 것은 하나님이 지혜로운 사람을 당황하게 하기 위하여 어리석은 자를 선택하셨고, 강한 자를 부끄럽게 하시려고 약한 자를 선택하셨으며, 권세 있는 자를 낮추시려고 낮고 천대받는 사람을 선택하셨다는 것이다.

바울이 행하고 있는 조치는 고린도에서 그의 독자들 가운데서 좀 더 이전에 행했던 그의 설교를 기억하게 하는 것이다.(2:1-5) "나는 여러분 가운데서 예수 그리스도 곧 십자가에 달리신 그분밖에는, 아무것도 알지 않기로 작정하였습니다."(2:2) '안다'는 부정사(infinitive)의 선택은 흥미로운 것이다. 왜 '설교하다' 혹은 '선언하다' 아니면 '알리다' 같은 부정사를 선택하지 않았을까? 이것들 중에 어떤 것은 '알다'보다 더 부드럽게 읽을 수 있었을 것이다. '알다'가 좀 더 특별하게 기초적인 주제를 강조하는 것을 제외하고는 하나님의 실재성은 오로지 십자가의 교훈 안에서만 이해된다.

인식론은 무엇인가가 어떻게 알려지는지에 관한 연구를 설명하기 위하여 철학자들이 사용하는 전문 용어이다. 그것이 심각하게 관련되어 있는 곳에서는 심원한 주제가 될 수 있고 종종 되게 한다. 그러나 이것이 바울의 손에서는 그렇지 않다. 예를 들어서 몇몇 사람은 하나님에 관한 지식이 추정에 의한 방법을 사용하는 것으로부터 유래하는 것이라고 주장한다. 알프스에서 눈 덮인 꼭대기를 관찰하는 사람이나 혹은 금문교 뒤에서 일몰의 숨 막히는 장면을 응시하는 사람은 그러한 아름다움, 상태, 질서 배후에 '하나님'으로 부를 수 있는 신적인 존재가 있어야 한다고 결론을 내린다. 그러한 결론은 하나님이 창조의 작업들로부터 알려질 수 있다는 것과 어떤 논리적인 추론에 예민한 사람은 결과로부터 원인으로 움직일 수 있다. 바울은 이렇게 아는 방법이 이론적으로 가능성이라는 사실을 인정하지만, 그러나 인간의 왜곡하는 경향 때문에 그것이 결코 해결되지 않는다는 사실도 인정한다.(롬 1:18-32) 변함없이 추정을 하는 사람은 정해진 관심을 가지고 있고, 그 정해진 관심은 모험을 왜곡하고 잘못된 신을 숭배하도록 이끌어간다.

바울은 다른 인식론을 주장한다. 하나는 그것을 통해서 하나님의 성격이 가장 분명하게 계시되는 사건이 되는 예수의 십자가 죽음을 붙잡는 것이다. 그것은 틀림없이 하나님이 하나님이어야 하기 위해서 아니면 하나님이 되도록 하기 위하여 무엇을 해야 한다고 하는 것에 대한 모든 인간의 판단을 거부하지만, 그러나 바울은 그때 "하나님의 어리석음이 인간의 지혜보다 더 지혜롭나"고 소통하는 것처럼 바라보고 있다.(고전 1:25) 아이러니하게 비꼬는 말은 쓸모없는 활동으로서 학문을 '내려놓음'이나 탁월함의 자리를 무시함에 대한 칭찬을 의미하는 것이 아니다. 그것은 옛날의 예언자적인 말씀을 생각나게 하는 것이다. "나의 생각은 너희의 생각과 다르며, 너희의 길은 나의 길과 다르다. **주님**께서 하신 말씀이다. 하늘이 땅보다 높듯이, 나의 길은 너희의 길보다 높으며, 나의 생각은 너희의 생각보다 높다."(사 58:8-9)

이것은 그 본문이 '그리스도는 아는 것'의 구절에 의해서 단지 예수의 십자가 죽음에 관한 정보를 소유한 것보다 더 많은 것을 포함하고 있음을 인식하게 한다는 것이 중요하다. "하나님께서는 어리석게 들리는 설교를 통하여 **믿는 사람들을** 구원하시려고 결심하셨습니다."(고전 1:21) 믿는 것은 거부하지 않고 합리성을 넘어서거나 혹은 단순히 데이터를 얻는 것을 넘어서서 안다는 형식을 나타내는 바울의 용어이다. 그것은 신앙의 어떤 도약, 자신의 약속, 의지의 결정을 수반한다. 하나의 관계가 그리스도와 개인 사이에서 세워진다.

많은 방법 가운데 그 경험은 타인과의 관계 발전과 유사하다. "나는 제인을 안다"고 말하는 것은 그녀의 가족사 혹은 그녀의 신체적이고 정신적인 상태('에 관해서 아는 것')에 관해서 상세한 것은 알고 있는 것 이상을 포함한다. 이것은 내가 그녀의 가족관계 혹은 그녀의 정신적인 상태에 관해서 가지고 있는 새롭고 좀 더 깊은 정보에 대한 통찰을 제공해주는 그녀와의 개인적인 연결을 포함한다.[15]

바울은 그리스도와 그의 관계라는 관점에서 그것을 이러한 방식으로 설명한다. "내가 바라는 것은, 그리스도를 알고, 그분의 부활의 능력을 깨닫고, 그분의 고난에 동참하여, 그분의 죽으심을 본받는 것입니다. 그리하여 나는 어떻게 해서든지, 죽은 사람들 가운데서 살아나는 부활에 이르고 싶습니다."(빌 3:10-11) 그리스도를 아는 것은 그의 운명에 깊이 연결됨을 수반한다. 그 운명은 죽은 자들로부터 그의 부활을 입증하는 것과 그의 고난과 죽음이라는 치욕 두 가지를 말한다.

우리는 고린도전서 1장을 벗어나기 전에 두 가지 관찰을 순서대로 해보아야 한다. 첫째, 그 본문이 반복적으로 그리스도의 죽음('십자가', '십자가에 못 박힘')에 관해서 말하는 반면에 죄를 저지른 것에 관한 속죄에

---

15) 더글라스 존 홀(Douglas John Hall)의 인식론에 관한 논의를 참조하라. Douglas John Hall, *Thinking the Faith: Christian Theology in a North American Context*(Minneapolis: Augsburg, 1989), 369-388. 홀(Hall)은 종교적인 믿음에 대해서 적용하는 앎에 관한 세 가지 유형들을 설명한다. 그것들은 아는 것(knowledge), 인정하는 것(acknowledgment), 신뢰하는 것(trust)이다.

관해서는 아무런 언급이 없다. 속죄라는 주제는 다른 신약성서의 문헌을 읽을 때 기대하게 되는 어떤 것 중에 하나다. 그 대신에 '그리스도가 십자가에 못 박혔다'는 것은 하나님의 능력과 지혜를 아는 열쇠가 된다. 이것은 바울서신의 독특한 주제이다.

둘째 관찰은 바울이 오로지 이 구절에서는 십자가의 죽음에 관해서만 쓰고 있으며("나는 여러분 가운데서 예수 그리스도 곧 십자가에 달리신 그분밖에는, 아무것도 알지 않기로 작정하였습니다", 2:2), 부활―다시 오심에 대한 어떤 언급도 생략하고 있다는 것이다. 한쪽에 대한 강조는 공격을 하는 것일 뿐만 아니라 십자가가 바울 독자들과의 대화에서 그것 자체의 신학적인 첨예함을 가질 수 있다는 것을 가리킨다. 특별하게 부활을 언급하지 않지만 그것은 사람이 어떻게 진실하게 하나님을 알 수 있는가 하는 주제를 설명한다.

게다가 단순한 강조점은 바울에게서 십자가는 승리에 도취한 부활의 여정에서 좀 더 단순한 단계로 좌천되는 것이 아니라는 것을 기억하게 하는 것이다. 성금요일은 단순하게 부활절이 그 문제를 위해서 해결책을 제공해 주는 그 문제가 아니다. 1:23과 2:2의 '십자가에 못 박혔다'는 분사가 그리스어로는 현재완료로 나타난다. 이것은 과거에 일어난 것이 지금도 지속적인 효과를 가지고 있는 행위를 지적하는 것이다.[16] 확실히 바울이 고린도에서 설교한 그리스도는 죽음으로부터 부활하였지만, 그러나 그 부활은 마치 예수가 더 크고 더 좋은 것들로 나아가기 위해 극복했던 단지 하나의 장애물인 것처럼 지워버리지 않는다. 그는 부활한 분이지만 십자가에 못 박히신 그리스도로 남아 있다. 우리가 나중에 발견하게 될 것처럼 십자가의 교훈은 규범과 교회생활의 기준 그 이상의 역할을 가지고 있다.

---

16) "십자가에 못 박는다" 동사의 현재완료 수동태형은 다른 바울서신의 핵심 본문들 가운데서 등장한다. 그것은 갈 2:19, 3:1, 6:14 본문들이다.

4. 예수 여정의 형성

우리는 예수의 죽음-부활-다시 오심에 관해서 집중하고 있는 구절들을 검토하였지만, 그러나 우리는 끝내기 전에 이 구절들이 제안하는 것보다 바울의 그리스도론에 더 많은 것이 있다는 것을 인식할 필요가 있다. 이 구절들은 토론의 문제가 확대된 적이 결코 없었던 반면에, 언급된 것들은 또한 그리스도의 선재와 성육신을 위해서 만들어진 것이다. 우리가 주목했던 것처럼, 그리스도론 자체(예를 들어 그리스도의 '본성', 그의 선재, 성육신)는 편지들 안에서 논쟁이 되는 주제가 결코 아니다. 그러므로 그 언급들은 그것들이 실제적으로 아주 별개의 것에 관한 것이라는 주장을 표현한 것으로부터 온 것이거나 아니면 바울이 그 이전의 그리스도인들로부터 계승한 신학적인 전통의 일부로서 온 것으로 그의 독자들과 공유했던 것이다.

예를 들어서 갈라디아서 4:4-5를 다음과 같이 읽어보게 된다. "그러나 기한이 찼을 때에, 하나님께서는 자기 아들을 보내셔서, 여자에게서 나게 하시고, 또한 율법 아래에 놓이게 하셨습니다. 그것은 율법 아래에 있는 사람들을 속량하시고, 우리로 하여금 자녀(입양)의 자격을 얻게 하시려는 것이었습니다."[17]

그러나 선재한 그리스도에 관해서 말하는 것이 무슨 의미가 실제적으로 나타나고 있는가? 에두아르트 슈바이처(Eduard Schweizer)는 그런 묘사를 지나치게 문자적으로 취하는 것을 반대하면서 경고한다. 하나님은 "어떤 아버지가 담배를 사오도록 길 아래로 그의 아들을 보내는 것처럼 하늘로부터 땅으로" 그의 아들을 보내고 있는 것이 아니다.[18] 바울은 "성

17) 롬 8:3-4; 고후 8:9를 참조하라.

18) Eduard Schweizer, "What Do We Really Mean When We Say 'God sent his son'⋯?," in *Faith and History: Essays in Honor of Paul W. Meyer*, ed. John T.

육신 전에 선재하였던 그리스도는 무엇을 하고 있었습니까?" 하고 그 질문을 이해하지 못했던 것 같은 질문을 받았던 것일까? 그는 확실히 그리스도의 형이상학적인 본성에 관한 진술을 만들고 있었던 것은 아니다. 의심할 바 없이 선재했던 지혜(소피아)는 헬레니즘 유대교 문헌들 안에서 발견된다. 그 지혜는 선재했던 아들에 관해서 말하기 위한 그의 본보기 역할을 하였다.(잠 8:22, 27-30; 지혜서 7:25-26, 9:1, 9; 시락서 1:4, 24:9를 참조하라.)

어쨌든 갈라디아서 4:4의 의도는 예수가 태어나기 전에 살았던 방식에 관한 정보를 제공하려는 것이 아니다. 오히려 그것은 예수의 죽음에서 계시된 무엇인가가 창조 이전에 하나님의 생명 안에 '선재했다'는 사실을 주장한다는 의미이다. 그것은 하나님의 결심에 관한 이야기를 예수 안에서 인간들을 위한 계획들과 목적들이라는 것을 세상에 알리는 것과 연결된다. 그 계획과 목적들은 태초부터 있었던 것들이다. 좀 더 관련이 있는 것은 빌립보서 2:6-11의 찬송가다.[19] 그 문맥(1:27-2:18)이 지시하는 것은 그 찬송가가 독자들로 하여금 겸손한 삶과 상호 존중을 하도록 촉구하는 구체적 증거의 역할을 하고 있다는 것이다. 그러나 그것은 그렇게 하면서도 우리에게 '그 아들이 가는 길의 여정'[20]을 제공해준다. 그것은 '하나님의 모습'으로 존재하지만 '부당하게 사용되어야 하는 어떤 것으로 하나님과 동등한 것'으로 생각하지 않았던 어떤 사람과 더불어 시작된다.(2:6) 이 구절들이 학자들에 의해서 격렬하게 논쟁이 되고 있고 확실히 그리스도의 '본성'에 관한 교리적인 주장이 아닌 반면, 그것들은 적어도 하나님의 위엄과 영광을 나누고 있는 그의 성육신 이전의 **신분**에 관해 무엇인가를 이야기한다. 그때 이 찬송가는 신분의 변화를 선언한다. 그리스도는 그 위치에서 그의 높임을 받았던 신분을 포기하며 '종의 모습'을 가진다. 그

Carroll, et al.(Atlanta: Scholars Press, 1990), 298-312.

19) 제3장에서 다룬 이 찬송가에 관한 논의를 참조하라.

20) Leander E. Keck, *Paul and His Letters*(Philadelphia: Fortress, 1979), 45.

는 인간의 영역에 자리를 잡게 되었고, 그는 그의 복종 때문에 십자가 위에서 죽음이라는 최고의 모욕이 되었던 고난을 겪는다.(2:7-8) 그러나 그때 운명의 반전이 일어난다. 그 반전 속에서 하나님은 치욕을 당한 그 사람의 명예를 회복시켜 주시고 그를 최고 신분의 자리에 높이신다. 그 종이 모든 사람에게 '주님'으로 칭송을 받는다.(2:9-11)[21] 이 구절들 안에 등장하기 시작하는 것은 그리스도의 운명에 관한 좀 더 복잡한 이야기이다. 그것은 성육신 이전의 신분에서 성육신과 고난을 통하여 (여기서는 예수의 부활이나 혹은 그의 다시 오심에 관한 언급이 없음에도 불구하고) 최후의 높임에 이르는 것이다.[22] 그리고 아직도 어떤 의미에서 그 배후에 서 있는 하나의 이야기는 분명히 바울의 독자들에게 분석이나 논쟁을 요구하는 일 없이 받아들여졌다. 그러나 그 이야기는 윤리적이거나 공통의 주제들에 관해서 호소하는 데 유용했다. 그것은 (십자가 처형과 부활-다시 오심에 관한 좀 더 제한적인 의미에서) '그리스도 사건'이다. 그 사건은 바울이 그의 청중들과 함께 만들고 있는 신학적인 경우를 위한 정당한 근거로서 자주 더 많은 역할을 하였다.

21) Stephen E. Fowl, *The Story of Christ in the Ethics of Paul: An Analysis of the Function of the Hymnic Material in the Pauline Corpus*(Sheffield: JSOT, 1990), 49-101.

22) 하나님이 백성들을 위하여 중보하며 모든 적대세력을 파괴하는 능동적인 권세로서 그리스도의 현재 지위를 설명하는 다룬 본문들을 보라. 그런 본문들은 예를 들어 롬 8:34; 고전 15:24-25.

제7장

하나님의 인격

바울은 유대인이었고 바리새인 전통에서 훈련을 받았던 율법을 연구하는 학생이었고 아브라함의 하나님을 예배하는 독실한 사람이었다. 그의 소명/회심은 오늘날 감리교도로 있던 사람이 무슬림으로 개종하는 것처럼 종교를 바꾸는 문제가 아니었다. 바울은 아브라함의 하나님을 섬기는 일을 계속하고 있었고 계속해서 자신을 유대인으로 생각하고 있었다. 그리고 아직도 그의 소명/회심은 아브라함의 하나님에 관한 이해가 달라진 것을 의미하였다. 우리가 방금 앞의 장에서 보았던 것처럼 그는 하나님의 지혜와 능력을 낯선 방식들로 생각하기에 이르렀다. 그 방식들이 그의 동료 유대인들에게는 수치스럽고 나약해 보이는 것이었다. 하나님은 '십자가에 달리신' 그리스도 안에서 계시되었고, 이것은 바울에게 하나님의 모습에 대한 새로운 입장을 가지게 했다.

게다가 하나님이 율법을 준수하는 사람들뿐만 아니라 이교도 이방인들까지도 구원하시기 위하여 '십자가에 달리신 그리스도' 안에서 행동하셨다는 이해는 바울에게 신학적인 어떤 날카로운 질문들을 제기하게 했다. 하나님이 특별한 방식으로 유대인들을 하나님 은혜의 수혜자가 되도록 특별한 공동체로 선택하셨다면, 이방인들을 포함시키는 것이 하나님의 성격에 관해서 무엇을 암시하고 있는 것일까? 하나님이 다른 방향으로 가기로 결정하신 것인가? 이스라엘에 대해서 항상 미소 짓고 계신 하나님이 지금은 웃음을 화가 나서 으르렁거리는 것으로 바꾸신 것인가? 만약에 그렇다면, 어떤 사람이 다른 약속을 지키고 계시는 하나님을 실제로 의지할 수 있을까? 더욱이 하나님이 죄 많은 사람들을 구원하시는 것에 그렇게 관대하시다면 어떤 사람은 하나님이 참으로 도덕적이라는 사실을 추론하지 못할 것이다. 그 사실은 선한 행위와 악한 행위가 참된 결과가 아닐 수 있다는 것이다. 그것들은 의심할 바 없이 바울의 생각에서도 나타났다. 그것들은 아마도 다른 초대 그리스도인들의 마음에서도 나타났을 것이고, 그들 중 몇 사람은 무모한 무법상태를 옹호하는 데 빠져 있었다.(롬 3:8) 그것들은 답변을 요구하는 문제들이었다.

바울과 그의 교회들이 관심을 가졌던 하나님에 관한 문제들은 어느 정도 놀라운 것이었을 것이다. 그것들은 하나님이 존재하시는가 아닌가도 아니고, 하나님이 인간 역사의 어떤 사건들로부터 떠나 계신 것은 아닌가, 혹은 오늘날 때때로 우리를 당혹스럽게 하는 문제인 하나님 역시 다른 종교의 하나님이신가? 하는 문제가 아니었다. 바울은 유대교의 유일신론(monotheism)으로 양육을 받았고, 바울과 그의 독자들은 하나님과 하나님의 현존에 관해서 많은 생각을 하고 있었다. 그러나 그리스도 사건은 하나님의 성격에 관한 문제들을 일으켰다. 그것은 하나님이 믿을 수 있는 한 분이신가 아니면 그렇지 않은가 하는 것이었다.

이 장에서 우리는 바울이 하나님에 관한 이해를 다시 생각한 다른 것을 살펴볼 것이다. 그것은 그리스도 사건이 어떤 차이를 만들어 냈는가 하는 것이다.('사랑의 하나님') 그리고 우리는 복잡한 문제들을 해결하려는 그의 노력들을 살펴볼 것이다. 그 문제들은 그가 하나님의 은혜에 관한 포용적인 범위를 주장하게 됨으로써 제기되었다.('하나님의 의'와 '하나님의 신실성' 그리고 '이스라엘의 운명')

1. 하나님의 사랑

바울 사도는 그의 가장 어린 시절부터 하나님이 사랑의 신으로 존재한다고 알았을 것이다. 유대교 문학에서 나오는 수많은 이야기는 하나님이 이스라엘을 사랑으로 선택하시는 분으로 알고 있었고(예를 들어 신 7:7-8) 변덕스러운 자녀들에 대해서 노여움을 거두어들이는 관대하고 인내심이 많으신 부모님으로도 알고 있었다.(예를 들어 호 11:1-9) 바울은 이러한 이야기들에 대해서 익숙해 있었을 것이다. (어떤 사람들이 그러는 것처럼) 바울이 그의 소명/회심 이전에 인간이 어떻게 행동하였는지에 따라서 그것을 세심하게 계산하여 보상과 벌을 내리시는 엄격한 모습(일명 셜록 홈즈 같은 하나님의 모습)으로 존재하는 하나님을 받아들이고 있었다고 생각할 이유는 없다. 그러나 그는 그의 소명/회심 때 하나님이 참으로 관대하며 사랑이라는 것을 발견하였다. 심지어 그리스도 사건 이전에 하나님이 사랑의 하나님이었다 하더라도 바울신학에서 그 사실은 분명하다. 그리고 여전히 그리스도 사건은 한 가지 다른 점을 만들어 내고 있다. 하나님의 사랑은 새로운 정의를 얻고 있다. 그것은 아주 믿기 어려울 정도로 급진적인 것으로 밝혀지고 있다. 정확히 말해서 그 이유는 그 사랑을 받는 사람들이 분명히 그만한 가치가 없기 때문이다. 하나님(혹은 그리스도 혹은 성령)을 주어로 가지고 있는 '사랑' 용법이 편지들 안에서 빈약하게 나오지만, 그 어구가 나타나는 구절들은 중요하다.[1)]

로마서 5:6-8을 다루어 보면 다음과 같다. 이 절들은 편지가 다음으로 넘어가는 부분에서 나오는 것들이다.(5:1-11) 그 절들 안에서 앞서 있었던 주장의 결과들이 요약되어 있다.("그러므로 … 우리는 평화를 누리고 있습니다.") 그리고 주제들이 소개되고 있는데, 그것들은 이어지는 장

1) 갈 2:20; 고후 5:14, 9:7, 13:11, 13; 롬 5:5, 6-8, 8:35, 39, 15:30.

들 안에서 발전되어야 하는 것들이다. 이 단락의 분위기는 매우 긍정적이다.[2] 그리고 아직은 그 주제가 고난 당하는 것과 관련이 있고, 어떤 것은 그 반대에 직면하여 어떻게 희망을 계속해 이어나갈 수 있는가 하는 것이다. 5:5 안에서 사랑은 편지 안에서 처음으로 나타나고 있으며,[3] 6-8절에서는 하나님 사랑의 깊이에 관한 특별한 확신에 이르게 된다. 이어서 그 사랑은 희망을 위한 토대를 제공해 준다. 하나님의 사랑 때문에 희망이 결코 보장이 안 되거나 사랑을 받는 데 실망한 사람들을 버려두는 것도 아니다.

"우리가 아직 약할 때에, 그리스도께서는 제 때에, 경건하지 않은 사람을 위하여 죽으셨습니다."(5:6) '제 때에'라는 어구의 번역은 (그리스도의 죽음이 하나님의 계획과 목적을 완성했다는) 중요한 무엇을 강조하고 있지만, 그러나 또한 불분명한 어떤 중요한 것도 강조하고 있는 것이다. 즉, 어떤 의미에서 그 죽음은 가장 **부적당한** 순간에 일어났다. 그것은 자격 없는 사람이 완전히 무력해져 있을 때, 즉 모두가 그들 자신의 상황에 관해서 어떤 것도 할 수 없을 때 일어났다.[4] 오직 하나님만 스스로 돕는 그들을 도우신다는 언급은 배제되어 있다. 그것은 그들이 비록 죄가 많이 있다 할지라도 죄 많은 사람들을 위한 하나님의 열정적인 관심이다. 그것은 하나님의 사랑을 인간 상상력의 한계들을 넘어서는 엄청난 것으로 만든다.

바울은 7절에서 그리스도의 죽음에 대한 유비를 끌어오려는 어떤 설부른 노력을 한 다음 그의 말로 그리스도교의 교훈을 요약한다. "그러나

2) 처음과 마지막 두 문장 안에 있는 "자랑하다" 동사를 참조하라(5:2, 11).

3) 하나님의 사랑, 그리스도의 사랑, 성령의 사랑 모두는 편지들 안에서 발견할 수 있는 표현들이다. 각 표현들은 특별한 구절들 안에서 수사학적인 강조를 한다. 이것들은 바울의 삼위일체에 관한 이해에 몇 가지 이해들을 남겨준다.

4) 케제만(Käsemann)이 이 요점을 설득력 있게 주장했다. Ernst Käsemann, *Commentary on Romans*(Grand Rapids: Eerdmans, 1980), 137.

우리가 아직 죄인이었을 때에, 그리스도께서 우리를 위하여 죽으셨습니다. 이리하여 하나님께서는 우리에 대한 자기의 사랑을 실증하셨습니다[증명하셨습니다, 맡기셨습니다]."(5:8) 어떤 사람이 하나님의 사랑이라는 것이 하나님이 무엇을 하는 것으로 증명될 것이라는 사실을 기대하는 것은 약간 이상한 것이다.(요 3:16처럼) 하지만 그리스도의 죽음은 하나님 사랑을 표현하는 것이 된다.

이것은 하나님이 십자가 처형에서 공평한 법집행관이었다는 것이 아니다. 사실상 하나님은 모든 중요한 드라마 뒤에서 숨어 계시는 모습으로 존재하신다. 바울에게는 역사적인 범죄자를 찾아내거나 비난해야 할 이유가 없다. 그리고 그에게는 예수가 자신의 행위로 단순하게 자기 자신을 구석진 곳에 그려 넣었다고 생각할 이유가 없으며, 그 모든 것을 거대한 드라마로 만들면서 그의 대적자들에게 다른 대안을 남기지 않고 그를 죽일 이유가 없다. 결국 그 사건은 하나님 사랑에 관한 새롭고 박진감 있는 정의를 제공하고 있다.

2. 하나님의 의

그러나 하나님에 관한 질문이 제기되는 것을 피할 수 없다. 하나님은 약한 자들과 믿음이 없는 죄인들을 바울이 선언하는 방식으로 사랑하신다. 그것은 특히 아브라함과 사라의 하나님과의 계약관계 밖에 서 있는 비유대인들을 포함시킬 때이다. 우리가 이 질문들을 직면하기 시작할 때, '하나님의 의'가 나오는 문구에 관한 어느 정도의 명확성을 얻어야 할 필요가 있다. 그것은 로마서 안에서 비판적인 연결부에서 나타나며,[5] 최근

5) 다음의 예를 참조하라. 롬 1:17, 3:5, 21-26, 10:3. 이 구절은 좀 더 큰 중요성을 가진다. 왜냐하면 그리스어에서 "의"라는 명사와 "의롭게 하다"는 같은 어근에서 나온다.

의 논의에서 많은 논쟁의 주제가 되어왔다. 그것은 무엇을 의미하는가? 그것은 영어로 단순하게 간단한 같은 의미를 전달하지 못하는 어떤 미묘한 의미를 전달하고 있는 것인가?

이 표현은 두 개가 상호 관련된 불확실성으로 유명하다. 첫째, "하나님"이 어떤 방식으로 "의"와 관계가 있는 것인가? 그것은 하나님 자신의 의, 하나님의 특성이나 혹은 속성인가? 아니면 그 의는 인간에 대해서 생각하는 상태나 혹은 특성인가? 무엇이 하나님에 의해서 인정을 받고 받아들여지는 것인가? 아니면 그것은 하나님의 피조물을 향한 선물로서 하나님으로부터 오는 의인가?

우리는 논쟁들을 추적하므로 이 문제를 해결할 수 있다. 그것은 루돌프 불트만과 그의 제자였던 에른스트 케제만 간에 '하나님의 의'에 관해서 논쟁한 것이다. '의'는 법정에서 유래하는 언어이고, 그 의는 ("테레사 수녀는 의인이다"처럼) 도덕적인 본질의 속성을 나타내는 것이 아니라고 불트만은 주장하였다. 그 대신에 그것은 피고가 법정에서 판사로부터 받게 되는 유리한 결정이다. 바울의 본문이 하나님의 의가 '계시되고 있는' 것에 관해서 말할 때, 그것은 (판사로서) 하나님이 (피고인) 신자들에 대해서 선언하는 긍정적인 판결을 설명해준다. 본질적으로 이것은 피고인들의 죄가 용서되었다는 것을 의미한다. 그러므로 불트만에게서 하나님의 의는 하나님으로부터 온다는 의미를 나타내며, 그것은 신자들에게 주어지고 그것은 하나님과 그들의 관계를 위한 기초로서 역할을 한다.[6]

다른 한편 케제만은 그 표현이 유대교의 묵시적인 문헌으로부터 유래하며 주로 사법상이나 법정 개념이 아니라고 주장한다. 그것은 인간중심

---

6) Rudolf Bultmann, *Theology of the New Testament*(London: SCM, 1952), 1:274-278. 이 구절에 대한 논쟁에 대한 조사는 다음을 참조하라. Manfred T. Brauch, "Perspectives on 'God's Righteousness' in Recent German Discussion," in E. P. Sanders, *Paul and Palestinian Judaism: A Comparison of Patterns of Religion*(London: SCM, 1977), 523-542.

적인 것(신자의 소유)보다 훨씬 더 신중심적(하나님의 성격)이다. 그리고 예수 안에서 그것의 관계는 새로운 시대를 시작하는 우주적인 사건을 나타낸다. 그것은 (그리스의 신처럼) 정적인 속성이 아니라 하나님의 활동이라는 용어로 이해되는 하나님의 특성과 관계가 있다. 그것은 세상에서 일하고 있는 하나님의 구원-창조 능력이다.

케제만은 불트만에 반대해서 의가 신중심적인 특성이라는 것을 주장한다. 반면에 그것이 하나님의 선물이라는 것을 유지하면서 그것이 주는 존재로부터 결코 분리되지 않는 하나님의 선물이다. 하나님의 의는 "바울에게서 예수 안에서 종말론적으로 세상에 대한 하나님의 주권 자체를 계시하는 것이다. 그리고 … 우리는 또한 그것이 하나님이 세상 안에서 그의 승리의 원인을 만들어 주는 것과 함께 합법적인 능력을 가지고 있는 것이라고 말할 수도 있다. 세상은 그분으로부터 멀리 떨어져 있고 아직도 창조로서 그의 신성한 소유물이다."[7)]

로마서 안에서 진행되는 주장의 노선은 불트만보다는 케제만을 지지하는 것으로 보인다. 우리가 아래에서 제안할 것처럼 이 편지가 말하는 지속적인 문제는 하나님의 특성을 다루는 것이지 인간이 어떻게 구원을 받는가 하는 것이 아니다.

바울은 로마서 안에서 하나님의 의가 무엇을 나타내는 것인가에 관한 상세한 설명 자체를 제공하지 않는다. 그가 의도했던 독자들은 이미 그 표현에 익숙해 있었을 가능성이 있다. 이것은 '하나님의 의'의 어구가 그것과 더불어 지니고 있는 두 번째 불확실성을 내놓는다. 히브리 성서와 (묵시문헌을 넘어) 칠십인역으로부터 '의'(와 특별히 하나님의 의)에 관해서 무엇을 배울 수 있는가? 여기서는 이 용어가 자주 시편과 이사야 안에서 약속으로 세워진 의무의 구조에 대한 충성을 지키는 것을 나타내는 사실

7) Ernst Käsemann, "'The Righteousness of God' in Paul," in *New Testament Questions for Today*(Philadelphia: Fortress, 1969), 180.

을 언급하는 것으로 충분하다. 의를 증명한다는 것은 약속 공동체에 대해 충성한다는 것을 의미하며, 특화된 규범으로부터 벗어나지 않는 것을 의미한다.

이것 역시 하나님에게는 사실이다. 그의 의는 계약으로 만들어진 약속에 대해서 충성을 지키는 것에 대한 증거이다. 약속들은 하나님의 백성들을 위한 구원의 약속을 포함한다. 반복하자면 새개정표준판(NRSV)은 '해방'으로서의 '의'(*sedaqa*)를 나타내는 히브리어를 언급하면서 하나님의 의와 하나님의 구원 활동 사이에 존재하는 밀접한 연결을 반영하고 있다.(사 46:13, 51:6, 8) 한 학자가 말한 것처럼 구약성서 안에서 하나님의 의는 "신적 존재의 특성을 가리킨다. 그것은 그의 피조물들을 돕거나 구원하는 하나님의 준비됨에 관해서 일부를 말하는 것이다. 그것은 하나님이 뜻하는 것과 행하는 것에 따른 하나님의 본성이라는 측면을 나타낸다. 그 행위는 자신의 의지에 순종하는 사람들과의 관계라는 맥락에서 옳고 적합한 것이다."[8)]

편지 안에서 그것의 시작 장소는 로마서 3장이다. 거기에서는 하나님의 진실성에 관한 문제가 날카롭게 나타나며 거기서는 '하나님의 의'라는 어구가 여러 번 나타난다. 앞의 부분(1:18-2:29)에서 율법 밖에 있는 사람들(이방인들)이 율법 안에 있는 사람들(유대인들)과 마찬가지로 하나님의 관점에서는 똑같이 용서받을 수 없다는 요점이 만들어졌다. 그러나 만약에 유대인들이 비유대인들처럼 유죄인 경우 그리고 만약에 그들이 비유대인들이 하는 것과 마찬가지로 하나님이 진노를 경험한다면, 이스라엘의 선택된 백성으로 존재하는 것에 무슨 유리한 점이 있는 것인가? 아마도 유대인들에게 호의적인 지위를 허락하셨고 동시에 그들을 율법을 준수하지 않는 이방인들과 동등한 자리에 세우시는 하나님에 관해서 무엇

8) Sam K. Williams, "'The Righteousness of God' in Romans," *JBL* 99(1980): 262. 다음의 것도 참조하라. Richard B. Hays, "Justification," *ABD* 3:1129-1155.

을 말해야 하는가?[9)]

이러한 불균형은 계속해서 두 가지 질문을 더하게 한다. 첫째, 과거에 유대인들에게 특별한 약속이 반복적으로 만들어졌던 것이 지금은 무효가 된 것인가? 하나님은 A계획 속에서 유대인들의 유리한 역할을 대체하는 B계획을 제안하신 것인가? 하나님은 믿을 수 있는 분인가? "그들이 신실하지 못했다고 해서, 하나님의 신실하심이 없어지겠습니까?"(3:3)

둘째, 하나님이 의도적으로 율법을 무시하고 모르는 사람들에 대해서 아주 관대한 분이시라면, 이것은 '율법과 질서'라는 문제가 무슨 관계가 있는가? 우리는 도덕성이나 가치에 대한 어떤 기초도 없이 전적인 무정부 상태에 있는 것인가? 이것은 바울을 중상모략하는 어떤 사람들이 그들의 입에 말을 담는 이유다. 그 말은 그가 복음을 설교할 때 하는 말이다. 그는 사실상 다음과 같이 선언한다. "좋은 일이 생기게 하기 위하여, 악한 일을 하자 하고 말할 수 있겠습니까?"(3:8) 그것은 (로마서 6장에서 바울이 응답하는) 하나의 윤리적인 문제인 반면에, 그것은 심오하게도 신학적인 문제 중에 하나이다. 놀라운 은혜의 교훈은 하나님이 비도덕적이다라는 사실을 암시하는 것인가? 만약에 "나의 거짓됨 때문에 하나님의 참되심이 더욱 분명하게 드러나서 하나님께 영광이 돌아간다면" 하나님의 진실성에 관해서 무엇을 말할 수 있는가?(3:7) "만일 그렇다면 하나님께서 어떻게 세상을 심판하실 수 있겠습니까?"(3:6)

로마서 3:9-20은 아직도 유대인들과 이방인들을 포함한 모든 사람이 '죄의 권세 아래 있다'는 것을 상기시켜 주고 있다.(3:9) 구약성서의 이어지는 인용은 유대인들이 가지고 있는 율법은 모든 입을 닫았고 모든 세계가 하나님에 대해서 책임이 있다는 요지를 입증해주고 있다.(3:19) 어떤

9) 다음의 세 가지 표현은 롬 3:1-7에 언급된 문제에 초점을 맞추고 있다. 그 세 가지 표현은 "하나님의 신실함"(3:3), "하나님의 의"(NRSV는 "정의"로 번역한다.)(3:5), "하나님의 진실성"(3:7, 필자의 번역)이다. 이 모두는 이방인들을 향한 하나님의 관대한 조치에 의해서 문제시된다.

면에서 그 문제는 하나님과 관계된 문제가 아니라 순종하지 않는 인간성의 문제이다.

그래서 3:21-26 안에는 하나님의 성격에 관한 질문에 대한 대답이 나온다. 그것을 나의 말로 바꾸어 말하면 다음과 같다.

> 그러나 이제는 율법과는 상관없이 하나님의 의(즉, 약속된 것에 대한 하나님의 신실성, 특히 그의 구원-창조 능력으로)가 알려지게 되었습니다. 그것은 이미 구약성서로 증명되었던 것입니다. 이 하나님의 의는 유대인이나 이방인 양쪽 모두 믿는 모든 사람을 위한 것으로 거기에는 아무 차별이 없습니다. 모든 사람이 죄를 범하였고 하나님의 영광에는 모자라게 되었습니다. 모두는 그럴 가치가 없었음에도 불구하고 그리스도 예수 안에 있는 구원을 통해서 하나님의 은혜로 값없이 의롭게 된 존재로 살고 있습니다. 하나님께서는 죄를 위한 속죄의 수단으로 그리스도를 지명하셨습니다. 그것은 그의 생명을 포기하면서 하나님에 대한 신실성이라는 빛 가운데 그렇게 된 것입니다. 이것의 목적은 하나님의 의를 증명하기 위한 것이었습니다. 왜냐하면 하나님은 참으시면서 이전에 범한 죄들을 너그럽게 봐주셨습니다. 이것은 하나님이 지금 이때에 자기의 의로우심을 증명하기 위한 것이었습니다. 하나님은 의로우신 분이십니다.(구원하시는 약속에 신실한 분이십니다.) 그리고 하나님은 예수의 믿음을 함께 나누는 사람을 위해서 모든 것을 올바르게 세워주십니다.[10]

10) 롬 3:21-26의 바꿔 말하기는 두 개의 중요한 주석학적인 결정을 드러낸다. 하나는 그 구절이 사람들이 구원받는 것이 왜 (믿음으로 되고 행위로는 되지 않는가?) 하는 질문에 대답하지 않으려는 확신이지만, 그러나 그 대신에 그것은 하나님이 어떻게 유대인들에게 하신 약속을 버리지 않으시며 동시에 이방인들을 위해서 그 길을 열어주는지 설명한다. 종교개혁의 믿음에 의한 칭의 강조는 그 구절 안에서 단순하게 긴급한 주요 문제가 아니다. 이것은 두 번째 확신으로 이어지는데, 3:22의 '그리스도의 믿음을 통하여'와 3:25의 '믿음을 통해서'는 신실함에 관한 그리스도 자신의 행동을 암시하는 것이지 인간의 신뢰하는 응답을 암시하지 않는다.

이 구절은 제기되었던 도전에 직면해서 이것이 하나님의 진실성을 입증하는 데 도움이 된다는 의미에서 신정론이라고 이름을 붙일 수 있다. 나는 바울의 응답에 관해서 세 가지 관찰을 하고자 한다. 첫째, 신실성의 행위로 설명되는 예수의 죽음은 하나님이 계약으로 이스라엘에 대해서 약속한 것을 취소하지 않고 신실하게 약속을 지키시는 분임을 보여준다. 의로움 가운데 행동을 하고 사람들을 구해달라고 하나님에게 요청하는 시편기자의 다양한 기도는 그리스도 사건 안에서 응답이 이루어졌다.(예를 들어 시 31:1, 71:2, 135:13-14, 143:1) 하나님은 믿을 수 있는 분이다.

둘째, 또한 예수의 죽음은 하나님이 악에게 아첨하지 않는다는 사실을 증명해 준다. 이전에 지은 죄를 눈감아 줌으로 보여주신 하나님의 인내를 도덕적인 관심의 부족과 혼동해서는 안 된다. 하나님은 그리스도 사건 안에서 바로 그가 얼마나 진지하게 인간의 반항과 범죄함을 받아들이고 있는지 보여주신다. 속죄와 불신자를 하나님과의 바른 관계로 세우는 도구인 십자가는 하나님이 도덕적으로 다르지 않다는 것을 결정적으로 증명해준다. 사실상 "하나님이 불신자를 바로 잡을 때는 좀 더 확실하고 특색 있는 하나님이 아니다."[11]

셋째, 이 모든 것 중에서 유대인들과 비유대인들 양쪽을 바르게 세우는 것을 포함시키는 것은 구약성서 안에서 증명되었다. 계획 A가 어긋났으므로 이방인들을 포함시키는 것은 하나님에게 계획 B가 아니다. 하나님

NRSV의 제한적인 읽기가 그 본문으로 읽는 것보다 선호되고 있다. 그리스도 믿음의 본질은 롬 5:18-19에서 그리스도의 순종이라는 관점으로 분명하게 설명되고 있다. 다음을 참조하라. Luke T. Johnson, "Rom 3:21-26 and the Faith of Jesus," *CBQ* 44(1982): 77-90; Richard B. Hays, *The Faith of Jesus Christ: An Investigation of the Narrative Substructure of Gal 3:1-4:11*(Chico, CA: Scholars Press, 1983), 170-176; Sam K. Williams, "Again Pistis Christou," *CBQ* 49(1987): 431-437; Morna D. Hooker, "Pistis Christou," in *From Adam to Christ: Essays on Paul*(Cambridge: Cambridge University Press, 1990), 165-186. 이 주제와 관련된 좀 더 확장된 논의는 제8장을 참조하라.

11) Leander E. Keck, *Paul and His Letters*(Philadelphia: Fortress, 1979), 122.

은 항상 유대인들의 하나님인 것처럼 이방인들의 하나님이셨다.(3:29–30) 그들을 포함시키는 것은 율법을 무효화하는 것이 아니고 오히려 그것을 확정하는 것이다.(3:31) 이것은 로마서 4장에서 계속되는 주장이다. 4장은 아브라함이 유대인들과 이방인들 양쪽의 조상이라는 것을 보여준다.

우리는 지금 바울이 로마서에서 추구하고자 했던 것이 무엇인지 이해하기를 시작할 수 있다. 그는 결코 이전에 그 도시에 가본 적이 없었다. 그러나 그는 고린도로부터 다음에는 로마를 방문하는 데 참여하고자 편지를 써 보냈다. 그는 적어도 그곳에서 잠깐 동안 머무를 생각이었고 그곳의 그리스도교 공동체가 그가 계획한 스페인 선교를 위한 전초기지로 봉사해 주기를 희망했다.(15:22–24) 그 편지는 한 가지 의도로만 보면 로마교회로 보내는 그의 신학적인 소개서이다. 그 교회 역시 그에게 공동체 안에서의 다급한 분쟁상황에 대해서 말할 수 있는 기회를 주고 있다.(12:1–15:13)[12] 그러나 그는 로마로 여행을 가기 전에 헌금을 전달하기 위하여 예루살렘으로 여행을 해야만 했다. 그 헌금은 주로 그리스의 이방인 교회들이 '모교회' 안에 있었던 가난한 사람들을 위하여 모금한 것이었다.(15:22–33) 바울은 커다란 공포심을 가지고 그 여행을 마주하였으며 그를 위한 로마 그리스도인들의 기도를 요청하고 있다. 팔레스타인 유대인들의 국수주의적인 분위기와 이방인들을 향한 그의 선교에 관해서 있을 수 있는 그들의 몰이해는 그들이 그를 친절하게 맞이하지 않고 그 헌금을 받지 않을 가능성을 야기하고 있었다.

그러므로 로마로 보내는 이런 신학적인 소개서는 예루살렘에 관한 하나의 관점으로만 기록된 것이다. 이것은 하나님이 유대인들에 관해서 깊

12) 좀 더 지적할 수 있는 문제는 채소만 먹는 것(14:2), 특별한 축제의 날을 지키는 것(14:5–6), 포도주를 마시지 않음(14:21), 비그리스도교 유대인들을 향한 이방인들 중에서 우월성에 관한 태도와 관련이 있는 것(11:13–24, 12:3)이다. 이런 문제들은 인종갈등으로 나타날 수 있다. 어쨌든 그런 것들을 언급하기 위한 기초는 로마서 1–11장이다.

이 있게 돌보고 계시며, 그들에 대한 계약의 약속을 포기하지 않으셨고, 또한 아직도 비유대인 가운데 있는 바울의 선교사 경력에 권위를 부여하고 있다는 사실을 말할 수 있는 기회를 바울에게 제공하고 있다. 이방인 선교는 하나님의 의도들 중에 일부로 존재하고 있으며 존재해 왔다. 그러나 그것은 하나님이 유대인들을 잃어버렸다는 것을 말하는 것은 아니다. 분명히 말하자면, 계약 안에 포함된 조건들은 그런 이상한 방법으로 유지되고 있다는 것이다. 그 이상한 방법은 하나님이 표면적으로는 모순이 있는 것처럼 보이지만, 그러나 바울에게서 이것들은 예언할 수 없지만, 신실한 하나님의 방법들이다.

3. 하나님의 진실성과 이스라엘의 운명

로마서를 전개하는 방법 중 하나는 제기되는 문제가 심지어 결론을 가지고 어느 정도 확대해서 다루어지지만 그동안에도 그것을 나중으로 미루었다가 새로운 문맥이 되었을 때 다룬다는 것이다. 이것은 하나님의 특성에 관한 문제에서도 사실이다. 로마서 3장 안에는 하나님이 유대인들과 이방인들을 공평하게 대우하심에 직면하여 하나님의 정직성에 관한 경우가 강하게 제시된다. 그러나 4-8장 안에서는 다른 질문들이 관심을 끈다. 그러면서 로마서 9-11장 안에서는 하나님에 관한 문제가 새롭고 예민한 방법으로 다시 나타난다. 유대인들과 이방인들을 공평하게 대우하시는 하나님의 공평하심은 이스라엘을 향한 하나님의 신실성도 동일하게 타협하여 해결하고 계시는가?[13)]

13) E. Elizabeth Johnson, "Romans 9-11: The Faithfulness and Impartiality of God," in *Pauline Theology*, vol. 3, Romans, eds. David M. Hay and E. Elizabeth Johnson(Minneapolis: Fortress, 1995), 211-239. 다음도 참조하라. Richard B. Hays, *Echoes of Scripture in the Letters of Paul*(New Haven: Yale University

그 문맥은 이번에 특히 예수를 메시아로 받아들이지 않는 유대교 사람들이다. 이스라엘에 관한 그 운명은 무엇인가? 만약에 그리스도 안에 있는 하나님의 사랑이 어떤 것도 '우리를' 그분으로부터 떼어놓을 수 없을 만큼 그렇게 강력하게 계속되고 있다면(8:35-39), 이것은 복음을 거부한 유대인들에게 무엇을 의미하는 것인가? 그들은 '우리' 안에 포함되는 것인가, 아니면 지금 그들은 언약 가운데 그들의 역사를 통하여 함께 계셨던 자비하신 하나님으로부터 영원히 분리된 것인가? 이 질문은 바울에게 단순히 ('압정의 머리 위에서는 얼마나 많은 천사가 춤을 출 수 있을까?' 같이) 게으르고, 학구적인 문제 그 이상이었다. 왜냐하면 유대인들은 바울 자신의 백성들이며, "육신을 따라서 같은 그의 동족이기 때문이다" (9:3).

바울의 논의에 관해서 강조되고 있는 것은 즉각적으로 중심의 자리를 차지하는 하나님의 목적과 행동방식이다. 바울은 이스라엘 사람들이 하나님의 은사들에 관해서 정해진 수혜자들로서 하나님과 함께 특권이 있는 위치를 차지하고 있다는 사실을 곧바로 인정하면서(9:4-5) 그의 독자들을 빠르게 확신하도록 해주거나 혹은 그가 넌지시 질문을 제기한다. "하나님의 약속의 말씀이 폐했다고는 할 수 없습니다."(9:6) 왜냐하면 '하나님의 말씀'이 의지할 수 없는 것으로 증명된다면, 모든 것은 수월해졌을 것이기 때문이다. 만약에 그리스도 사건이 하나님의 과거를 무익한 것으로 만들었다면, 그 경우 어떤 사람은 하나님의 미래에 관해 무엇을 확실하게 말할 수 있을까?

로마서 9-11장을 주의 깊게 읽는 것은 바울이 주장하는 것의 복잡함

Press, 1989), 63- 83; Wayne Meeks, "On Trusting an Unpredictable God: A Hermeneutical Reflection on Romans 9-11," in *Faith and History: Essays in Honor of Paul W. Meyer*, eds. John T. Carroll, et al.(Atlanta: Scholars Press, 1991), 105-124; J. Christiaan Beker, *Paul the Apostle: The Triumph of God in Life and Thought*(Philadelphia: Fortress, 1980), 328-347.

에 대해서 당황스러운 것들을 남겨준다. 그것은 세 단계로 사상노선을 전개해 나가는 것을 구체화하도록 도와준다.[14)]

1. 하나님은 하나님의 목적에 봉사하도록 사람들을 항상 자비하심이라는 동일한 방식으로 부르셨다. 조상들이나 인간의 어떤 업적은 지금까지 한 번도 결정적인 요인이 아니었다. 하나님이 이방인을 부르심은 이스라엘을 부르심처럼 엄밀하게 동일한 관점을 확대한 것이다.(9:6-29)

2. 그러면 이스라엘 사람들은 그 복음을 거부한 반면에 이방인들은 왜 그것에 응답하는 것으로 끝이 났는가? 아이러니컬하게도 이스라엘은 성서가 신앙의 교훈에 관해서 미리 지적한 것을 깨닫지 못하는 것으로 실패했다. 그것은 차별 없이 모두에게 허용된 구원을 이루어 준다. 이스라엘은 불공정성 때문에 하나님의 신실하심을 오해하였다.

3. 그러면 하나님은 이스라엘을 거부하신 것인가? 아니다. 이스라엘은 하나님의 백성으로 남아 있다. 몇몇 유대인들은 잠시 비틀거리며 넘어졌지만, 그러나 그들의 비틀거림은 궁극적으로 긍정적인 기능을 가진다. 그것은 이방인들에게 도달하는 수단이 되었고, 그에 맞게 이방인들을 포함시키는 것은 (이방인들이 교만하게 되는 것에 관해서 경고를 받지만) 이스라엘을 궁극적으로 포함시키는 수단이 될 것이다. 결국 "모든 이스라엘은 구원을 받을 것이다."(11:1-32)

이 구절들은 틀림없이 우리에게 어느 정도 대답이 되지 않는 질문들을 남겨 놓는다. 하지만 이 장들의 한 가지 분명한 특징은 구약을 인용하거나 그에 관한 공명을 일으키는 큰 횟수들이다. 예를 들어서 그것은 로마서 5-8장에서 나오는 것 그 이상이다. 그것들을 제시하는 것은 그리스도교 교훈의 하나님 방식들과 의도들이 과거의 하나님 방식이나 의도와 일치한다는 사실을 강조하는 데 도움이 된다. 바울은 현대 독자들에게는 표면적으로 보이는 해석방법을 사용하면서 구약성서 이야기를 그리스도 사건

14) Johnson, "Romans 9-11," 235.

으로 즉시 이끌어가는 그런 방법으로 읽는다.[15] 리처드 B. 헤이스(Richard B. Hays)가 제시하는 것처럼, "로마서 9-11장은 성서의 하나님 말씀과 바울의 복음의 말씀 사이에 존재하는 일치에 관한 확장된 증명이다."[16] 하나님의 목적들과 행동들은 모순되지 않는다.

그러한 복잡함에도 불구하고 이 세 장의 중요성을 지나치게 강조하는 것은 어려운 일이다. 때때로 바울은 반유대주의이며 그리스도교 교회의 긴 역사에서 불행하게 주목을 끌었던 수치스러운 반셈족주의의 기초를 제공한다는 비난을 받는다.[17] 바울을 반대해서 만들어진 혐의의 일부는 그가 아마도 그리스도교가 유대교의 뒤를 이어서 그것을 대체했고, 교회가 근본적으로 원래 유대인 백성들에게 하였던 모든 약속을 흡수해 버리며 그 자체가 '새 이스라엘'이 된다고 주장한다는 것이다. 바울은 유대교가 적이며 더러움 속에 버려졌다는 것을 발견한 그리스도교의 전사로 묘사되기도 한다. 역사를 통해서 학자들이 그를 의도적이든 아니면 비의도적이든 반-유대주의라고 설명하지도 않고 바울을 가톨릭 그리스도인으로 생각하였던 힘든 시기를 가졌다는 것은 아마 사실일 것이다. 그것은 아돌프 하르낙(Adolf Harnack)이 20세기를 시작할 때 "유대교로부터 그리스

15) 예를 들어서 롬 9:25-26 안에서 직접적인 문맥이 이스라엘을 가리키는 호세아의 두 절이 이방인들에 대한 언급으로 받아들여지고 있다. 이방인 그리스도인들 그들은 한때 '나의 백성이 아니었다'이며 '사랑을 받지 못했다'이지만, 그들은 하나님의 사랑을 받는 백성들이 되었다.

16) Hays, *Echoes of Scripture*, 64.

17) 다음의 예를 참조하라. Rosemary R. Ruether, *Faith and Fratricide: The Theological Roots of Anti-Semitism*(New York: Seabury, 1974), 95-107. 그녀의 글에 대한 응답은 다음을 보라. Lloyd Gaston, "Paul and Torah," in *Anti-Semitism and the Foundations of Christianity*, ed. A. T. Davies(New York: Paulist, 1979); John G. Gager, *The Origins of Anti-Semitism: Attitudes Toward Judaism in Pagan and Christian Antiquity*(New York: Oxford University Press, 1983). 바울에 대한 유대교의 응답은 다음을 참조하라. Samuel Sandmel, *Anti-Semitism in the New Testament?*(Philadelphia: Fortress, 1978), 6-18.

도교를 전해준 사람은 바울이다"[18]라고 쓴 것처럼 말이다.

물론 그 혐의는 바울의 편지들 중에서 단지 한 구절을 살펴보는 것으로 해결되지 않을 수 있다.[19] 하지만 로마서 9-11장은 특별한 관심을 정당화해준다. 그 구절들에 관한 세밀한 연구는 세 가지 관찰결과를 보여준다. 첫째, 하나님의 백성들 중에 이방인들을 포함시키는 것은 처음부터 하나님의 의도와 모순이 되기보다는 오히려 일치한다. 이 장들 안에서 구약으로부터 오는 본문들에 대한 폭넓은 관심은 하나님이 모순되는 분이 아니라 사실상 약속을 지키는 분이라는 사실을 매우 분명하게 해준다. 바울은 나중에 로마서에서 "그리스도께서는 하나님의 진실하심을 드러내시려고 할례를 받은 사람의 종이 되셨으니, **그것은 하나님께서 조상에게 주신 약속들을 확증하시고, 이방 사람들도 긍휼히 여기심을 받아서, 하나님께 영광을 돌리게 하시려고 한 것입니다**"라고 기록하고 있다.(롬 15:8-9) 둘째, 교회는 이스라엘로부터 분리된 하나님의 백성이 될 수 없다. 바울은 이방인들이 '뿌리에서 올라오는 양분을 함께 나누기 위하여' 그 나무에 접붙임을 당한 원가지가 아니라는 것을 말하기 위하여 이스라엘에게 친숙한 올리브 나무의 이미지를 사용한다. 주로 이방인들로 의도된 독자들은 "그대가 뿌리를 지탱하는 것이 아니라, 뿌리가 그대를 지탱한다는 것을 명심해야 합니다"를 기억해야 한다.(11:18) 그 나무의 마지막 모습은 원가지와 원래 가지가 아닌 양쪽을 포함하는 하나라는 것이다. 교회가 이스라엘을 대신한다거나 이스라엘의 독자성을 이어간다는 생각은 바울이 주

18) Adolf Harnack, *What Is Christianity?*(1901; reprint, New York: Harper, 1957), 176.

19) 다른 비판적인 본문은 살전 2:13-16이다. 그에 대한 해석들은 다음을 참조하라. Hendrikus Boers, "The Form Critical Study of Paul's Letters: 1 Thessalonians as a Case Study," *NTS* 22(1975-1976): 140-158; W. D. Davies, "Paul and the People of Israel," *NTS* 24(1977): 4-39; G. E. Okeke, "1 Thess 2:13-16: The Fate of the Unbelieving Jews," *NTS* 27(1980): 127-136; K. P. Donfried, "Paul and Judaism: 1 Thess 2:13-16 as a Test Case," *Int* 38(1984): 242-253.

장하는 전체 노선과 모순된다.

셋째, 이스라엘은 하나님의 사랑의 대상으로 남아 있고 하나님이 구원 목적에서 하나의 자리를 유지하고 있다. 그것은 하나님의 선택받은 백성이 되는 것을 지속해 나가는 이스라엘이 지속적인 충성심을 증명했거나 증명할 것이기 때문이 아니라, **하나님**이 그러한 충성심을 증명했거나 증명할 것이기 때문이다. "하나님께서 주시는 고마운 선물과 부르심은 철회되지 않습니다."(11:29) 심지어 교회도 이스라엘의 구원에 부여된 관심을 가지고 있다. 그것은 그 자체로 하나님의 확고한 은혜를 요구하는 것이지만, 그러나 이스라엘을 위한 하나님의 약속이 사실이 아니라면 확신을 가지고 그것을 요구할 수 없다.[20]

로마서 9-11장은 바울에게 대항하여 반-유대주의에 관한 비난을 계속하는 것을 어렵게 해준다. 바울은 이 구절들 안에서 교회가 이스라엘의 자리를 빼앗았다는 암시가 없이 이스라엘의 하나님과 예수 그리스도의 아버지 사이에 존재하는 연속성과 지속성을 계속해서 확인한다. 이스라엘은 하나님이 약속을 신실하게 지키시는 분이기 때문에 선택받은 하나님의 백성으로 남아 있다. 물론 이것이 그 자체로 유대교-그리스도교 간의 대화에 내재된 모든 문제를 해결해 주지는 않는다. 오늘날 유대인들이 실천하는 것은 그들이 예수가 메시아임을 거부한 것이 '비틀거림'이라는 불순종의 행위라는 사실에 거의 동의하지 않을 것이며, 그들은 구약의 약속과 복음 사이에서 바울이 끌어낸 연결에 대해서 의견의 일치를 이루지 않을 것이다. 아직도 이스라엘 민족이 계속해서 약속의 백성이 된다는 바울의 인식은 비판적이다. 이스라엘은 하나님의 자비를 상속받을 것이다. 심지어 이스라엘의 불신앙도 이방인을 향한 은혜의 선교로 이해된다.(11:30-32)

---

20) 롬 9:30-10:17이 고차원 그리스도론임에도 불구하고, 10:18부터 11:36까지 그리스도에 관해서 아무런 언급이 없다는 것은 흥미롭다. 그것은 아마도 이스라엘의 '구원'이 그리스도교로의 개종을 통해서 오는 것이 아니라는 것을 제안하고 있는 것으로 보인다.

이 장들은 적절하게 이스라엘을 위한 환호나 이방인 교회를 위한 환호로 끝나는 것이 아니라, 하나님을 찬양하는 찬송으로 끝이 난다. 그분의 판단은 헤아릴 수 없으며 그분의 길은 알 수 없다.(11:33-36)

제8장

옛 생활과 새로운 삶

조지 버나드 쇼(George Bernard Shaw)는 사도 바울을 포함하여 많은 일에 관한 확고한 의견들을 가지고 있었다. 그는 예수가 세리들 그리고 죄인들과 함께 식사를 했다는 것과 그들에게 그들 자신의 행동에 대한 책임을 정당하게 부과했다는 사실을 관찰하였다. 사건들은 분명하고 단순하게 계획되어 있었다. 그들은 '더는 죄를 짓지 말라'는 명령을 받았다. 하지만 바울은 예수의 단순한 교훈을 엄청나게 왜곡하였다. 그는 아담의 이야기를 가지고 그 이야기를 모든 사람의 이야기로 만들면서 그것을 원죄에 관한 언급으로 발전시키는 데 이용하였다. "그것은 마치 우리 시대의 설교가들이 전형적으로 그를 스미스라고 부르면서 영국의 프랑켄슈타인을 괴물로 묘사한 것 같은 것이었고, 어떤 사람은 거리에 있는 그 사람에 관해 무엇인가를 요구하면서, '스미스가 거리에 있는 그 사람**이다**'라는 이야기를 들었다." 그때 예수는 괴물들의 죄들을 제거하는 한 사람이 된다. 그것은 모든 좀도둑, 간통을 범한 자들, 방탕한 자들이 예수의 피에 '빠져서' 눈보다 더 희게 된다는 것을 의미한다. 요점은 그들은 할 수 없지만, 그러나 죄를 지을 수 있다고 사람들이 생각한다는 것이다. 그리고 그들이 죄를 지을 때, 예수는 "악한 양심을 위한 확실한 특허약이 된다."[1)]

쇼의 유머는 그의 비판을 가볍게 만들어 버린다. 동시에 그는 바울의 많은 독자가 유지하고 있는 감정들을 표현하고 있다. 그것은 사람들로 하여금 그들 자신들의 행위에 대해서 책임을 묻지 않고 (악마가 나로 하여금 그것을 행하게 하도록) 내버려두기 때문에, 원죄에 관한 그의 언급은 전적으로 받아들일 수 없는 것이다. 그리고 그것은 그리스도 사건 안에 있는 하나님의 자유케 하는 은혜의 교훈을 믿을 수 있는 것이 너무 좋다는 것이다.('2,000년 전에 한 사람의 죽음이 어떻게 오늘날 어떤 진정한 차이를 만들어낼 수 있는 것인가?')

이 장은 쇼가 제기한 몇 가지 문제들을 바울에게서 듣도록 해줄 것이다. 첫 번째 계획은 옛 시대의 생활을 살펴보는 것이다. 그 시대는 죄가 독자적인 능력인 것처럼 기능을 하고 있으며, 아이러니컬하게도 이스라엘에게 주신 하나님의 은사인 율법과 결탁하여 활동한다. 그리고 율법 활동의 보상은 죽음의 실재를 가져온다. 죄는 사람을 '노예로 만들며', 바울의 관점에서 유일한 탈출구는 외부로부터 오는 해방인데, 그것은 하나님께서 해방하는 행위를 말한다. 이 해방을 설명하기 위해서 편지들 안에서 사용한 이미지들을 평가하는 것이 중요하다. 그리고 세례의 성례전을 통해서 믿는 사람들이 어떻게 그 구원과 더불어 협력하는지 평가하는 것도 중요하다. 마지막으로 새 시대의 생활에 관한 모습들이 검토되어야 하는데, 그것은 믿음과 희망이다.

1. 죄, 율법, 죽음

바울서신들이 인간행위와 관련된 깊은 관심을 증언하고 있다는 것은

1) 쇼(Shaw)는 다음과 같이 기록했다. "실제로 예수의 영혼을 제한하는 바울 영혼의 한계보다 더 엄청난 부담이 저질러진 적은 없었습니다." "Preface on the Prospects of Christianity," *Androcles and the Lion*(1913), reprinted in *The Writings of St. Paul*, ed. Wayne A. Meeks(New York: Norton, 1972), 296-302.

사실이다. 그 관심은 자주 하나님을 기분 나쁘게 하는 행위를 말한다. '죄'(hamartia)는 로마서에만 47회 나타난다. 하지만 우리는 이 용법에 관해서 두 가지 특징들을 주목할 필요가 있다. 첫째, '죄'라는 명사의 단수가 복수보다 더 자주 나타난다는 것이다. 이것은 마치 한 사람이 범한 행동들이나 품고 있는 생각을 '죄들'로 부르면서 도표에다가 표시하는 것처럼 이 행위나 혹은 저 행위의 도덕성에는 별 관심이 없다.('과제를 베끼는 것이 죄인가?') 그것과 대응하여 명사인 '용서'(와 동사 '용서하다')는 바울의 편지에서 현저하게 결여되어 있고, 구약 본문의 단수 인용에서는 예외다.(롬 4:7) 오히려 죄는 지배권을 행사할 수 있고(5:20), 사람을 노예로 만드는(6:6, 7:14), 무자비한 힘으로 좀 더 자주 나타나며, 분명히 옛 시대의 힘이다.

둘째, 바울서신들 안에서 죄에 관한 논의는 심지어 그것이 독자들에게 복음을 설교하기 위한 예비단계이지만 결코 그들에게 창피를 주거나 그들 가운데서 무가치함에 관한 생각을 불러일으키기 위한 수사학적인 용어로 사용되지 않는다. 로마서 1장 안에서 우리가 한순간 방향을 전환해 보고자 한다면, 그 주장은 복음에 관한 분명한 언급으로 시작한다. 그것은 하나님 앞에 서 있는 인간들의 무서운 과오들에 초점을 맞추기 전에, 구원을 위한 하나님의 능력이 있다는 것과 그 안에서 "하나님의 의가 나타났다"(1:16-17)고 말한다. 죄는 주제 그 자체로 관찰되는 것이 아니고 항상 복음의 빛에서 관찰된다.

로마서 1:18-3:20은 어떤 사람도 선호하는 구절이 아니다. 이것은 구약으로부터 유래하는 본문의 고발을 모아놓은 것으로 결론이 난다. 그 고발문은 유대인이나 이방인 모든 사람이 불의함 가운데 있다는 것을 선언하며, 그것은 "모든 세상이 하나님에 대해서 책임이 있다"는 것이다.(3:19) 하지만 우리는 그렇게 우울한 결론으로 이동하면서 인간성과 그에 대한 하나님의 응답에 관해서 많은 것을 배운다.

근본적인 문제는 1:20-23에서 밝혀진다.

이 세상 창조 때로부터, 하나님의 보이지 않는 속성, 곧 그분의 영원하신 능력과 신성은, 사람이 그 지으신 만물을 보고서 깨닫게 되어 있습니다. 그러므로 사람들은 핑계를 댈 수 없습니다. 사람들은 하나님을 알면서도, 하나님을 하나님으로 영화롭게 해드리거나 감사를 드리기는커녕, 오히려 생각이 허망해져서, 그들의 지각없는 마음이 어두워졌습니다. 사람들은 스스로 지혜가 있다고 주장하지만, 실상은 어리석은 사람이 되었습니다. 그들은 썩지 않는 하나님의 영광을, 썩어 없어질 사람이나 새나 네 발 짐승이나 기어다니는 동물의 형상으로 바꾸어 놓았습니다.

하나님은 주도권을 잡고 계시며, 그의 피조물들과 대화하기를 원하시면서 창조 작업을 통해서 어디서나 접근할 수 있는 신성을 만들어 놓으셨다. 인간은 하나님을 알 수 있는 모든 기회를 가지고 있다. 그리고 어떤 의미에서 그들은 하나님을 알고 있다. 문제는 그들의 지식이 그들을 하나님을 경외하며 예배하도록 이끌지 않았다는 것이다. 그 대신에 그들은 우상을 만드는 사람들과 우상을 숭배하는 자들이 되었다. 그들은 스스로 현명하다고 생각함에도 불구하고 그들의 행동은 그들의 어리석음을 드러낸다. 우상 숭배는 그들의 근본적인 잘못이다. 그러나 그것은 개가 제자리를 빙빙 도는 것처럼 수많은 다른 무질서를 낳는다.

인간의 우상 숭배에 대한 하나님의 응답은 '하나님이 포기하셨다'는 자주 등장하는 어구와 함께 세 번 표현되고 있다.(1:24, 26, 28) 하나님은 아무런 간섭도 하지 않고 인간들을 자업자득으로 괴로워하게 내버려두셨다. 그 결과로 나타나는 행위목록은 험담에서 살인, 분쟁에서 하나님에 대한 증오까지 모든 것을 포괄하고 있다. 사람들은 악을 행할 뿐만 아니라 '악을 만들어 내는 자'도 된다. 그들은 결국 하나님의 명령을 알고 있음에도 불구하고 근본적으로 거짓된 삶을 사는 일에 참여한 것이 되며, 그들은 자기들 스스로를 도울 수 없다. "자기들만 (해서는 안 되는) 이런 일을 하는 것이 아니라, 이런 일을 저지르는 사람을 두둔하기까지 합니다."(1:32)

바울은 아직 그 나쁜 일을 한 사람들의 이름을 들어 비난하지 않았다. 그는 가차 없는 기소를 하였다. 그의 경우는 유대교 외경인 소위 지혜서 안에서 발견되는 이방인들의 우상 숭배의 기원과 어리석음에 관한 분석처럼 많은 소리를 낸다.(지혜서 13-15장을 참조하라.) 바울의 청중 가운데는 그런 사람들이 있었을 것이다. 그 청중은 사악함에 반대해서 그의 경우를 열렬히 환호했을 것이다. 그들은 그들 자신의 도덕적이고 종교적인 약속들이 하나님의 심판으로부터 그들을 용서할 것이라고 추정했을 것이다. 그래서 그들은 2:1-16까지 그들의 면전에서 문을 쾅 닫고, 다른 사람들에 관한 바울의 비난에 대해서 기쁨을 느꼈을 것이다. "그러므로 남을 심판하는 사람이여, 그대가 누구이든지, 죄가 없다고 변명할 수 없습니다. 그대는 남을 심판하는 일로 결국 자기를 정죄하는 셈입니다. 남을 심판하는 그대도 똑같은 일을 하고 있기 때문입니다."(2:1) 도덕적인 인간인 그는 로마서 1장 안에 목록으로 되어 있는 무질서의 지루한 설명과 연관되어 있지 않지만, 그는 아직도 하나님에 대한 책임성으로부터 면제되지 않았다. 그러므로 우상 숭배라는 근본적인 죄에 더해서 바울이 드러내는 것은 "종교적인 사람들의 경향은 하나님에 대한 신뢰를 자신의 판단에서 자기 면제로 바꾸는 것, 즉 그 뒤에서 책임성을 회피하기 위한 방패와 같다는 것이다."[2)]

하나님의 '진노'에 관해서는 무엇이, 즉 우상 숭배와 그 결과들의 죄에 반대해서 무엇이 계시되었는가?(1:18) 이것은 교묘한 용어이다. 한편, 그것은 제멋대로 행동하는 자녀에게 인내심이 없어지고 화가나서 채찍질하는 부모 같은 하나님의 감정을 포함시키지 않는다. 다른 한편, 하나님의 진노는 단순하게 보편적인 자연법으로 하여금 자신들의 길을 가게 하는 것, 즉 인간행위의 효과에 대해 비인간적인 운동 그 이상으로 보인다. 폴

---

2) Paul W. Meyer, "Romans," *Harper's Bible Commentary*, ed. James L. Mays (San Francisco: HarperSanFrarncisco, 1988), 1137. 마이어(Meyer)는 특히 롬 1:18-3:30에 관한 명쾌한 해석을 제공한다.

마이어(Paul Meyer)는 지나치게 인격화하던가 아니면 지나치게 탈인격화된 하나님을 피하는 좀 더 신학적인 제안을 하고 있다. 하나님의 의의 계시와 하나님의 진노의 계시는 동전의 양면과 같다. 앞면은 믿음으로 만나는 반면에, 뒷면은 반항에 의해서 만난다. 하나님의 진노는 "인간이 인식하지 못하는 하나님의 신성 자체를 주장하는 것이다. 그 신성은 세상이 하나님을 부인할 때도 그가 책임을 지면서 세상에 관해서 응답하는 영향력이 있다."[3)]

로마서 1:18-3:20의 대부분에 퍼져 있는 인간의 죄에 대한 응답은 분명하게 인간의 발밑에 웅크리고 있다. 그들은 하나님에 관한 진리를 억누르고 그것을 바꾸어서 우상 숭배를 위해서 선택한다. "그러므로 사람들은 핑계를 댈 수 없습니다."(1:20) 능동태 동사는 모두 인간의 행동을 위해서 사용되고 있다. 쇼의 분석과 반대로 거기에는 희생을 요구하는 것이 불가능하다.

그러나 독자들은 그 구절 중 3:9에서 '죄'라는 단어의 첫 번째 용법과 만난다. "유대인이나 헬라인 양쪽 모두가 죄의 능력 아래에 있다." 독자들은 갑자기 깨닫는다. 그것은 인간이 하나님을 예배하는 것보다는 우상을 숭배하는 결정이 그들 스스로 벗어날 수 없는 어떤 힘의 손아귀에 놓여졌다는 것이다. 그들은 덫에 걸린 것이다. 한편, 죄는 저것 대신에 이것을 선택하는 불순종의 자발적인 행위이다. 그러나 다른 한편 그것은 인간의 삶들과 행위들을 유혹하고 지배하는 억압의 힘이 된다.(6:6, 20, 7:14) 이 유비가 완벽한 것은 아니지만, 어떤 사람은 중독의 경험을 주목할 수 있다. 그것은 일반적으로 변화될 수 있다는 결심으로 시작된다. 그러나 그것은 습관적이고 강박관념이 있는 행동으로 바뀐다. 그런 중독은 어떤 개입에 의해서만 개선된다. 그래서 그것은 죄와 함께 존재한다.

현대의 신학자들은 바울이 독립적인 힘으로 죄를 말할 때 우리에게

3) *Ibid.*, 1136.

죄는 **'반대하는 것'**(against)이라고 말하고 있는 것이라고 제안한다. 그것은 하나님을 반대하는 것, 의를 반대하는 것, 생명을 반대하는 것, 자유를 반대하는 것, 창조를 반대하는 것을 말한다. 죄는 법을 위반하는 것 이상이다. 그것은 하나님의 **평화**(*shalom*)를 파괴하는 행위이다.

> 죄는 이례적인 것, 강도, 악명 높은 불청객이다. 죄는 하나님이 나라에 속해 있지 않지만, 그러나 어떻게 해서든지 그 안에 들어간다. 사실상 죄는 똑딱거리는 소리처럼 굴을 파고 자리를 잡으며 우리가 그것을 제거하려고 노력할 때 더 깊게 흙을 파내려 간다. 인간의 죄에 관한 이런 고집 세고 지속적인 특징은 그것이 마치 자기 자신의 삶을 가지고 있는 것처럼 보이게 만든다. 그래서 죄는 독립적인 힘이거나 아니면 일종의 하나의 어떤 인격 같다.[4]

쇼는 바울이 에덴 동산에 관한 이야기(창 3장)를 너무 많이 고려하며 거리에서의 평범한 남자와 여자를 아담과 하와가 범한 피해자로 만든다고 비난한다. 로마서 5:12-21은 비판적인 구절이다. 바울은 그 안에서 아담과 하와 사이에 존재하는 유형론적인 연결을 그려내며 논쟁을 불러일으키는 불완전한 문장으로 시작한다. "그러므로 한 사람으로 말미암아 죄가 세상에 들어왔고, 또 그 죄로 말미암아 죽음이 들어온 것과 같이, 모든 사람이 죄를 지었기 때문에 죽음이 모든 사람에게 이르게 되었습니다." (5:12)

아우구스티누스(그 뒤의 많은 사람)는 이 본문을 죄가 아담으로부터 유전되는 무엇으로 읽었고, 아마도 유전자나 염색체처럼 죄가 출산을 통해서 자동적으로 한 세대로부터 다음 세대로 이어짐을 말하는 것으로 읽

4) Cornelius Plantinga Jr., *Not the Way It's Supposed to Be: A Breviary of Sin* (Grand Rapids: Eerdmans, 1994), 87-88.

었다.[5] 아담이 사과를 먹기로 결심한 결과 모든 사람은 즉시 유죄가 되었다. 그들은 태어날 때 이미 하나님의 형벌을 받고 있다.

이 본문을 읽은 아우구스티누스의 문제는 바울이 원죄와 악을 설명하기 위해 노력하고 있었고 그것들이 어떻게 전염되었는가 하는 가정이었다. 거기에는 이것에 관한 실질적인 암시가 없다. 그 대신에 이 구절은 아담과 그리스도의 비교에 몰두하고 있으며 부정적인 모습으로 시작한다. 아담의 죄는 그가 떠난 이후에 오랫동안 만연해 있던 죽음의 지배를 시작하였다. 왜냐하면 시간이 경과하면서 "모두가 죄를 지었기 때문이다." 죄 없는 사람은 아무도 없다. 모든 사람이 죽음이 가져오는 폭력에 공범자가 되었고 죽음이 황폐하게 하는 일에 기여하게 되었다. 그때 그 무대는 그리스도의 치유하는 행위에 관한 보도를 위한 준비가 된다. "그러니 한 사람의 범죄 행위 때문에 모든 사람이 유죄판결을 받았는데, 이제는 한 사람의 의로운 행위 때문에 모든 사람이 의롭다는 인정을 받아서 생명을 얻게 되었습니다."(5:18)

로마서 5:12-21이 죄에 관해서 선언하는 것이 6:23에서는 "죄의 삯은 사망이다"라고 선명하게 제시하는 것처럼 죄가 처벌로 죽음의 결과를 초래한다는 것이다. 구약성서 대부분에서 죽음은 모든 사람을 위한 자연적인 현상, 즉 모든 인간의 차원인 ("너는 흙이니 흙으로 돌아가야 한다" [창 3:19]) 것으로 보이는 반면에, 바울은 좀 더 자주 묵시적인 전승을 고려한다. 묵시적인 전승은 죽음을 극복해야 하는 호전적인 적, 적대세력으로 이해한다. 죽음의 파괴적인 지배는 아담의 죄로 시작되며, 그리스도는 그의 부활로 죽음에 치명상을 주었음에도 불구하고(롬 6:9), 죄에 대한 대가로 죽음은 파괴되어야 하는 마지막 대적자로 남아 있다.(고

5) 아우구스티누스는 라틴어 성경(Vulgte)에 기초하여 5:12에 관한 자신의 해석을 하고 있다. Vulgate는 그리스어 *eph ho*(NRSV는 "왜냐하면")를 *in quo*로 번역하고 있다. 그 결과 이 절은 "그 결과 죽음이 모두에게 퍼졌고, 그[아담] 안에서 모두가 죄를 지었습니다"로 읽게 되었다.

전 15:26)[6)]

옛 시대의 삶에 관한 논의에서 마지막으로 다루어야 할 것 중에 하나는 율법이다. 그것은 편지들의 주목할 만한 구절들 안에서 죄가 포함되어 있는 같은 문장에서 나타나며 그것은 어떤 의미에서 죄의 동반자다.(예를 들어 롬 5:13, 20, 7:5, 7-25, 8:2; 고전 15:56; 갈 3:19) 그것들이 어떻게 서로 연결되는 것인가? 왜 "죄의 권세가 율법이다"(고전 15:56)라는 언급이 만들어진 것인가?

율법에 관한 어떤 논의에서 근본적인 어려움은 그것을 정의하는 것이다.[7)] 히브리어 단어(*torah*)와 그리스어 단어(*nomos*)는 율법으로 번역되며 규칙적으로 유대교 성서의 처음 다섯 권(오경)을 나타내는 것으로 사용된다. 바울은 성서를 통틀어 말하는 의미의 "율법과 예언서들"에 관해서 말한다.(롬 3:21) 심지어 그는 가끔씩 그 자체로 오경을 지시하는 것이 아니라 전체로서의 성서를 지시하려고 "율법"을 사용하기도 한다. 어떤 경우에 율법은 좀 더 협소한 의미를 가지기도 한다. 그것은 해야 하거나 혹은 순종해야 하거나 혹은 지켜야 할 무엇이다.(갈 6:13) 그것은 '명령'과 서로 교환될 수도 있다.(롬 7:7, 13:9-10) 그것은 전체로서의 성서나 율법을 지시하지 않지만, 그러나 시내 산에서 주어진 특별한 요구사항을 나타내는 것을 제안하기도 한다. 그것은 오경의 일부인 입법적인 자료를 나타내기도 하며, 부수적인 제제 내용을 함께 가지고 있다. 이 용어의 탄력성은 그것을 주의 깊게 그리고 꼼꼼하게 대하도록 할 필요가 있다는 것을 기억하게 하는 데 기여한다.

---

6) 죄와 죽음에 관한 다음의 논의를 참조하라. J. Christiaan Beker, *Paul the Apostle: The Triumph of God in Life and Thought*(Philadelphia: Fortress, 1980), 221-234.

7) 정의(definition)와 관련된 논의는 다음을 참조하라. Stephen Westerholm, *Israel's Law and the Church's Faith: Paul and His Recent Interpreters*(Grand Rapids: Eerdmans, 1988), 106-109.

죄와 율법의 관계에 관한 다음의 여섯 가지 언급을 검토해 보면 다음과 같다.[8)]

(1) 율법이 죄와 동일시되는 것은 아니다.(롬 7:7)

로마서 안에서 바울은 상상의 교섭상대자를 가지고 율법과 죄의 일치의 가능성을 제기한다. 그는 아주 힘을 주어서 그리스도가 율법으로부터 자유하게 하는 신자들에 관해서 썼다. 그 율법은 독자들이 어쩌면 이것을 결론으로 도출해 낼 수 있었던 것이다. 그러나 사실상 로마서 7장은 율법은 "거룩하고 의롭고 선한 것"으로 설명하였다.(7:12)

(2) 율법을 통해서 죄를 아는 것이 온다.(롬 3:20, 5:13, 7:7)

율법은 '악령의 이름을 부름으로' 죄를 확인해준다.

(3) 하지만 율법은 죄를 짓지 못하게 하기보다는 오히려 죄의 많음을 더 증가하게 하는 데 기여한다.(롬 7:10-11)

남의 것을 탐내지 말라는 명령은 탐심의 방식으로 결과가 난다. 이것은 궁극적으로 명령이 금지하고 있는 것을 만들어 낸다. 죄는 율법이 그것을 활성화시키고 죄가 최악의 일을 하도록 속박을 풀어줄 때까지 사실상 잠을 자며 누워 있다.

(4) 율법 그것은 생명을 주는 것으로 여겨지지만 죽음을 가져오는 것으로 판명이 난다.(롬 7:10-11)

이 생명의 약속이 율법의 원래 의도의 일부인지 혹은 (더 가능성이 있

8) 로마서 7장에 관한 연구는 다음을 참조하라. Paul Meyer, "The Worm at the Core of the Apple: Exegetical Reflections on Romans 7," in *The Conversation Continues: Studies in Paul and John in Honor of J. L. Martyn*, eds. Robert T. Fortna and Beverly R. Gaventa(Nashville: Abingdon, 1990), 62-84.

지만) 오해의 결과인지는 분명하지 않다. 어떤 경우든 그 결과는 실현되지 않는 기대라는 것이다.

(5) 율법이 거룩하고 의롭고 선한 반면, 그럼에도 불구하고 죄의 계략에 대해서는 취약하다.(롬 7:13-23)

하나님의 율법을 기쁘게 받아들이고 헌신적으로 선을 행하기 바라는 종교적인 사람조차도 율법이 죄의 계략에 대해서 얼마나 영향을 잘 받는지 발견한다. 그는 오직 다음과 같이 부르짖을 수 있을 뿐이다. "아, 나는 비참한 사람입니다. 누가 이 죽음의 몸에서 나를 건져 주겠습니까?"(롬 7:24)

(6) 율법은 (아이들의 유모나 죄수들의 간수들처럼) 제한적인 역할을 한다. 그 역할은 그리스도가 오기까지 죄의 능력 아래에서 사람들을 억압하는 것이었다.(갈 3:22-25)

율법은 노예상황으로부터 구원이나 해방을 제공해 주지 않는다. 율법은 약속이 해야 하는 것을 할 수 없다. 그러나 율법은 약속이 완성될 때까지 보초를 선다.

요약해보면, 바울에게 옛 시대의 궁극적인 능력은 죄다. 그리고 옛 시대 안에서 생명에 관한 어떤 고려도 사람(그리고 제도와 사회의 다른 구조들)을 통제하는 파괴적인 효과를 무시하지 말아야 했다. 하지만 노예로 만드는 죄의 능력에 관한 언급은 (쇼가 생각한 것처럼) 인간의 책임성을 없애주지 못한다. 왜냐하면 역설적으로 사람들은 죄 짓는 것을 선택한다. 하나님의 율법은 복잡한 방법으로 시내 산에서 이스라엘에게 주어졌지만, 그것은 죄의 기만적이고 강제적인 전략의 앞잡이가 되었다. 율법은 죄를 드러내는 반면에, 그것은 어떤 변화를 일으키는 데 있어서는 무기력함을 증명했다. 능력으로서 죄에 대한 강조는 하나님이 구속의 방법을 위한 고려를 위한 길을 열어준다. 우리는 지금 그 길로 들어선다.

2. 속죄를 위한 은유

구원론은 구원에 관한 원칙을 다루는 신학의 한 분야이다. 그것은 광범위한 범주이며 보통 하나님이 그리스도 안에서 이룩한 것을 포함시킨다. 그것은 그들이 그리스도 사건과 관련된 인간의 삶에서 무엇이 일어났고, 구원의 상태로 살아가는 새로운 실존의 본성, 하나님이 약속하시는 미래의 종말론적인 받아들임 같은 것을 포함하고 있다. 바울이 구원에 관해서 세 개의 시제로 말하기 때문에 이것은 적절하다. 그것은 과거의 사건, 현재의 경험, 그리고 미래의 희망이다. 다른 한편 속죄는 좀 더 제한된 용어이다. 그것은 주로 구원의 과거 사건을 지시하는 것으로 인간의 죄의 잘못을 바로 잡는 것이다.[9] 우리는 이러한 세세한 구분으로 편지들 안에서 속죄의 이미지들을 살펴볼 것이고, 바울 구원론의 광범위한 관심을 검토해 볼 것이다.

성금요일과 부활절에 실제적으로 무엇이 일어났는지 설명하는 것은 우리의 언어적인 능력을 거부한다. 그 능력은 일어난 것을 말로 정확하게 옮기는 것을 의미한다. 그리고 일어난 것은 아직도 그리스도교 복음의 중심에 놓여 있고 언급될 필요가 있다. 바울은 어떤 시인이 하고자 했던 것을 하였나. 그는 인간 삶의 다양한 영역으로부터 "그리스도는 우리의 죄를 위하여 죽으셨다"는 그리스도인의 근본적인 고백을 풍부하게 해주는 은유를 빌려왔다.(고전 15:3) 우리가 여기서 검토하는 네 가지는 (어떤 것을 구약의 용법에서 끌어온 것으로) 독자들의 상상하는 마음을 자극한다. 그것은 우리가 속죄로서 그리스도의 사건에 관해서 말할 때 무엇이 관련

9) "현대의 용법에서 '속죄'는 화해하기 위하여 방해가 되는 것을 제거하는 최종적인 목표달성보다는 오히려 방해가 되는 것이 제거되는 과정에 관한 제한된 의미를 나타낸다. '잘못에 대해서 보상하는 것'은 그것이 가지고 있었던 악영향을 상쇄하는 어떤 행동을 취하는 것이다." C. L. Mitton, "Atonement," *IDB* 1:309.

되어 있는 것인지 생각하는 것이다. 거기서는 이러한 용어들 배후에는 논란이 없는 것처럼 보인다. 편지 안에서 속죄의 의미에 관한 교회 내에서의 논쟁이나 갈등을 지시하는 자리가 없다.[10)]

우리는 은유로서 그 용어들을 강조하는 것인지 삽화로서 강조하고 있는 것이 아니다.[11)] 삽화는 어떤 생각을 명확하게 하는 그림이나 이야기이다. 그것은 사상에 대한 내재된 관계를 가지지 않고 한 번에 요점을 알아야 하는 청중이나 독자들에게는 필요 없다. 그러나 은유는 직접 언급할 수 없는 것을 말하는 방법으로, '이것을 저것으로' 보는 방법이다. 그것은 생성해 내는 힘을 가지며 이해의 새로운 문을 연다. 바울은 여러 번 그리스도의 죽음을 위한 은유들을 사용하기 때문에 그것들 각자는 독자들의 상상력을 자극하는 공간이 필요하며 너무 빨리 속죄에 관한 단순한 "이론"을 짜낼 필요가 없다. 그 속죄는 하나의 은유를 강조하지만 그러나 다른 것들을 무시하거나 축소한다. 은유를 고려하는 것은 신학적인 꾸러미를 정돈하는 것으로 결론이 나지 않지만, 그러나 좀 더 숙고하기 위한 여지를 남겨준다.

속죄를 위한 세 가지 은유들은 로마서 3:21-26의 단일한 어구에서 나타난다. 우리가 이미 보았던 것처럼 하나님의 정직성을 위한 바울의 경우는 이 절들 안에서 요약된다. 예수의 죽음은 하나님의 두 가지 면모를

---

10) 이것은 몇몇 바울 학자들로 하여금 그의 편지들 안에 화해가 없다는 주장을 하도록 하게 했다. 그 주장은 바울이 화해의 언어를 사용할 때 그가 바울 이전의 전통적인 용어들을 반복하거나 아니면 다른 무엇을 주장할 때 그것을 넌지시 암시한다는 것이다. 다음을 참조하라. Ernst Käsemann, "The Saving Significance of the Death of Jesus in Paul," in *Pauline Perspectives*(Philadelphia: Fortress, 1971), 32-59.

11) 화해의 언어에 관한 은유적인 특성을 파악하는 데 실패한 예는 다음을 참조하라. Gustaf Aulen, *Christus Victor: An Historical Study of the Three Main Types of the Idea of the Atonement*(London: Society for the Promotion of Christian Knowledge, 1950): "그러나 이미지는 생각을 이해하는 데 대중적인 도움이 된다. 주된 것은 그 생각이다"(175).

보여준다. 그 하나님은 이스라엘에게 하신 약속에 대해서 신실하시며 이전에 지나간 죄들에 관해서 진지하신 분이다. 그러나 예수의 죽음이 이것을 행할 수 있는가?

(1) 칭의

실제적으로 '칭의'라는 명사는 편지들 안에서 매우 드물게 나타난다. 우리가 검토하려고 하는 것은 '의롭게 한다'는 동사이다. 이것은 중요함에도 불구하고 파악하기 쉬운 개념이 아니다. 한편으로 '의롭게 하다'(*dikaioō*)로 번역한 그리스어 동사는 명사 '의'(*dikaiosunē*)와 같은 어근으로부터 유래한다. 그리고 영어에는 어원학적인 연결을 보여줄 수 있는 공통의 동사가 없다. 우리는 바울의 편지들 안에서 하나님의 의가 세상에서 일하고 있는 구원을 창조하는 능력이라는 것을 좀 더 일찍 주목하였다. 과제는 그 하나님 활동의 특성을 전달하는 동사를 찾는 것이다.

게다가 신약성서가 대부분의 영어번역인 '의롭게 하다'를 사용함에도 불구하고, 그것은 오늘날 그리스어(혹은 그 배후에 놓여 있는 히브리어) 동사와 매우 같은 의미로 보통은 사용되지 않는다. 의심할 바 없이 그 단어는 어떤 사람이 특별한 행위에 참여하거나 그렇게 하지 않는 것을 위한 합리성을 제공한다. 선생님은 그녀의 첫 번째 세미나에서 다음과 같이 알린다. "학생들은 수업에서 어떤 결석에서든지 의롭게 해야 합니다." 이것의 의미는 출석하지 않는 것에 대한 좋은 이유를 대는 것을 말한다. 그러나 그리스어 동사와 연결된 행위는 사건을 바로잡거나 세우는 것에 관한 그 이상의 언급이다. 켁은 이것을 정상상태에서 벗어나 있는 것을 바른 관계로 세우는 것으로 보고 '수정하다'로 제안한다.[12)]

갈라디아서 2:15-16은 바울의 전형적인 용법을 제공하고 있다. 바울은 베드로가 안디옥에서 이방인 그리스도인들과 식사한 것을 철회한 것

12) Leander E. Keck, *Paul and His Letters*(Philadelphia: Fortress, 1979), 118-123.

을 이어서 다음과 같이 말하면서 베드로에 대한 그의 비난을 설명한다. (풀어 설명하면 다음과 같다.) "베드로여, 당신과 나는 태어나면서 유대인이고 이방인 죄인들이 아니었습니다. 우리는 아직도 사람이 율법이 지시한 것을 행하는 것으로 하나님과 바른 관계에 있지(혹은 교정되고 있지) 못하고 예수 그리스도의 신실하심을 통해서 있다는 것을 알고 있습니다. 그리고 우리는 그리스도 예수를 믿는 것까지 이르렀습니다. 그 결과 우리는 그리스도에 대한 믿음을 통하여 하나님과 바르게 되어 있어야 하는 것이지(혹은 교정되어야 하는 것이지) 율법이 지시한 것을 행하는 것으로 되는 것이 아닙니다." 죄인들의 우상 숭배는 그들을 하나님과 싸우게 하며 정죄를 받지만, 그들은 하나님의 은혜로 하나님과 올바른 관계로 존재하게 된다.

그러나 갈라디아서 2장은 또한 하나님에 의한 칭의가 단순한 사건이 아니라는 것을 분명하게 해준다. 그 문맥은 이방인 그리스도인들과 유대 그리스도인들이 식탁교제를 나누는 사회적인 배경이다. 바울이 베드로와 그의 갈라디아 독자들과 함께 얻고자 하는 것의 요점은 하나님과 바른 관계를 세우는 것은 본질적으로 공동체적 관계를 재정립하는 것을 수반한다. 나의 이웃을 하나님이 의롭게 하시는 것은 나 자신처럼 그렇게 같은 경우가 아니다. 그것은 본질적으로 교정된 죄인인 우리를 함께 묶어준다.

(2) 구원(Redemption)

편지들 안에서 나타나는 세 개의 그리스어 단어들이 있다. 그것들은 규칙적으로 '구원' 혹은 '구하다' 혹은 '사다'로 번역된다.[13] 그것들은 노예의 이미지를 상상하거나 일종의 몸값을 지불함으로 풀어준 죄수의 이미지를 상상하게 한다. 이 두 가지는 의심할 바 없이 1세기의 로마 노예제와

13) *agorazd*(사다) 동사는 고전 6:20, 7:23에 나온다. 그것의 같은 어원의 *exagorazd*(석방하다, 풀어주다) 동사는 갈 3:13에 나온다. 명사 *apolutrosis*(석방, 풀어줌)은 롬 3:24, 8:23; 고전 1:30에 나온다.

이집트로부터 노예들의 탈출에 관한 이야기를 고려하는 것이다.

나는 이 이미지에 관한 두 가지 관찰을 하려고 한다. 첫째, 구원에 관한 이 단어들이 편지 안에서 폭넓게 사용되는 것은 아님에도 불구하고, 그것들은 특히 죄에 관한 바울의 언급에 적합하다. 바울은 상업의 이미지(빚을 탕감해주거나 없애주는 것)를 사용하기보다는 오히려 하나님이 성취하신 것을 나타내기 위하여 사회적이고 정치적인 세계의 언어를 사용한다. 그리스도의 사건은 사람을 죄의 폭정과 율법의 통제로부터 해방하였다.(갈 4:5)

둘째, 적어도 어떤 용법 안에는 강조점이 충성심의 변화에 있다. 바울에게 죄로부터의 자유는 자기 결정권('나는 지금 내가 즐기는 일을 한다.')을 의미하는 독립적인 자율이라는 것으로 결론이 나지 않는다. 그러므로 '그리스도의 종'이라는 표현은 명예로운 칭호이다.(롬 1:1; 빌 1:1; 갈 1:10)[14]

(3) 속죄(Expiation)

NRSV(새개정표준판)는 이것을 '속죄의 희생'이라고 언급한다. '힐라스테리온'(*hilastērion*)이라는 그리스어 단어의 정확한 번역은 오랫동안 논란이 되었고 이것이 바울서신들 안에서 로마서 3:25에 나온다는 사실 때문에 복잡해졌다. 이 명사는 칠십인역에 등장하며 언약궤의 덮개를 의미한다.(히 9:5도 그렇다.) 그리고 몇몇 학자들은 이것을 로마서 3:24에서 "속죄소"(mercy seat)로 번역한다. 이 번역을 따르면 그리스도의 죽음은 속죄일과의 결합을 나타낼 것이다. 그날은 이스라엘의 대제사장이 백성들의 죄를 대신해서 속죄소에 피를 뿌린다.(레 16장)[15]

---

14) 다음의 연구를 참조하라. Dale B. Martin, *Slavery as Salvation: The Metaphor of Slavery in Pauline Christianity*(New Haven: Yale University Press, 1990).

15) 다음의 예를 참조하라. Arland J. Hultgren, *Paul's Gospel and Mission: The Outlook from His Letter to the Romans*(Philadelphia: Fortress, 1985), 60-69. 그리스어 단어 *hilasterion*을 속죄소와 연결하는 것과 바울의 희생적인 속죄에 관

다른 것으로는 영어 단어 '달래기'(propitiation)를 선호한다. 이것은 하나님의 진노를 만족시키는 것을 목적으로 하는 것을 설명한다. 하나님은 인간의 죄에 대해서 불쾌해 하신다. 그리고 그리스도 사건은 하나님 정의의 의무를 충족시킨다.[16] 그러나 이 '달래기'의 문제는 이방인 종교의 유령을 불러낸다는 문제가 있다. 이방인 종교 안에서 신은 어떤 종류의 희생으로 달래져야 하기 때문이다. 신을 진정시킨다는 생각은 단순하게 보면 유대교 안에서 상식적인 것이 아니다.

가장 좋은 경우는 속죄라는 번역이다. 이것은 하나님에게 목적을 두는 것이 아니라 죄에 대해서 변상을 해주는 그들 자신들이 범죄에 목적을 두고 있는 행동을 말한다. 이런 사례에서 볼 때 이 용어의 배경은 아마 유대교의 제사 체계 안에 있었거나 아마도 마카비 혁명기 동안에 유대교 순교자들의 대속적인 죽음의 효력과 같은 것 이상이었을 것이다.(제4마카비서 17:22)[17] 예수의 죽음은 다른 사람들을 대신하는 죽음이다. 그리고 그 죽음은 다른 사람들이 범한 잘못을 보상하는 데 도움이 된다.

(4) 화해(Reconcilliation)

현대의 독자들에게 인간관계라는 언어는 다른 은유 이상으로 익숙하다. 우리는 적개심을 없애고 평화를 구축하는 행동을 이해한다. 그것은 소외를 극복하고 친구를 만드는 것을 의미한다. 열쇠가 되는 바울의 두 개 본문 안에서 그리스도 사건 안에 있는 하나님의 행위가 화해로 설명되고

한 생각은 다음의 학자가 열정적으로 검토하였다. Stanley K. Stowers, *A Rereading of Romans: Justice, Jews, and Gentiles*(New Haven: Yale University Press, 1994), 206-213.

16) 다음의 예를 참조하라. C. E. B. Cranfield, *A Critical and Exegetical Commentary on the Epistle to the Romans*, ICC, vol. 1(Edinburgh: T. & T. Clark, 1975), 214-218.

17) 다음을 참조하라. Sam K. Williams, *Jesus' Death as Saving Event: The Background and Origin of a Concept*(Missoula, MT: Scholars Press, 1975), 39-40.

있다.(롬 5:9–10; 고후 5:14–21)

로마서 5:9–10 안에서 적대감을 제거하고 적이었던 그들을 친구로 만드는 데 있어서 하나님의 주도권이 '그의 아들의 죽음을 통해서' 일어난다. 하나님 백성들의 현재 상황은 하나님에 대해서 화해가 이루어진 관계이며, 그것은 마지막 심판에 직면해서 확신을 준다. 고린도후서 5:14–21은 주연배우로서의 하나님을 강조한다. 그분은 적에게 승리하기 위해 소외를 당하셨다. 이것은 하나님이 인간에 대해서 화해가 될 필요가 있다는 것이 아니라 인간이 하나님과 화해를 필요로 한다는 것이다.

하나님의 화해하는 행위에 관한 세 가지 차원은 이것 다음의 어구에서 분명하게 나타난다. 첫째, 이 어구의 중심에서 "그들을 반대해서 그들의 범죄를 판정하지 않는다"(5:19)는 것은 아마 시편 32:2를 고려하는 것으로 보인다. 바울에게서 하나님이 이전에 지은 죄를 다룬다는 것은 단순한 것이 아니다. 그러나 화해가 이루어진 사람들은 지금이나 미래에 하나님의 보호를 기대한다. 적어도 모든 사람이 같은 것이 아니다. 하나님은 죄를 무시하는 사람을 지켜주지 않으신다.

둘째, 그 본문 안에서 하나님 화해의 대상은 '우리'(추정하건대 바울과 고린도 그리스도인들일 것이다, 5:18)와 '세상'(5:19, 11:15를 참조하라.)이다. 양쪽 그룹들은 그들 자신의 반목을 다루는 데 있어서 도움이 되지 않는다. 어느 쪽도 다른 것보다 하나님의 은혜를 덜 의존하는 것이 아니다. 그러나 좀 더 넓은 문맥에서 바울은 자신의 사역을 고려하고 있다. 그가 쉽게 세상과 응답하는 연결을 언급하는 것은 비판적이다. 바울에게서 '우리'와 '세상' 사이의 연대는 우리가 마치 '세상'보다 어느 정도 '더 나을 것 같다'는 좀 더 우위의 입장을 가정하는 것으로부터 우리를 지켜준다.

셋째, 하나님의 화해하시는 행위는 화해의 사역에 참여하게 되는 임무를 포함한다.(5:18) '우리'와 '세상' 사이에 만들어진 구별은 선교를 위한 원동력이 된다. 그 과제는 하나님이 하나님의 현존을 거부한 세상에 대해서조차도 화를 내시는 신이 아님을 선언하는 것이다. 그리스도의 사건 때문에 세상은 이제 하나님의 적이 아니라 하나님의 친구로 살아야 할 필요가 있게 된 것이다.

하나님과 인간의 관계를 바르게 세우는 것, 죄의 권세에 대해서 종노릇하는 인간을 해방하는 것, 잘못을 범한 것을 구제해 주는 것, 하나님과 서로가 소외된 그들을 화해하게 해주는 것 모두가 바울이 '우리의 죄를 위한' 그리스도의 죽음으로 일어난 것을 설명하는 이미지들이다. 그것들은 새로운 시대를 시작하시는 하나님의 행위를 묘사한다. 흥미롭게도 그것들은 하나님이 주도권자로서 유일회적인 사건으로 죄의 실재를 다루고 계신다는 이해를 함께 공유하고 있다. 그것은 가능성 있는 구원을 실제적인 구원으로 바꾸기 위한 어떤 보충도 필요 없다. 바울에게서 그리스도 사건은 단지 하나님과 인간의 관계를 위한 새로운 가능성, 사람들에게는 순종하는 기회, 처음부터 다시 시작하게 하는 행동개시를 하는 것이 아니다. 그 대신에 그 이미지들은 하나님이 이미 성취하신 무엇인가를 그리고 있다. 그것은 "새 창조를 가져오는 세상에 대한 하나님의 강력한 개입이다."[18)]

3. 그리스도와 함께 죽고 부활함

쇼(와 그 이전과 그 이후의 다른 사람들)가 제기한 한 가지 문제는 2,000년 전의 한 사람의 죽음과 부활이 어떻게 오늘을 살고 있는 사람들에게 효력이 있는지 질문하고 있다는 것이다. 그리스도의 유일회적인 사건이 나중의 세대들에게 어떻게 영향을 주는 것인가? 어떤 의미에서 바울은 사건 그 자체에 역사적인 접근을 하고 있지만 그 질문에 직접 대답했다

18) J. Louis Martyn, "Paul and His Jewish-Christian Interpreters," *USQR* 42(1988): 12.

고 기대할 수 없다. 그리고 우리가 아직도 그에게 1세기의 유대인으로서 말할 수 있는 권리를 준다면, 그는 그때 현대사상의 양식이 되는 몇 가지 흥미 있는 범주들을 제고할 것이다.

로마서 5:12-21에서 아담과 그리스도에 관한 광범위한 비교와 세례에서 그리스도와 함께 죽고 부활함으로 일어나는 결과에 대한 논의는 이러한 주제들을 위해서 비판적인 본문들이다. 아담(히브리어로 '남자'를 의미한다.) 안에서 그리고 에덴 동산에서 그가 불손종하는 이야기 안에서(창 3장) 바울은 한 사람을 보고 있다. 그 사람은 인간 역사의 처음 시대를 시작하였고 그 시대에 특별한 성격을 부여했다. 아담은 인류의 조상일 뿐만 아니라 인간의 원형이기도 하다. 그의 이야기는 불순종, 죄, 정죄함, 그리고 죽음 중에서 하나이며, 그는 그것에 의해서 그의 모든 후손을 대표한다. 옛 시대 안에서 인간이 된다는 것은 아담에 관해서 언급된 모든 것에 연루된다는 것을 의미한다. 인간이 금단의 열매를 먹은 행동과 그것의 치명적인 결과가 되어버린 두 가지 입장에서 아담과 일치한다.

그리스도(고전 15:45에서 마지막 아담으로 부른다.)는 아담에 의해서 시작된 옛 시대로 들어가신다. 그러나 그의 순종을 통해서 옛 시대의 힘은 산산이 부서지고 인간 역사의 새로운 시대가 시작된다. 순종, 은혜, 무죄 생명을 특징으로 하여 이루어진 그는 새 인간성의 전형이 되었다. 새로운 시대 안에서 인간이 된다는 것은 그리스도에 관해서 모든 것과 연관을 기지게 된다는 것을 의미한다. 인간은 그의 순종 행위와 생명을 주는 행위의 결과 두 가지가 그리스도와 일치한다.

아담과 그리스도는 개인적인 성격들이지만, 그러나 그 이상이다. 그들은 인간 공동체 전체를 대변한다. 그들은 그들의 포용성 안에서 똑같다. 그리고 각자는 자신의 후손을 위하여 한 시대를 열어주며, 그것은 계승하는 세대들을 위하여 방향을 세워준다. 그리고 그것은 분명하게 정해진 운명과 연결된다. 로마서 15:12-21의 교훈은 고린도전서에서 나오는 좀 더 이른 본문 안에 적절하게 요약되어 있다. "아담 안에서 모든 사람이 죽는

것처럼, 그렇게 모든 사람은 그리스도 안에서 살게 될 것입니다."(15:22)[19]

학자들은 아담과 그리스도의 비교를 위한 바울의 자료에 대해서 다양한 제안들을 하였다. 어떤 사람들은 그리스도교 이전의 영지주의 신화를 추적하기도 한다. 다른 사람들은 바울이 그것을 같은 인격체에 관한 유대교의 진술로부터 가져온 것이라고 주장한다. 그것으로 인해서 공동체 전체는 하나의 인격으로 표현될 수도 있다. 구약성서의 예로 자주 인용되는 것이 아담의 이야기이다. 그것은 한 사람의 죄가 여리고 전투 이후의 온 나라가 고통을 겪는 원인이 되었고, 그 사람을 처벌한 것이 나라를 회복했다는 것이다.(수 7장) 하지만 이 두 제안들은 오늘날 비난을 받고 있으며 세밀한 연구를 거의 내놓지 못하고 있다. 우리는 그의 자료가 무엇이든지 간에 바울(그리고 고대의 유대인들)이 인간이 연대성에 관한 이해를 다루었다는 사실을 과제로 안고 있다. 그런 이해는 현대의 개인주의적인 방향성과 아주 다르다.

그 주장은 로마서 6장에서 계속되고 있다. 바울은 거기서 그가 상상하는 대화 상대자의 질문에 직면하고 있다. 만약에 죄의 증가가 은혜에 관한 더 위대한 증명의 결과가 된다면, 결국 좋은 일이 죄를 짓고 있는 것이 아닙니까?(5:20-21을 보라.) '쓸데없는 이야기!'라고 바울은 응답한다. "우리는 죄에 대해서 죽은 사람인데, 어떻게 죄 가운데서 그대로 살 수 있겠습니까?"(6:2) 그러나 우리가 어떻게 "죄에 대하여 죽은 것입니까?" 진술들은 편지들 안에서 죄들을 고려한 그리스도의 죽음에 관해서 미리 만들어져 있었다.(3:25, 4:25) 그러나 아직도 평범한 죄인들에 의한 죄에 대한

---

19) 매번 그의 부활에서 그리스도와 함께하는 연대가 편지들 안에서 언급된다. 그것은 미래시제 동사로 나타난다.(예를 들면 롬 6:4, 5, 8-9; 고전 15:22, 49) 그 패턴은 '우리가 그리스도와 함께 죽었습니다.' '우리는 그리스도와 함께 살아나야 합니다'로 전개된다. 케제만(Käsemann)은 이 현상을 "종말론적인 유보의 모습으로 되어 있는 주목할 만한 경고"라고 부른다. Ernst Käsemann, *New Testament Questions for Today*(Philadelphia Fortress, 1969), 132.

죽음에 관해서는 아무런 언급이 없다. 다른 말로 하면, 그리스도의 죽음이 어떻게 우리와 관계가 있는가? 하는 것이다.

독자들은 그들 자신이 세례에 관해서 숙고하도록 초청을 받는다. 그들은 그리스도에게 들어가는 세례를 받음으로 그의 죽음으로 들어가는 세례도 받았다. 세례는 하나의 사건이다. 그 사건 속에는 그들의 세례 받음은 유일회적인 그리스도의 사건에 참여함을 인정하는 것이다. 세례는 그 사건을 반복하지 않는다. 오히려 그것은 세례 받은 사람이 그리스도와 함께 현존하고 있다는 사실을 상징으로 표현한다. 그것은 "그들이 나의 주님을 십자가에 못 박을 때 당신들은 거기에 있었습니까?"를 노래하는 오래된 흑인영가가 질문하는 것에 대한 응답은 "예, 우리는 그분과 함께 거기에 있었습니다"라고 하는 것이다. 그리스도는 하나님의 모든 사람을 대표하는 일을 하신 것이다.

흥미로운 것은 바울이 로마서 6장에서 죄 문제를 다루면서 그리스도의 죽음에 관해서 말하고 있다는 것이다. 그 죽음은 (예수가 우리의 자리를) 대신하는 대체가 아니라 (우리가 그리스도와 함께 십자가에 못 박히는) 참여하는 사건이다. 후자의 것은 세례 받은 자의 생명을 그리스도에게 더 가까이 연결한다. 참여의 언어는 그것을 다음과 같이 말하는 것을 가능하게 해준다. "(아담 안에서 대표되었던 인간성과 우리가 연결되어) 우리의 옛 사람이 그리스도와 함께 십자가에 달려 죽은 것은, 죄의 몸을 멸하여서, 우리가 다시는 죄의 노예가 되지 않게 하려는 것임을 우리는 압니다."(6:6)

서양인들의 귀에는 이상하지만, 로마서 5:12-6:11 안에서 공동으로 보여주는 것과 참여는 '그때'와 '지금' 사이에 존재하는 틈새, 그리스도 사건과 현대인들의 생활 사이에 존재하는 틈새에 다리를 놓아 준다. 세례는 성례전이다. 그 성례전에 의해서 대변하는 것과 참여는 축하를 받는 것이 공개적으로 요구된다. "그리스도께서 죽으신 죽음은 죄에 대해서 단번에 죽으신 것이요. … 이와 같이 여러분도, 죄에 대해서는 죽은 사람이라는 것을 알아야 합니다." 바울은 예수의 죽음과 우리 자신의 생명들 사이에 존재하는 시간적 차이에 관한 우리 모두의 질문에 대답하지 않지만, 그가 참여하고 있는 범주들은 도발적이고 자극적이다.

4. 그리스도의 믿음과 우리의 믿음

종교개혁의 믿음에 의한 칭의에 대한 강조는 하나님의 은혜가 인간에 의해 받아들여지는 방식에 큰 비중을 두었다. 그것은 은혜가 믿음으로 받아들여지는 것이지 행의로 받아들여지는 것이 아니라는 것이다. 루터는 중세의 종교 체계에 대항하여 싸우고 있었다. 그 체계는 평범한 인간을 다양한 의식(儀式)들을 행함으로 하나님의 총애를 받는다는 지킬 수 없는 자리에 두려고 했다. 얼마나 많은 공로가 있어야 하나님의 사랑을 충분히 받을 수 있는가? 루터는 바울에게서 같은 정신을 발견하였다. 루터는 바울이 비슷한 투쟁에 참여하고 있다고 이해했다. 그 싸움은 율법에 대한 충성을 요구했던 종교체계에 반대하는 것이었다.

종교개혁의 위치는 16세기부터 강력한 영향력을 행사했다. 특히 그중에서도 신약성서의 영어 번역의 영역에서 그렇다. 확실하게 말하자면 거기에는 애매모호한 그리스식 표현이 있는데, 그것은 바로 **그리스도의 믿음**(*pistis Christou*)이다.(문자적으로는 '그리스도의 믿음'이다.) 이것은 바울서신들 안에서 일곱 번 나타난다.[20] '그리스도'가 믿음의 대상이라는 것인가?(그리스도를 믿음) 혹은 그 구절이 그리스도 자신의 믿음(혹은 신실함)을 가리키는 것인가? 어느 것이든지 문법적으로는 가능하다. (킹제임스 번역 이후부터) 가장 최근의 번역은 그 믿음이 언급되는 것이 그리스도에 대한 인간의 신뢰라는 것을 가정하면서 그것을 '그리스도를 믿음'[21]으

20) 롬 3:22, 26; 갈 2:16(2회), 20, 3:22; 빌 3:9.

21) 혹은 믿음으로 받아들여지는 롬 3:25의 번역을 다르게 말하는 것 같은 것이다.

로 언급한다.[22] 갈라디아서 2:16, 3:2; 로마서 3:28 같은 본문 안에서는 그것이 행위에 맞서서 믿음을 투쟁하는 것으로 보인다. 그 번역은 종교개혁 해석에 반향을 불러일으켰다. 그것은 바울이 율법의 계명을 수행하는 것보다는 오히려 그리스도에 대한 신뢰를 요구한다는 것이다.

하지만 최근에는 그 표현이 많은 연구의 주제가 되고 있다. 그리고 학자들의 늘어나는 숫자가 지금 '그리스도의 믿음(혹은 신실함)'이라는 어구로 말하고자 하는 경향이다.[23] 물론 결정은 그 표현이 나타나고 있는 각 구절의 특별한 문맥의 용어로 이루어져야 한다. 그러나 그런 변화가 문장론과 주석학적인 탐구 그리고 인식의 결과로 일어났다고 말하는 것은 공정하다. 그 인식은 다른 인간의 행위(믿는 것)에 대항하여 한 인간의 행위(율법에 관한 계약을 완성하는 것)를 투쟁하는 것으로 바울을 읽는 것보

22) NRSV는 그리스도의 믿음을 (각주에서) 양자택일로 제시하고 있다.

23) 다음의 예들을 참조하라. George Howard, "On the 'Faith of Christ,'" *HTR* 60(1967): 459-465; and "The Faith of Christ," *ExpTim* 85(1974): 212-215; Markus Barth, "The Faith of the Messiah," *HeyJ* 10(1969): 363-370; R. N. Longenecker, "The Obedience of Christ in the Theology of the Early Church," in *Reconciliation and Hope: New Testament Essays on Atonement and Eschatology*, ed. Robert Banks(Grand Rapids: Eerdmans, 1974), 142-152; Sam R. Williams, "The 'Righteousness of God' in Romans," *JBL* 99(1980): 272-278; "Again Pistis Christou," *CBQ* 49(1987): 431-447; Luke T. Johnson, "Rom 3:21-26 and the Faith of Jesus," *CBQ* 44(1982): 77-90; Richard B. Hays, *The Faith of Jesus Christ: An Investigation of the Narrative Substructure of Gal 3:1-4:11*(Chico, CA: Scholars Press, 1983); "Pistis and Pauline Christology: What's at Stake?," in *Society of Biblical Literature 1991 Seminar Papers*, ed. Eugene H. Lovering(Atlanta: Scholars Press, 1991), 714-729; Morna D. Hooker, "Pistis Christou," *NTS* 35(1989): 321-342; L. E. Keck, "'Jesus' in Romans," *JBL* 108(1989): 445-460; Stanley K. Stowers, "Ek pisteos and dia tes pisteos in Romans 3:30," *JBL* 108(1989): 665-674. 반대되는 의견은 다음을 참조하라. Arland J. Hultgren, "The Pistis Christou Formulations in Paul," *NovT* 22(1980): 248-263; James D. G. Dunn, "Once More, Pistis Christou," in *Society of Biblical Literature 1991 Seminar Papers*, 730-744.

다 하나님의 행위(그리스도의 신실한 복종)에 대항해서 인간의 활동(율법에 관한 계약을 완성하는 것)과 투쟁하고 있는 것으로 바울을 읽는 것을 더 이치에 맞게 만드는 것을 말한다.

'그리스도의 믿음'은 무엇을 나타내는 것인가? 그리스어 단어 *pistis*는 의미의 광범위한 범위를 가지고 있다. 그것은 단지 신뢰, 믿음, 확신만을 포함하는 것이 아니라, 신실함, 신뢰성, 충성의 의미도 가지고 있다. 게다가 바울은 믿음과 순종을 사실상 동의어로 만드는 방식으로 그것들을 연결한다.(롬 1:5, 16:26) 이것은 '그리스도의 믿음'이 그리스도의 신실한 순종을 가리킨다는 결론을 이끌어 낸다. 그리스도의 신실한 순종은 특별히 십자가에 의한 그의 죽음에서 나타났다.(롬 5:19; 빌 2:8) 그때 믿는 사람들은 그들이 믿는 것으로 의로워지는 것이 아니라 하나님의 구원목적을 성취함에 대한 예수 그리스도의 신실함에 의해서 의로워진다.

그러나 이것이 인간의 믿음을 제거하거나 시시한 것으로 만들어 버리는 것인가? 결코 그렇지 않다. '믿는다'는 동사는 비판적인 본문들 안에서 나타난다.(갈 2:16; 빌 1:29) 그리고 거기서 명사는 절대적으로 인간의 믿음을 지시하는 경우가 된다. 로마서에 대한 주제를 언급하면서 바울은 "복음 안에서 하나님의 의가 믿음을 위해서 믿음을 통해서 나타났다"고 말한다.(1:17) '믿음을 위해서 믿음을 통해서'라는 표현은 "그리스도의 신실함으로부터 믿은 사람들의 응답하는 믿음까지"를 말하기 위한 요약 역할을 한다.

그러나 편지들 안에서 예수의 선구적인 믿음에 관한 논의는 다양한 방식에서 믿음에 관한 전통적인 이해를 새로운 방향으로 이끌어간다. 첫째, 의롭게 하는 믿음은 인간의 믿음이 아니라 그리스도의 믿음이다. 바울 복음의 완전한 논리는 '믿는 사람'의 구원이 그들의 아는 것이나 믿는 것에 좌우되는 것이 아니고 하나님의 목적을 성취한 예수 그리스도의 행위에 달려 있음을 요구한다는 것이다.[24] 다른 방법으로 말하자면, 인간의 믿음은 하나님의 은혜를 받는 전제조건이 아니라 그리스도 사건 안에서 이미 주어진 은혜에 대한 '예'라는 응답이다.

둘째, 신자 개개인 일부에 대한 단순한 응답만 있는 것 대신에 인간의 믿음은 예수의 신실한 순종에 참여하는 것으로 판명된다. 믿는 사람들은 그의 죽음으로 그와의 연대성을 요구하며, 그것은 하나님의 소명에 대한 그의 충성을 포함한다. 갈라디아서의 두 문장을 읽어보면 다음과 같다. "나는 그리스도와 함께 십자가에 못 박혔습니다. 이제 살고 있는 것은 내가 아닙니다. 그리스도께서 내 안에서 살고 계십니다. 내가 지금 육신 안에서 살고 있는 삶은, 나를 사랑하셔서 나를 위하여 자기 몸을 내어주신 하나님의 아들을 믿는 믿음 안에서 살아가는 것입니다."(갈 2:19b-20) 그리스도와 연합은 믿는 사람들의 삶과 운명을 재형성하게 해준다.

셋째, 바울에게서 인간이 만드는 응답의 특징은 예수의 믿음에 의해서 규정된다. 종교개혁의 '그리스도 안에 있는 믿음'은 종종 순수한 수동태라는 하나의 믿음으로 결정이 났다. 그 믿음은 단지 어떤 행위의 오점을 피하고자 하는 '무의미한 것'(non-thing)이다. 하지만 예수의 믿음은 은혜에 응답하는 능동적이고 공격적인 하나의 패턴을 제공한다. 그것은 많은 위험을 무릅쓰고 고통을 겪어야 할 위험성이 있다. 믿음의 공동체는 예수의 믿음에 관한 패턴에 몰두하며('그의 아들의 모습을 따른다', 롬 8:39), 그것은 행위를 포기하는 것 그 이상이다.

넷째, 그리스도의 믿음 안에서 어떤 사람의 참여를 인정하는 것은 인간의 믿음을 행위로 생각하는 것으로부터 그를 막아준다. 종종 믿음에 관한 인간의 응답을 강조할 때, 그것은 하나님의 관대함을 촉발시키는 본질적인 행위로 이해되었는데, 그것은 마지막으로 오게 되는 자기 칭의에 관한 본질적인 형태이다. 하지만 바울의 그리스도 중심적인 방향은 믿는 사람들을 그러한 걱정들로부터 해방하는 것이다.

24) Hays, *The Faith of Jesus Christ*, 249.

5. 고난과 희망

새 시대의 생명은 편지들 안에서 결코 편안한 지위로 설명되지 않는다. 바울이 종종 '기쁨'에 관하여 말할 수 있었지만, 그는 분명히 풍선들, 꽃들, 웃는 얼굴들과는 다른 무엇인가를 의미했음이 분명하다. 사실상 빌립보서의 짧은 편지도 '기쁨'을 반복해서 언급하지만, 그러나 바울은 그가 편지를 쓸 때 감옥에 있었다. 그리고 그는 그의 독자들에게 그들이 겪어야 하는 고난에 대해서 주의하라고 한다.(빌 1:30) 바울에게서 진리는 현재라는 것이 아직도 옛 시대라는 죽음의 강력한 힘에 의해서 규정되고 있는 시간이라는 것이다. 죽음의 궁극적인 위협은 그리스도 사건 안에서 깨어졌지만, 그러나 그것은 격파되어야 하는 마지막 적으로 남아 있고 계속해서 믿는 사람들의 삶과 마찬가지로 믿지 않는 사람들의 삶을 괴롭히고 있다. 바울은 그 시대의 개인적이고 사회적인 비극들에 관해서 '오 주님, 왜 그렇습니까?' 하고 질문하지 않았다. 그는 왜 그런 것인지 알고 있는 것처럼 보인다. 게다가 그는 고린도의 열광주의자들을 반대하는 활발한 활동을 하고 있었다. 그 열광주의자들은 지금 하나님의 복 주심의 충만함과 그들과 관련된 무의미한 세상의 관심사로부터 스스로 벗어나도록 주장하기를 원했다. 바울은 영원히 현실주의자로 남아 있으며, 그는 그의 독자들에게 얄팍한 낙관주의의 말을 결코 하지도 않았고 하나님의 궁극적인 승리를 바라는 것도 결코 중단하지 않았다.

생명을 향한 실제적인 입장이 생생하게 그려지는 구절은 로마서 8:18-27이다. 바울은 그 안에서 묵시적인 시인으로서 글을 쓰고 있다. 자연의 세계와 인간의 세계 양쪽을 포함하는 창조세계의 곤경이 허무함과 부패로 나타나고 있다.[25] 창조세계는 하나님이 창조세계를 위하여 준비한 미

25) 창조의 인격화나 비인간세계와 인간의 죄를 결합하는 것은 유대교 성서의 낯선

래를 경험하기 위하여 그것의 속박으로부터 해방되기를 갈망하고 있다. 하지만 현재는 오직 불완전함의 신음으로만 나타나고 있다. 게다가 믿는 사람들은 하나님의 성령을 마지막 구원의 첫 열매로 가지고 있음에도 불구하고 그 실패에 대해서 스스로 면제가 되어 있는 것은 아니다.(8:23) 그들이 기도할 때 성령은 그들을 위하여 중보하지만, 그러나 말할 수 없는 탄식을 한다.(8:26) 그들은 안전한 피난처로 옮겨져 있는 것은 아니지만, 그러나 현재에 닻을 내리고 결점과 불완전함을 가지고 있지만 성령에 의해서 굳건하게 보호를 받는다.

그리고 아직도 탄식하고 있는 것은 노동의 고통이다. 그러나 그것은 절망의 울부짖음이 아니라 희망의 울부짖음이다. 그것들은 임신 중인 어머니들의 부르짖음이다. 그들이 오랫동안 기다리는 것은 새 생명의 주제에 관한 것이다. 바울은 그것들이 절정에 도달해 있다고 설명한다. "우리는 이 소망으로 구원을 얻었습니다. 눈에 보이는 소망은 소망이 아닙니다. 보이는 것을 누가 바라겠습니까? 그러나 우리가 보이지 않는 것을 바라면, 참으면서 기다려야 합니다."(롬 8:24-25) 바울은 보이지 않는 어떤 것을 희망의 대상으로 묘사하면서 그것의 '그럼에도 불구하고'의 특성을 강조하고 있다. 희망은 성공이 모퉁이를 바로 돌아서면 있을 때가 아니라, 모든 지시계가 반대 방향을 가리키고 있을 때 기능을 한다. 다른 경우에서 바울의 모델은 아브라함이다. "그는 희망의 반대에 직면해서도 희망을 가졌다." 그는 나이를 먹어가고 있었고 사라가 잉태하지 못하고 있었음에도 불구하고 하나님이 그를 '많은 민족의 아버지'가 되도록 하겠다는 약속을 지키실 것임을 신뢰했다.(롬 4:18-21)

본문 안에서 희망에 관한 두 가지 특징들이 결함과 불완전에 직면하여 나타난다. 그 중 하나는 열망이다. 이것과 관련된 그리스어 동사는 세

주제가 아니다. 마찬가지로 출산의 고통은 자주 하나님의 심판을 나타낸다.(예들들면 사 13:8)

번 나타나고 있으며(8:19, 23, 25), '기다리다'라는 번역은 이중적인 전치사 접두어를 가지고 있다. 그 접두어는 체념한 순응으로서의 기다림이 아니라 열렬한 참여로서의 기다림을 가리킨다. 희망의 두 번째 특징은 인내함, 신뢰에서 나오는 평안한 기다림을 말한다. 어떤 사람은 그것 때문에 자신의 손으로 무엇을 가져가는 것을 거부한다. 그때 희망은 기다릴 수 없는 성급함과 단지 기다릴 수밖에 없는 절망 사이에 존재하는 얇은 판자조각이다.

바울에게는 현재의 장밋빛 그림이 없다. 그는 고통과 고난에 관해서 알고 있다. 그것들은 서로 다른 북소리에 맞추어서 행진함으로 오는 것이다. 그리고 그는 우주적이고 비극적인 고통에 관해서 알고 있다. 그 고통은 죽음의 권세에 관해 예측할 수 없는 작업을 반영한다. 그는 그의 독자들에게 소매를 걷어붙이고 그들의 마음에서 부정적인 모든 생각을 지우려고 좀 더 힘써 노력하거나 스스로 확신을 가지라는 어떤 충고를 하지 않는다. 상황은 자기 자신을 돕는 몇 가지 전술을 위해서도 훨씬 더 많이 비관적이다. 그럼에도 불구하고 거기에는 희망이 있다.

희망은 하나님의 최후 승리를 향한 믿는 사람들의 방향이다. 로마서 8장에서는 그 표현을 여러 번 언급한다. 그것들은 '장차 우리에게 나타날 영광'(8:18), '하나님의 자녀들의 나타남'(8:19), '하나님의 자녀들의 영광의 자유'(8:21), '우리 몸을 속량하여 주는 자녀삼음(양자삼음)'이다.(8:23) 바울에게서 미래는 앞으로 펼쳐지는 현재의 것 이상으로 생각되지는 않지만, 그러나 무엇인가 질적으로 다르다. 그것은 하나님 목적의 성취로 그리스도 사건 안에서 그리고 그리스도 사건에 의해서 선포되기 때문이다.[26)]

26) 다음을 참조하라. J. Christiaan Beker, *Suffering and Hope*(Philadelphia: Fortress, 1987), 73-79.

제9장

새로운 공동체

편지들의 신학 주제들을 다루고 있는 책이 바울의 교회 이해를 너무 많이 걱정할 필요는 없을 것 같다. 무엇보다 교회는 바울이 이방인들을 위한 사도가 되기 이전에 존재하고 있었다. 심지어 그는 자신이 교회를 박해했던 사람 중에 하나라고 설명한다.(고전 15:9; 갈 1:13; 빌 3:6) 전체 교회의(ecumenical) 실체라는 교회가 (에베소서처럼) 진지한 숙고를 위한 주제가 된 것은 오로지 바울 이후의 일이다.

바울은 '교회'(ekklesia)라는 단어를 사용할 때, 대부분 단순하게 지역의 회중을 언급하고(예를 들어 몬 2절), 복수로 사용할 때는 특별한 지역에 있는 회중들의 그룹을 언급한다.(예를 들어 고전 16:1) 회중들은 그들이 좀 더 큰 운동에 가담하고 있다는 것을 염두에 두는 반면에(예를 들어 고전 1:2), '교회'라는 용어는 오로지 드물게만 비지역적인 특징을 가진다. 그 편지들은 교회에 관한 정확한 원리를 주장하고자 하는 열심을 보여주지는 않는다. 그것들은 교회조직의 형식을 선전하는 데 어떤 관심도 고려하지 않는다.[1)]

1) '장로'라는 단어는 순수 바울서신 안에는 등장하지 않는다. 그리고 '감독'과 '집사'는 단 한 번 나온다.(빌 1:1) 발전된 정치형태에 관한 묘사는 디모데전서를 참조하라.

그리고 아직도 교회에 관한 논의 없이 바울을 이해하려는 시도는 엔진 없는 차를 운전하려고 하는 시도와 같다. 모든 편지는 교회들을 향하여 기록되었다. 교회의 존재가 전제되고 있다는 것이다. 바울은 그의 청중들을 격려하고, 충고하며, 자극하고 때로는 꾸짖으면서 그들 안에서 새로운 시대의 백성이라는 정체성, 즉 십자가에 못 박힌 주님의 공동체를 세우려고 노력하고 있다. 그는 그들을 '하나님의 사랑을 받는 사람들', '거룩한 자들로 부름 받았다'(롬 1:7), '그리스도 안에서 거룩해졌다'(고전 1:2)고 말하며, 그들에게 그들의 소명이 구별된 공동체라는 것을 주장하도록 요구하고 있다.

우리는 이 새로운 공동체에 관한 바울의 특징을 이해하기 위해서 무엇인가를 파악할 수 있다. 그 특징들은 교회와 의사소통을 하면서 나타나는 네 가지 주제로 다루어진다. 가장 중요한 것은 회중 가운데 유대교와 이방인 신자들 사이에 존재하는 관계성이다. 둘째, 공동체에 대한 그리스도의 관계에 관한 그 이상의 신학적인 주제이다. 셋째, 특히 종말론적인 하나님의 백성으로 실존하고 있는 교회의 주변 환경과 관련된 교회의 차별성이다. 마지막으로 다양한 지역이나 계층과 직면한 내적인 일치에 관한 어려운 문제가 있다.

1. 유대교와 이방인 신자들

1세기 그리스도인들의 모습으로 되돌아가는 것과 초대 그리스도교 안에서 유대인과 이방인들의 투쟁에 관한 신학적인 차원과 마찬가지로 정서적인 차원을 평가하는 것은 어렵다. 의심할 것 없이 거기에는 수년간의 연구 이후에도 우리를 따돌리는 미묘한 문제가 있다. 어떤 의미에서 그것은 갈라디아서의 수수께끼로 남아 있다. 대화의 이 특별한 형식은 왜 주의 깊게 구성되었을까? 그 형식은 매우 결의론적인 의견을 가지고 여러

가지를 고심하고 있는 주장이다. 그러나 그것은 동시에 요청의 기초가 되는 과거의 우정을 요구하기도 한다. 거기에는 아마도 우리의 눈으로 만나는 것 이상의 문제들이 있었을 것이다.[2)]

우리는 가장 이른 단계에 있었던 교회의 특징이 대부분 유대교적이었던 것에 대해서 무엇을 알고 있는 것인가? 그것은 할례나 음식 규정 같은 문제들이 그 구성원들에게 힘겨운 문제가 아니었다는 것을 의미한다. 그들은 단순하게 이러한 율법들과 관습들이 계속 실천될 것으로 생각했다. 바울도 그렇게 함께했던 사람이다. 그는 '이방인들의 사도'로 부름을 받았으며 비유대인들에게 본질적으로 모세의 율법 요구를 무시하는 복음을 설교했다. 놀랄 것도 없이 거기에는 순회하는 다른 선교사들이었던 유대인 그리스도교 교사들도 있었다. 그들도 마찬가지로 전체 교회의 비전을 가지고 있었다. 그러나 그들은 하나님이 모세의 율법을 통해서, 즉 그것을 제쳐놓지 않고 비유대인들에게 손을 뻗고 계신다는 순수한 확신을 가지고 있었다. 유대인과 이방인 사이의 차이점은 이방인들이 어떻게 하나님 백성들의 완전한 참여로 인도하는 문으로 들어갈 수 있는가 하는 것이었다. 갈라디아 교회들 안에는 비유대인 선교에 관한 이 두 가지 신학이 서로 충돌하고 있었다.[3)]

바울은 처음에 갈라디아 현장에 있었지만 그가 그 영역을 떠난 지 얼마 되지 않아서 율법을 지키면서 복음을 옹호하는 교사들이 도착했고 바울이 뒤에 남겨놓은 회중들 가운데서 그들의 복음을 확산시켰다. 분명히 그들의 주된 강조점은 할례의 필요성과 관계가 있었다. 이것은 이방인들이 구별되는 공동체에 속하기 위해서 통과해 가야만 하는 문이었다. 즉, 그 공동체는 모든 남성이 할례를 받는 데 복종한다고 하는 사실과 일치

2) 제4장의 민족적 특성과 그 긴장을 참조하라.

3) J. Louis Martyn, "A Law-Observant Mission to Gentiles: The Background of Galatians," *Michigan Quarterly Review* 22(1983): 221-236; reprinted in *SJT 38*(1985): 307-324.

한다.[4)]

바울은 갈라디아서 3:6-29에서 그 교사들에게 응답하면서 하나님의 백성을 위한 정체성의 표식과 관문이라는 할례에 관해 반대하는 강력한 경우를 제시하고 있다. 그는 아브라함과 더불어 시작하는 것(그는 아마도 그 교사들에 의해서 소개가 된 것 같다.)으로 누가 아브라함의 후손이며, 무엇이 그들을 그렇게 만드는 것인가? 하는 질문을 언급하는 것 같다. 물론 그 교사들의 대답은 예수를 메시아로 받아들이는 사람은 할례를 받아야 한다는 것이었을 것이다. 바울은 구약의 여러 가지 본문들에 관한 주석에 주의 깊게 참여하면서 "여러분이 그리스도에게 속했다면, 여러분은 아브라함의 자손이고 약속을 따라서 상속자"라는 진술로 절정에 이르는 한결같은 주장을 내세우며 응답하고 있다.(3:29)

6절과 29절 사이에는 적어도 세 가지 요점이 만들어지고 있다. 첫째, 그것은 하나님의 약속에 대한 믿음이지 아브라함과 차이를 만드는 할례가 아니다. 성서는 그에게 이방인들을 포함하는 하나님의 궁극적인 의도들을 일찍 알아보게 해주었고, 그는 그 약속을 신뢰했나. 심지어 이 모든 것이 할례를 행하는 것 이전에 일어났다고 소개되고 있다.(3:6-9) 둘째, 율법은 아브라함에게 그 약속이 있은 후 430년이 지나서 생겼다. 그러므로 그 약속의 본질을 없애거나 변경할 수 있는 어떤 힘도 존재하지 않는다.(3:15-18) 셋째, 그리스도는 아브라함에게 하셨던 약속을 완성한 자로 오셨다. 그는 율법이 저주가 되었던 사람들을 위하여 구원하고 계신다.

---

4) 던(Dunn)은 유대인의 경계표시 역할을 하고 있는 구별되는 의식을 강조한다. "할례와 음식 율법에 관한 특별한 규정은 그 자체로 중요한 것은 아니지만, 그러나 그것들은 구별된 백성이 되라는 이스라엘의 요구를 가시적인 것으로 만드는 것, 즉 이스라엘의 구별됨에 초점을 맞추고 있기 때문에 유대인들을 다른 민족들로부터 구별하는 가장 분명한 요점이었다. 이 율법은 국가와 종교로서 양쪽이 이스라엘 정체성의 일부분이었다." James D. G. Dunn, "Works of the Law and the Curse of the Law(Gal 3:10-14)," in *Jesus, Paul, and the Law: Studies in Mark and Galatians*(Louisville: Westminster/John Knox, 1990), 218-219.

(3:10-13, 23-29) 그 경우 성서적인 토대 위에서 할례는 새로운 공동체의 표지가 될 수 없다. 그 대신에 그리스도는 그것과 구별되는 특징이 있다. 바울이 나중에 쓰고 있는 것처럼, 그리스도와 할례 양쪽은 이방인들이 그것들을 통해서 새로운 공동체로 들어가는 문이 될 수 없다. 그것들은 서로 배타적이다.(5:2)

바울은 할례의 일로 투쟁을 하거나 정체성에 관한 주요한 기준으로 그리스도가 교회의 생활을 위한 중요한 파급효과를 가지는 문제와 투쟁을 하였다. 만약 그리스도를 통하여 신자들이 하나님의 자녀들이 되었다면, 하나의 공동체는 유대인들과 비유대인, 종과 자유인, 여자와 남자라는 범주가 그 안에서 더는 결정적인 것이 될 수 없는 상황에서 세워진다. (3:28) 놀라운 평등사상은 이전에 종속되어 있었던 사람들에게 새로운 존엄성과 지위를 주는 것이었다.

갈라디아서 안에서 바울에게 '제시되고 있는 문제'는 유대인과 이방인 신자들 간의 관계성이며, 우리는 더 나아가서 남자와 여자의 관계도 탐색할 필요가 있다. 왜냐하면 바울은 3:28에도 불구하고 주기적으로 지나친 여성혐오주의자 경향을 가진 것으로 비난을 받기 때문이다. 심지어 버나드 쇼는 그에게 '영원한 여성의 적'이라는 이름표를 달아주었다.[5] 바울에게 악명을 부여한 대부분의 본문들은 논란이 되는 편지들 안에서 나타나며 그(와 우리의) 범위를 넘어선 것들이다.(엡 5:22-33; 골 3:18-19; 딤전 2:9-15) 검토가 필요한 두 개의 구절은 고린도전서 안에 있다.

고린도전서 11:3에서 바울은 다음과 같이 편지를 쓰고 있다. "그런데 각 남자의 머리는 그리스도요, 여자의 머리는 남자요, 그리스도의 머리는 하나님이신 것을 여러분이 알기를 바랍니다." 표면적으로 보면 이 절은

5) 다음의 죠지 버나드 쇼(George Bernard Shaw)의 발췌문을 참조하라. George Bernard Shaw, "Preface on the Prospects of Christianity," *Androcles and the Lion*(1913), reprinted in *The Writings of St. Paul*, ed. Wayne A. Meeks(New York: Norton, 1972), 299.

권위의 위계구조를 세우는 것으로 보인다. 그것은 하나님-그리스도-남자-여자 순이다. 이것이 여인들에게는 결코 복음이 아니다. 하지만 이 구절은 권위에 관한 것(특히 11:11-12)이 아니며 '머리'(*kephale*)는 '근원' 혹은 '생명의 근원'('강의 시작시점'에서처럼)처럼 은유 그 이상이라는 사실을 무시하고 있다.[6]

바울의 관심은 어떤 사람이 다른 사람에 대해서 권위를 가지고 있는가 하는 것이 아니었다. 그는 창세기 2:18-23의 창조 이야기를 끌어들인다. 하나님은 그 안에서 아담의 갈비뼈로부터 하와를 만들었다.[7] 바울은 그렇게 하면서 남성과 여성 사이에 존재하는 성의 차이를 인정하는 것이지(위계질서를 인정하는 것이 아니다.), 그는 교회 안에서 예배를 위한 그들의 영향을 인정하고 있다. 남자는 모자나 혹은 수건을 쓰고서 기도하거나 예언을 해서는 안 된다. 반면에 여자는 수건을 벗은 머리로 기도를 하거나 예언을 해서는 안 된다.[8] 이것은 고린도 여성 몇 사람이 그들이 인식

6) '근원'으로서의 '머리'에 대한 해석은 분명히 다음의 학자가 제안하였다. S. Bedale, "The Meaning of *kephale* in the Pauline Epistles," *JTS* 5(1954): 211-215. 다음도 참조하라. Robin Scroggs, "Paul and the Eschatological Woman," *JAAR* 40 (1972): 283-303; "Paul and the Eschatological Woman Revisited," *JAAR* 42 (1974): 532-537. 반대 해석은 다음을 참조하라. Elaine Pagels, "Paul and Women: A Response to Recent Discussion," *JAAR* 42(1974): 538-549.

7) 고린도전서 11:11-12는 (창 2:18-23에 따르면) 여자가 원래 남자로부터 나왔음에도 불구하고 남자들이 여자에게서 태어났다는 것을 인정하고 있다는 사실을 주목하라.

8) 그리스어 *akatakaluptos*(NRSV: '수건을 벗다')는 "unbound"(속박에서 풀린)으로 번역될 수 있다. 이 번역은 여성들이 자신들의 머리카락을 드러내 놓고 예배하고 있었다는 것을 가리킨다. 그리고 바울은 그녀들에게 신비종교의 제사에서 황홀경의 열광적인 행위를 하는 사람들로부터 자신들을 구별해주는 묶은 머리를 유지하라고 촉구하고 있었다. 엘리자베스 쉬슬러 피오렌자(Elisabeth Schüssler Fiorenza)는 다음과 같이 논평한다. "바울은 11:2-16에서 그리스도 안에서의 평등함에도 예언자적이고 카리스마적인 능력인 여성과 남성 사이의 '창조적인' 혹은 '상징적인' 차이를 주장한 것이 아니라 머리를 묶는 관습에 대해서 주장했다." Elisabeth Schüssler Fiorenza, *In Memory of Her: A Feminist Theological*

했던 종말론적 상태를 과시하며 수건을 쓰지 않고 예배에 오는 일이 있었던 것으로 보인다. 그것은 그들의 성 정체성(sexuality)을 나타냈던 것으로 보인다. 이 구절의 명확성 부족과 비비꼬여 있는 논리는 결국 그것을 원래의 상태로 되돌려 놓는 것을 어렵게 하는 반면에, 주엣 M. 바슬러(Jouette M. Bassler)는 "그 주장에 남아 있는 유일한 것은 여성이 예배에 참석하는 것이 기능적으로 남자와 같았음을 양측이 분명하게 공유했다는 확실한 가정의 그 어떤 것도 정확한 것이 아니다"라고 말하였다. 바울이 집착하고 있는 문제는 오로지 여성의 옷 입는 방식(혹은 머리 스타일)에 대한 관심이다.[9)]

다른 구절은 14:34-35이다. 이 구절은 여성에게 교회에서 조용히 하라고 지시하고 있다. 이 두 절은 매우 문제가 많다. 그 이유는 이 두 주장이 흐름에 방해를 주고 있으며, 고린도에서 여성이 기도하고 예언하는 것을 받아들였던 실천과 모순이 되기 때문이다.(11:5) 심지어 어떤 그리스어 사본은 이 구절을 다른 자리(14:40)에 배치하고 있다. 이 모순에 대한 많은 해결이 제시되어 왔다. 가장 그럴듯한 것은 이 절들이 삽입되었다는 것이다. 즉, 나중에 어떤 사람이 디모데전서 2:9-15에서 충고와 고린도 본문을 연결하기를 원해서 추가했다는 주장이다. 만약에 이 절들이 난외의 주였다면, 그럴 경우 그것들은 사도의 입장을 대변하지 않는다.[10)]

Reconstruction of Christian Origins(New York: Crossroad, 1983), 230.

9) Jouette M. Bassler, "1 Corinthians, " in *The Women's Bible Commentary*, eds. Carol A. Newsom and Sharon H. Ringe(Louisville: Westminster/John Knox, 1992), 327. 다음도 참조하라. Charles H. Talbert, *Reading Corinthians: A Literary and Theological Commentary on 1 and 2 Corinthians*(New York: Crossroad, 1987), 68-72.

10) 다른 사람들 중에서 다음을 참조하라. Bassler, "1 Corinthians," 327-328; Gordon D. Fee, *The First Epistle to the Corinthians*, NICNT(Grand Rapids: Eerdmans, 1987), 699-708. 쉬슬러 피오렌자(Schüssler Fiorenza, *In Memory of Her*, 230-233)는 삽입이라는 설명을 거부한다. 그리고 그녀는 바울이 이 절 안에서 "공공의 질서와 품위를 훼손하는 난장판 같고, 비밀스러운 동양의 제사"로부터 여성의 예

바울을 현대의 여권신장론자(feminist)로 만드는 것이 정확한 것은 아니지만, 그러나 그를 여성의 착취자로 나타내는 것도 공정한 것이 아니다. 그는 종종 복음의 경우에 그의 동역자인 여성에 관해서 편지를 쓰며(롬 16:3-16), 교회의 예배에 그녀들이 능동적으로 참석하는 것을 생각하고 있다. 그는 남편과 아내의 성적인 관계가 상호관계가 되어야 하고 권위주의적인 것이 되어서는 안 된다고 충고한다.(고전 7:2-5) 게다가 지금까지 여성은 그들의 아버지 혹은 남편과 연결된 덕행에 의해서 하나님의 백성으로 포함되어 있었지만, 바울이 이방인들에게 할례를 요구하는 것에 반대하는 투쟁은 여성에 대한 심오한 관심을 가지고 있다. 바울이 실제적으로 이러한 관심에 대해서 의식을 하였는가 하는 것은 논쟁이 되고 있다. 그는 여성에 대해서 차별을 하고 있는 사회적인 구조에 대해서 공격을 하지 않는 반면에(마찬가지로 그는 노예체제를 공격하지 않는다.), 교회 안에서 그는 상반되는 관계 방식을 요구한다. 사회적으로 보면 그 방식은 교회 밖의 사람들에게 파괴적인 것처럼 보였을 것이다.

2. 그리스도와 공동체

우리는 앞의 장에서 참여에 관한 언급이 구원에 관한 바울의 이해에서 주로 어떻게 나타나고 있는지 보았다. 예수는 마지막 아담으로서 모든 하나님의 사람을 자기 자신 안으로 받아들이는 대표적인 인물이다.(5:12-21) 믿는 사람들은 죄에 대해서 죽음으로 그리스도와 일치하며, 그들 스스로 실제적으로 죄에 대한 죽음을 심판할 수 있다는 결과와도 일치한다.(롬 6:1-11) 세례는 그 안에서 그리스도와 함께하는 믿는 사람들의 참여가 요구되며 공개적으로 선포되는 의식이다. 물로 들어가기 위해서 이전

언자적인 **역할**을 구별함으로 그리스도교 공동체를 보호하기 원했다고 말한다.

의 옷을 벗는 것과 그 후에 새 옷을 입는 것은 옛 인간성을 버리며 새로운 것을 받아들임을 상징적으로 표현하는 생동감 넘치는 행동이다. 여기서 바울의 언어는 강한 인상을 준다. “여러분 중에 많은 사람이 **스스로 그리스도로 옷을 입었습니다.**”(갈 3:27) 새로운 공동체는 그리스도와 밀접한 연합으로 특징이 나타난다. 그것은 마치 어떤 사람의 몸과 옷이 서로 붙어 있는 것과 같다. 믿는 사람들은 ‘그리스도 안에서’ 살며(예를 들어 고후 5:17), 그리스도는 믿는 사람들 안에서 산다(갈 2:20).

하지만 우리는 이것을 조금 더 발전시켜야 한다. 바울에게서 그리스도와 새로운 공동체 사이의 밀접한 연합은 공동체의 삶이 그리스도가 걸어간 길을 따르고 그것에 의해서 형성된다는 것을 의미한다. 공동체의 구성원들은 자신들의 존재 이유를 고려할 때, 그들이 세워진 상태로 되돌아간다. 그것은 그리스도 사건이며(특히 십자가에 못 박힘이다.), 그리고 그들은 자신들의 행진 명령을 발견하게 된다.

성만찬 실천을 다루어보면 다음과 같다. 바울은 고린도전서에서 예식을 암송하고 있다.(고전 11:23-26) 그것의 강조점은 전체적으로 그리스도의 죽음에 있다. 떡에 관한 말씀(‘너희를 위한 나의 몸’)과 잔에 관한 말씀(‘내 피로 세운 새 언약’) 두 가지를 통해서 ‘그가 배반을 당하던 밤’이라는 배경으로부터 십자가에 대한 암시가 제정의 말씀에 통일성을 부여하고 있다. 이것은 11:26이 초대 교회의 공동예배문에 대한 바울의 추가 본문이라는 사실에 의해서 강화된다.[11] 요점은 새로운 공동체가 주님의 마지막 만찬을 거행할 때 그것은 ‘주님’의 죽음을 알리는 것이 되어야 한다는 것이다. 그것은 고린도인들이 직면한 긴급한 문제를 위한 정해진 방향을 제공한다. 그들이 직면하고 있는 것은 그들 내부의 삶(그들이 식사에서 어떻게 행동해야 하는가?, 11:17-34)과 세상에서의 그들의 삶(이교도

11) 11:26 안에 포함된 문장은 복음서 안에 존재하는 성만찬 제정의 다른 말씀들 안에는 나오지 않는다. 게다가 예배의 1인칭 언어가 11:26의 3인칭 언어로의 이동은 그것이 바울의 추가라는 것을 분명히 해준다.

의 축제에 참여할 것인가 말 것인가, 10:1-22) 두 가지이다. 그리스도가 다시 오기까지 바울에게는 십자가에 달리신 그분의 이야기가 식사에 의미를 부여하고 있으며 이어서 2등 시민들이었던 좀 더 가난한 형제자매들을 위협하는 것으로부터 구성원들을 지켜준다.

그리스도의 이야기가 공동체의 삶을 위한 양식이 되었을 때 여전히 다른 경우는 빌립보서 2:6-11의 그리스도 찬송가의 사용이다.[12] 바울은 공동체에게 일치와 구성원들이 다른 사람들의 필요를 자신의 이익보다 우선하도록 하라고 요구하면서(빌 1:27-2:4), 그는 겸손에 관한 규범적인 설명과 공동체의 창설자에 관한 해명을 인용한다. 그리스도는 노예의 모습을 취하셨고, 스스로 겸손해지셨으며, 죽기까지 복종하셨다. 독자들은 그들의 공통된 삶을 그리스도의 이야기에 관한 특별한 설명에서 분명한 그 양식과 일치시켜야 한다고 촉구받고 있다.[13] 그때 바울에게 새로운 공동체는 분명히 그 방법에서 다른 제도들과 다르다. 그 공동체의 삶은 그리스도 사건에 의해서 규정되고 결정된다.

편지들 안에는 본문들의 다른 그룹이 있다. 그 본문 그룹은 구성원들의 삶을 규정하는 공동체의 기초 이야기가 좀 더 특별한 방법과 어떻게 관계되고 있는가 하는 것이다. 이것들은 자서전적인 어구들이다. 그 안에서 바울은 자기 자신의 삶과 사역에 관한 이야기를 묘사하고 있는데 예수의 죽음과 연결하여 그렇게 하고 있다.(예를 들어 갈 6:12-18; 고전 4:8-13;

12) 빌 2:5-11을 다루는 제3장과 제6장을 참조하라.

13) 파울(Fowl)은 찬송가가 따라야 할 모델 그 이상이지만, 그러나 하나의 모범이라고 올바르게 주장한다. 다른 말로 말하자면, 그것은 바울이 독자들을 설득하고 있는 행동과정을 정당화하기 위해서 사용하고 있는 (추상적인 것이 아닌) 구체적인 공식이다. 파울(Fowl)의 해석에서 그리스도의 높임을 기록하고 있는 그 절들(2:9-11)은 빌립보인들이 고난을 당하고 그리스도를 위하여 겸손해질 때 그들을 격려하는 중요한 것이다. 그 구절들은 하나님으로부터 오는 동일한 헌신을 기대하고 있다.(Stephen E. Fowl, *The Story of Christ in the Ethics of Paul: An Analysis of the Hymnic Material in the Pauline Corpus*[Sheffield: JSOT, 1990], 92-95)

고후 4:7-15) 어떤 의미에서 바울은 복음 그 자체를 구현하는 것이 되었다. 그의 삶에 관한 사건들은 그리스도 이야기의 빛에서 의미를 찾고 있다. 그것은 사도 자신의 정체성에 오히려 선명한 모습을 제공한다.

바울은 이렇게 자서전적인 본문들 안에서(고후 4:7-15) 그의 사역을 되돌아보며 그 길을 따라서 일어난 고난당한 목록을 제시한다. 그것들은 (고후 11:23-29에서 그가 설명하는 것처럼) 분명히 특별한 사건들은 아니었지만 전형적인 목록을 보여준다. 그것들은 복음사역의 특성을 나타내는 사건들이다. 체포되는 것은 십자가 교훈의 빛에서 보면 그 사건들에 관한 그의 해석이다. "우리는 언제나 예수의 죽임 당하심을 우리 몸에 짊어지고 다닙니다. 그것은 예수의 생명도 또한 우리 몸에 나타나게 하기 위함입니다. 우리는 살아 있으나, 예수로 말미암아 늘 몸을 죽음에 내어 맡깁니다. 그것은 예수의 생명도 또한 우리의 죽을 육신에 나타나게 하기 위함입니다."(고후 4:10-11)

교훈과 그 소식을 전하는 사람은 놀랍게도 친밀한 관계로 함께 가까워진다.(4:10-11의 신체적인 인용을 주목해 보라.) 그것은 황홀경이나 신비적인 경험을 통해서가 아니라 그리스도의 실재성이 증거가 되는 세상 안에 있는 사도의 실제적이고 구체적인 삶 속에 있는 것이다. 존 H. 쉬츠(John H. Schütz)는 다음과 같이 평가한다. "바울은 복음에 대한 이 밀접한 관계를 그의 전체 사역에 사용하고 있나. 어떤 의미에서 바울이 하는 보는 것은 복음이 행하고 있는 것에 관한 반영이다. 그가 존재하는 모든 것은 복음이 존재하는 것의 반영이다."[14)]

확실히 이 절들의 주제는 바울 자신의 사도로서의 사역이지 교회가 아니다. 그리고 아직도 그 진술들은 마치 고난이 오직 사도를 위한 것인 것처럼 배타적으로 취급되어서는 안 된다. 열거된 고난은 신약성서 안에

14) John Howard Schütz, *Paul and the Anatomy of Apostolic Authority*(Cambridge: Cambridge University Press, 1975), 232.

서 다른 사람들의 전형이며 수많은 초기 그리스도인들에게도 같은 상황이었다는 것을 전제하고 있다. 그러나 바울의 이야기는 교회의 커다란 이야기 중에서 한 장에 지나지 않는다. 새로운 공동체는 다양한 방식으로 악행을 하는 취약한 사람으로 자신을 인식해야만 한다. 왜냐하면 그것은 정확히 말해서 그 공동체의 십자가에 달리신 주님의 북소리에 맞추어서 행진을 하기 때문이다.

3. 새 시대의 전초부대

바울이 편지들을 보냈던 공동체들은 작았고 그들 구성원들의 한 사람이나 다른 사람들의 집에서 만남을 가졌던 상대적으로 중요하지 않은 그룹들이었다. 몇몇 구성원들은 분명히 그들 자신의 집을 소유하기 위한 충분한 수단을 가지고 있었던 반면에, 그들이 로마 제국의 권력 구조나 심지어 지역의 권력자들에게 접근했다는 어떤 징후도 없다. 의심할 여지없이 고린도, 빌립보, 데살로니가 시민들, 갈라디아의 도시들, 로마는 말할 것도 없고, 그들은 그들의 지역 사회에서 결코 교회를 만나지 못했고 그것에 관해서 들어보지도 못했다. 다른 사람들은 그들의 확신과 공격적인 삶의 방식을 알았고 그들을 조롱하거나 박해를 받도록 하였다.

교회 내부로부터 나오는 주된 과제는 내부 공동체의 관계성이라는 용어와 좀 더 큰 사회라는 용어 양쪽에서 그리스도에 대한 믿음으로 사는 것이었다. 편지들은 로마 제국을 변화시키거나 지역의 구조들과 문화에 영향을 주려는 전략들에 관해서 어떤 암시도 주지 않는다. 좀 더 근본적인 것은 새로운 공동체가 어떻게 자신을 규정하는가 하는 질문이며, 그 공동체는 다른 종교나 철학의 표현들과 다르게 하는가, 그리고 이러한 자기규정이 세상에서 공동체의 실천적인 삶에 어떤 정체성을 가지고 있었고, 어떻게 영향을 주는가 하는 질문이었다.

바울이 교회의 독특성을 설명하는 방법 중 하나는 그것을 종말론적인 공동체로 설명하는 것이다. 하나님의 백성은 새로운 시대의 선구자로 살아가지만(예를 들어 갈 6:15), 그러나 냉정한 시각으로 옛 시대가 새 시대 옆에서 존재하고 있다는 것을 잘 인식하고 있다. 바울은 고린도 공동체가 법적인 논란에 휘말렸을 때 독자들의 종말론적인 차이를 상기시키고 있다. "성도들이 세상을 심판하리라는 것을 여러분은 알지 못합니까? …우리가 천사들도 심판하리라는 것을 알지 못합니까?"

바울은 빌립보서에서 '그리스도 십자가의 원수들'이라고 이름을 붙인 하나의 그룹을 언급한다.(빌 3:18) 우리는 그들에 관해서 더 특별한 정보를 갖게 되기를 바라고 있다.[15] 바울의 수수께끼 같은 설명은 다음과 같이 말한다. "그들의 마지막은 멸망입니다. 그들은 배를 자기네의 하나님으로 삼고, 자기네의 수치를 영광으로 삼고, 땅의 것만을 생각합니다."(3:19) 바울은 이전에 그들에 관해서 그의 독자들을 경고했기 때문에 이 사람들은 빌립보 안이나 그 주변에 살았던 것으로 보인다.

이 그룹에 대한 바울의 응답은 빌립보인들에게 그들 자신의 독특성을 단순하게 상기시키는 것이었다. "그러나 우리의 시민권은 하늘에 있습니다. 그곳으로부터 우리는 구주로 오실 주 예수 그리스도를 기다리고 있습니다. 그분은 만물을 복종시킬 수 있는 권능으로, 우리의 비천한 몸을 변화시키셔서, 자기의 영광스러운 몸과 같은 모습이 되게 하신 것입니다."(3:20-21)

다음의 세 가지는 분명하다. 첫째, 바울에게 교회는 다른 제도들과 구별된다. 왜냐하면 교회의 충성심은 하나님에게 속하기 때문이다. 빌립보 사람들은 소우주로서 조직된 로마의 도시 안에서 살아가는 동시에 그들

15) 빌 3:2에서 '십자가의 원수'는 '개', '악한 일꾼', '육체를 망가트리는 사람'과 같은 사람들인가? 그들은 빌립보의 신자들을 박해하는 사람들인가?(1:29-30) 그들은 "시기심과 경쟁"으로 그리스도를 전하는 그 사람들과 어떤 관계를 가지고 있는 것인가?(1:15-17) 그에 대한 대답에서 주석가들은 일치하지 않는다.

은 실제적으로 공통의 이익으로 맺어진 단체(commonwealth)에 속한 것으로 이야기된다. 그들은 이 다른 세계의 시민으로 그 나라의 법을 따르며, 그 나라의 삶과 방식을 생각하고, 심지어 낯선 나라에 있음에도 불구하고 그 나라의 국가를 부른다. 그들은 이 세상에서 '외국인으로 거주'하고 있다.[16)]

둘째, 그 공동체는 내세라는 하늘나라의 자격을 잘못 판단하지 않는다. 믿는 사람들은 시대가 악해져 갈 때 이 세상으로부터 하나님의 구원을 기대하지 않는다. 왜냐하면 그 계획은 구세주를 위해 여기에 있는 것들을 변화시키기 위하여 거기서부터 여기까지 이른 것이기 때문이다. 예수의 다시 오심은 여기에 있는 생명을 새롭게 한다는 것을 상징적으로 보여주는 것이지 천상의 열반상태로 도피하는 것이 아니다. 셋째, 그들이 하늘나라의 구성원으로 살아가고 있음에도 불구하고 어려운 과제가 있다는 것이 드러난다. 바울은 '주' 예수 그리스도가 모든 것을 다스리는 하나님의 권세를 그의 독자들에게 상기시킨다. 이 새로운 공동체는 무기력하지 않다.

'예수 그리스도의 십자가 원수들'과 그들의 '나라가 하늘'이라는 간격 사이에 존재하는 대립은 대당명제라는 양식의 수사학적인 방식에 부합한다. 그 방식은 빌립보서 안에서 광범위하게 수용되었다. 그것의 영향은 하나의 삶의 양식을 반대하고 다른 삶의 방식을 능가하려고 노력하도록 독자들을 설득하는 것이다.[17)] 믿는 사람들은 옛 것이 계속되는 현재에 직면해서도 새 시대의 실재를 분명히 나타내야만 한다.

---

16) 이 표현은 다음에서 빌려왔다. Stanley Hauerwas and William Willimon, *Resident Aliens: Life in the Christian Colony*(Nashville: Abingdon, 1989).

17) Stanley K. Stowers, "Friends and Enemies in the Politics of Heaven: Reading Theology in Philippians," in *Pauline Theology*, vol. 1, *Thessalonians, Philippians, Galatians, Philemon*, ed. Jouette M. Bassler(Minneapolis: Fortress, 1991), 114-117.

4. 그리스도의 몸

바울의 공동체들은 일련의 흥미 있는 사람들로 구성되어 있었다. 그들은 경제적이고 사회적인 환경의 다양성 가운데 살았다. 그들은 다른 인종적인 배경을 가지고 있었고, 어떤 사람은 노예 몇 사람을 데리고 있었고 다른 사람들은 노예였다. 몇 사람은 좋은 교육을 받았고 다른 사람은 그렇지 않았으며, 몇몇의 사람들은 주군들이었고, 다른 사람들은 의뢰인들이었으며, 몇몇 사람은 황홀경의 영적인 경험을 가지고 있었고, 다른 사람들은 그런 경험이 없었다.

게다가 우리가 보았던 것처럼 그 공동체 내의 기풍은 회원자격의 동등성에 있었다. 그런 언급은 구성원들이 성장했던 그리스-로마 사회 안에서 매우 구조화된 양식과 날카롭게 대조를 이루고 있었다. 그 공동체들 안에서 갈등이 일어났다는 것은 놀라운 것이 아니다. 몇 가지 갈등은 주로 본질상 신학적인 것이었고, 다른 갈등은 사회적인 것이며 의심할 바 없이 많은 것은 두 가지가 혼합되어 있었다.

촘촘하게 조직화되지 않았던 구조가 아직도 교회 안에서 발전하고 있었기 때문에, 대부분의 문제는 일대일로 마주 대하면서 다루어졌다. 여행하는 사람들로부터 혹은 편지에 의해서 분쟁이 일어났다는 새로운 소식이 도달하면 바울 혹은 그의 협력자들이 공동체들을 방문하는 계획이 종종 세워졌다. 바울은 대체 방문 수단으로 그의 편지들을 이용하였다. 그것은 공동체들 안에서 이것과 저것을 고려하고 있는 그의 목소리를 듣게 하려는 것이었다.[18)]

바울이 교회의 일치와 다양성 양쪽을 확인하면서 교회를 위해서 사용

18) "통치"에 관한 정보를 제공하는 장을 위해서는 다음의 자료를 참조하라. Wayne A. Meeks, *The First Urban Christians: The Social World qf the Apostle Paul* (New Haven: Yale University Press, 1983), 111-139.

하고 있는 친숙한 말은 '그리스도의 몸'이다. 이 말은 적어도 유연성이 있는 용어이다.[19] 고린도인들은 예배문제에 대해서 많은 분란을 가지고 있었다. 그것들 중에서 적지 않은 문제는 영적인 은사의 상대적인 중요성이었다. 몇몇 구성원들은 분명히 방언을 하는 데 있어서 최고였다. 다른 사람들은 그렇게 하지 못했다. 바울은 은사의 다양성이 있지만, 같은 사람에게 모든 것이 주어지지는 않는다고 주장한다. 그러나 모든 은사는 한 성령의 결과이다.(고전 12:4–11; 롬 12:3–8을 참조하라.) 그다음 그는 인간 몸의 이미지로 방향을 돌리면서, 어떻게 몸의 일부(지체)가 서로 의존하고 있는지 그리고 서로가 없으면 잘 지낼 수 없다는 것을 지적한다.(고전 12:15–20) 우쭐대는 사람에게는 부드럽게 질책을 하기도 한다.(12:21–25)

한편, 바울에게서 몸은 공동체의 일치를 상징적으로 보여준다.("우리는 유대 사람이든지 그리스 사람이든지, 종이든지 자유인이든지, 모두 한 성령으로 세례를 받아서 한 몸이 되었고, 또 모두 한 성령을 마시게 되었습니다", 12:13) 그러나 다른 한편에서 몸은 공동체의 다양성을 그려준다. ("몸은 하나의 지체로 되어 있는 것이 아니라, 여러 지체로 되어 있습니다", 12:14) 만약에 독자들이 아직도 요점을 파악하지 못했다면, 바울은 다음과 같이 지적하면서 결론을 내린다. "여러분은 그리스도의 몸이요, 따로 따로는 지체들입니다."(12:27)[20]

교회를 위한 이 이미지가 편지들 안에서 그렇게 강력한 것을 만드는

---

19) 표현 자체가 그 해석에 관해 정확한 일치에 도달하기가 어려운 그런 다양한 방식으로 나타난다. 바울은 고린도에 다음과 같이 편지를 쓰고 있다.(고전 12:27) "여러분은 그리스도의 몸입니다." 반면에 로마서(12:5)에서는 다음과 같이 쓰고 있다. "우리는 … 그리스도 안에 있는 한 몸입니다." 골로새서(1:18; 엡 1:22–23을 참조하라.)에서는 그리스도가 "몸, 즉 교회의 머리입니다"이다.

20) 바울이 인간의 몸으로 잘 알려진 하나의 그룹에 관한 이미지를 사용하고 그것을 약간은 사람에게 적용하기 위해서 확대하고 있는 것인지 ("그리스도의 몸") 혹은 구원자의 모습으로 존재하는 영지주의 생각을 끌어온 것인지 하는 것은 논란이 되고 있다.

것은 (다른 그룹을 위한 은유로 종종 사용되는) 이미지 자체가 아니라, 그것을 포함하고 있는 그리스도와 교회 사이에 존재하는 친밀한 관계성이다.[21]

예를 들어서 바울은 고린도전서 12:12에서 독자들을 놀라게 한다. 어떤 사람은 그가 '그리스도의 몸'이라고 쓸 것을 기대하고 있지만, 그는 오직 '그리스도'라고 쓰고 있다. "몸은 하나이지만 많은 지체가 있고, 몸의 지체는 많지만 그들이 모두 한 몸이듯이, 그것은 **그리스도와 함께** 있습니다." 바울에게서 새로운 공동체는 그 공동체의 다양성에 대처할 수 있고 적어도 부분적으로 다양성을 겨냥한 일치와 일치 안에서 다양성을 증명하는 데 성공할 수 있다. 왜냐하면 그리스도는 그의 죽음과 부활 양쪽에서 스스로 그 공동체를 대표하는 인물이기 때문이다. 그 공동체는 그 공동체 창립자가 하였던 모든 것으로 삶을 살아간다. 그의 이야기는 교회의 이야기가 된다. 이것을 고린도 상황의 용어로 표현하면, (개개인 구성원에게 주어진 은사인) 교회의 모든 활동은 그리스도 자신의 활동이다. 바울에게서 모든 구성원의 공헌은 중요하다. 그것은 주로 여자나 남자나 하나님의 형상으로 만들어지거나 기억될 만한 가치가 있어서가 아니라 교회는 그 안에서 그리스도 자신의 삶으로 살아가야 하기 때문이다. 구성원들은 매우 다를 수 있으며, 심지어 다른 사람들과 성미가 맞을 수 없다. "그러면서도 그들은 세례를 받음으로 지금부터는 **그들 실존의 유일한 토대**인 그리스도의 몸으로, 즉 그것의 축복과 도전의 영역으로 받아들여진 상태에 있다."[22] 그러므로 거기에는 열등함이나 우쭐댐을 위한 어떤 자리도 없다.

우리가 교회 실존의 양상들을 살펴본 것처럼, 바울에게서 공동체의

21) 그리스도와 새로운 공동체 사이에 존재하는 친밀한 관계에 관한 또 다른 예는 고전 10:16-17이다. 그 안에서 바울은 십자가에 못 박히시고 부활하신 몸에서 (그리스어 본문의 같은 문장 안에 있는) 그리스도의 몸인 교회로 이동하고 있다.

22) Eduard Schweizer, *The Church as the Body of Christ*(Richmond: John Knox, 1964), 62.

자기 이해가 공동체의 삶의 질과 그 공동체의 구성원들이 살아가는 것을 결정한다는 사실이 분명해졌다. 공동체의 자기 이해는 자신들을 아브라함의 후손, 십자가에 달리신 주님의 백성들, 새 시대의 선구자들, 아니면 그리스도의 몸으로 이해하는 것이다. 복음은 그렇게 철저하게 윤리와 연결되어 있다. 이 둘을 분리시키는 것은 불가능하다. 우리가 다음 장에서 공동체의 도덕적인 생활로 방향을 돌리는 것처럼 우리는 신학, 종말론, 교회의 이해가 뒤에 남겨진 것이 아니라는 것을 발견하게 될 것이다. 그러나 세상 안에서 그들의 행동에 관한 독자들을 향한 바울의 실천적인 충고는 신학이라는 동전의 다른 면이다.

제10장

복음의 구체적 실현

앞에 나왔던 장들은 바울이 그의 관할 아래에 있는 신앙공동체들에게 하나님의 백성이라는 구별된 정체성을 교육하려고 편지를 썼다는 사실을 보여주었다. 편지들의 수사학적인 의도는 자신들을 그리스도에 의해서 구원받고 죄의 지배에서 해방된 하나님의 백성으로 이해하도록 독자들을 격려하고, 하나님은 약속을 지키신다는 것을 확신하게 하려는 것이었다. 이질적인 환경에서 살아가는 신생공동체 안에서는 두 시대가 겹쳐지는 가운데 타협의 삶에 관해서 분명하게 밝혀야 할 것들이 많이 남아 있었다. 이것은 특히 바울의 독자들에게 사실이었다. 그들은 대부분 종교적인 열심을 행하지 않았던 것은 아니지만 그러나 그들의 열심은 개선과 조직적인 설명이 필요했다.

그러나 바울의 제안은 지성적인 훈련 이상의 것이었다. 적절한 자기 이해의 검증은 인간상황의 정확한 분석이나 신학을 잘 말하는 것에서 일어나는 것이 아니라 공동체의 삶과 예배로 복음을 실현하는 공동체 안에서 일어난다. 바울에게 있어서 대화, 토론, 주장이 결국에는 기도와 실천에 관심을 갖게 하는 것이었다

바울서신들의 이 차원은 종종 '윤리학'의 범주로 다루어진다. 이 학문은 사람들에게 도덕과 도덕적인 선택을 하게 한다. 하지만 '복음의 구체적

실현'이라는 제목은 바울의 중요한 특징을 더 잘 표현하는 하나의 어법이다. 신앙적인 생각과 신앙적인 삶은 함께 있는 것이다. 도덕적인 명령법은 토론이 되기도 하지만(롬 6장을 보라.), 편지들 안에서 그것들은 거의 분리될 수 없는 방식으로 신학적인 확신들과 얽혀 있다. 우리가 보게 될 것처럼 인간의 삶과 행위 안에서 복음과 그것에 관한 가시적인 표현은 나누어지지 않는다.

1. 로마서 12:1-2

신앙적인 사고와 신앙적인 삶을 위한 관심은 로마서 안에서도 나타난다. 그것은 성격상 상당히 신학적이고 주로 세상 안에서의 하나님의 선교에 관한 바울의 이해를 설명하기 위해서 기록되었다. 바울은 비판적인 연결점에서 유대인들과 이방인들 양쪽을 포함시키는 하나님의 의도를 선언한 이후에 다음과 같이 쓰고 있다. "형제자매 여러분, 그러므로 나는 하나님의 자비하심을 힘입어 여러분에게 권합니다. 여러분의 몸을 하나님께서 기뻐하실 거룩한 산 제물로 드리십시오. 이것이 여러분이 드릴 합당한 예배입니다. 여러분은 이 시대(세상)의 풍조를 본받지 말고, 마음을 새롭게 함으로 변화를 받아서, 하나님의 선하시고 기뻐하시고 완전하신 뜻이 무엇인지를 분별하도록 하십시오."(롬 12:1-2)[1)]

그리스도는 십자가에 대한 그의 신실함(믿음)을 통하여 삶의 형식을 개척해냈다. 그리고 믿는 사람들은 은혜로 그 삶을 함께 나누도록 초대를

1) 로마서 12-15장은 서신에 대한 윤리적 첨가물이 아니고 앞에 나온 장들과의 논리적인 연결 없이 여러 가지 가르침의 내용들을 모아놓은 것이다. 그 권고들은 로마서 1-11장의 주장들을 전제할 뿐만 아니라 복음의 구체적인 실현이 수반하는 필요한 지시를 제공하고 있다. 다음을 참조하라. Victor Paul Furnish, *Theology and Ethics in Paul*(Nashville: Abingdon, 1968), 98-106.

받았다. 이 절들은 편지의 결론부분을 끌어들이고 있다. 그 안에서는 독자들로 하여금 복음이 구별된 삶의 질을 만들어 낸다는 것을 발견하고 표현할 수 있도록 지침이 주어진다. 이어지는 구체적인 지시들은 편지의 앞부분에서 주어진 더 많은 일반적인 권고의 뼈대에 살을 덧붙이는 것이다.

바울 윤리의 몇 가지 특징들은 로마서 12:1-2 안에 나타나 있다. 무엇보다 '형제들과 자매들'이라는 직접적인 언급에서 독자들은 공통의 문맥을 기억한다. 이어지는 권고들은 전반적으로 세상을 가리키는 것이 아니라 믿는 사람들의 특별한 모임을 향한 것이다. 그들을 친밀한 관계로 부르고 있는 것이다. 그의 금지명령은 법정건물과 도시건물의 벽에 써 놓고 국민이 어떻게 살아야 할지 기억해야 하는 무시간적인 진리가 아니다. 공동체를 창조하는 복음은 요구를 위한 상황을 제공하며, 그 상황이 없다면 그 요구는 법률의 범주로 경감된다.

게다가 바울에게 공동체는 도덕적인 양육과 판단을 위한 장소이다. 그는 구성원이 그의 지시를 경청할 것을 신뢰하며, 그 이상으로는 구성원들이 서로를 지지해주고 가르침의 근원이 될 것을 믿고 있다. "여러분은 마음에 선함이 가득하고, 온갖 지식이 넘쳐서, 서로 권면할 능력이 있습니다."(15:4) 공동체들 안에서 개인들은 성장을 하도록 격려를 받고 있으며, 그들의 행동에 책임이 있고, 그들이 휘청거릴 때 회복되어야 한다. 바울은 고린도 교회 안에서 근친상간 문제에 직면했을 때, 그 사람 자체의 문제를 처리하기 전에 그 공동체가 도덕적인 책임을 회피한 것을 우선 꾸짖었다.("그런데도 여러분은 교만해져 있습니다. 오히려 여러분은 그러한 현상을 통탄하고, 그러한 일을 저지른 자를 여러분 가운데서 제거했어야 하지 않았겠습니까?", 고전 5:2)

바울은 서양 사람들에게 낯선 이야기를 하고 있다. 그들은 개인들을 강조하는 경향이 있으며 공동체가 어떤 구성원의 가르침이나 실수에 대해서 책임을 감당해야 한다는 언급에 반대하는 경향이 있다. 회중들은 종종 갈등과 불일치를 두려워하면서 진지하게 도덕적인 문제들을 대면하는 공동체들이 된다는 어려움을 발견한다. 부분적으로 바울의 '낯설음'은 그의 유대교적인 유산으로부터 온다. 그 안에서 법제화된 조직에 관한 언급은 흔한 것이었다. 그러나 그것은 또한 복음, 즉 그리스도 안에서 믿는 사람들 서로의 참여로부터 유래한다. 그러한 상호관계성은 다른 사람들에 관한 개인적인 필요들뿐만 아니라 세상 안에서 그들의 삶을 함께하는 것과 관련된 진실성에 관해서 신경을 쓰는 사람들 가운데서 문제가 된다.

우리가 로마서 12:1-2로부터 배우고 있는 바울 윤리의 두 번째 유산은 직설법과 명령법, 하나님의 은사와 하나님의 요구, 복음 그 자체와 신앙적인 응답 사이에 존재하는 꼭 필요한 관계성이다. '하나님의 자비로운 행위들'은 '희생적인 삶이 되는' 재정렬된 자기헌신을 요구한다. 이것은 복음이 헌신적인 추종자들이 없는 불완전한 것이 아니라, 복음을 따르는 삶은 그들이 복음의 삶을 분명하게 하지 않을 경우 불완전하다는 것이다.[2)]

바울신학 안에서 직설법과 명령법의 관계는 사소한 문제가 아니다. 현대 연구의 어떤 영역 안에서 예를 들자면 (행위가 아니라) 믿음에 의한 칭의를 배타적으로 강조하는 것은 편지들 안에서 언급된 윤리와 사랑의 구체적인 행위들을 말하기 어렵게 한다. 그런 예들 가운데 직설법은 명령법을 무색하게 만들어 버린다. 둘을 날카롭게 구분하거나 둘을 완전하게 일치시키는 것은 같은 결과를 낳는 경향이 있다. 그 경향은 삶과 관계가 없이 복음을 구체화하지 않는 것이 종종 세상의 문제를 무시하며 지나치게 영적인 공동체로 여겨지는 것이거나 아무런 영향력 없이 그것에 관한 것을 도덕으로만 보는 것이다.(그것은 종종 공동체가 좋은 행동을 하지만, 그러나 그 이유를 알지 못하는 것에 몰두한 공동체로 보이는 것이다.)

에른스트 케제만은 하나님이 주시는 은사가 주신 분으로부터 결코 분리되지 않는다는 사실을 관찰하면서 편지들 안에서 직설법들과 명령법들

2) Paul Meyer, "Romans," in *Harper's Bible Dictionary*, ed. James L. Mays(San Francisco: HarperSanPrancisco, 1988), 1161.

사이의 관계성을 분명히 하는 데 도움을 주었다. “하나님이 경기장에 들어가실 때, 그는 주기도 하면서 자신의 주권을 유지하고 계신다는 것이 우리의 경험이다. 게다가 그분이 우리를 그분의 주권에 복종시키며 우리를 책임적인 존재로 만드는 주요 수단은 그의 은사이다.”[3] 요점은 복음이 단지 삶에 대한 구체적인 응답을 소유한 선택된 몇 사람의 귀에 울리는 정보가 아니라는 것이다. 그 대신에 바울에게서 복음은 그리스도 안에서 하나님의 교정하시는 행위를 선포한다. 그것은 믿는 사람들에게 하는 하나님의 요구를 담고 있는 교정하는 행위이며(명령법), 그들의 삶은 복음에 의해서 변화되고 있다.(직설법)

셋째, 우리는 로마서 12:1-2로부터 바울에게 도덕적인 사람은 종말론적인 상황의 빛에서 이해되고 있다는 것이다. 독자들은 ‘이 세상’(시대)을 따르지 않고 “여러분의 마음을 새롭게 하여 변화를 받아야 한다”는 권고를 받는다. 이러한 언어를 위한 가정은 묵시적인 도식이다. 그것은 우리가 삶의 많은 부분을 보기 위한 유리한 점들을 편지들 안에서 반복적으로 언급했던 것이다. 믿는 사람들은 하나님이 그리스도 안에서 가져오신 ‘새 창조’ 안에서 살아간다. 그 안에서는 할례나 무할례 같은 문제가 중요하지 않고(갈 6:15), 사람들이 새로운 방식으로 평가된다.(고후 5:16-17) 그러나 그들은 옛 시대가 계속되고 있다는 것을 아주 많이 인식하고 있으며(롬 8:19-23), 죽음의 권세에 쉽게 노출되어 있다.(고전 15:25-26)[4]

그의 독자들을 향한 바울의 권고는 그들 자신을 옛 시대의 모델로 밀어붙이려고 하는 것이 아니라[5] 새 시대의 현재와 능력으로 형성되도록 하

---

3) Ernst Käsemann, “‘The Righteousness of God’ in Paul,” in *New Testament Questions qf Today*(Philadelphia: Fortress, 1969), 174.

4) 다음을 참조하라. Allen Verhey, *The Great Reversal: Ethics and the New Testament*(Grand Rapids: Eerdmans, 1984), 102-121; J. Paul Sampley, *Walking Between the Times: Paul's Moral Reasoning*(Minneapolis: Fortress, 1991).

5) 나는 위의 내용을 필립스(J. B. Phillips)가 번역한 언어로부터 빌려왔다. 다음을

려는 것이다. 한때 '가치가 떨어진 것'으로 꼬리표를 달았던 '마음'이 지금 새롭게 되었고 하나님에 의해서 증명된 것을 찾아내고 시험하는 데 유익하게 되었다. 로마서 12장의 나머지 부분은 이 변화된 삶이 무엇인지 정확하고 구체적인 정의를 제공한다. 그것은 부드럽게 사랑하고, 악은 어떤 것이라도 미워하며, 선한 것을 추구하며, 당신들을 박해하는 사람들을 축복하며, 즐거워하는 사람들과 함께 즐거워하고 우는 사람들과 함께 울며, 악을 악으로 갚지 않는 것 등이다.(롬 12:9-21) 서로 겹치는 격언들은 '적절한 삶을 위한 스냅사진들이나 삽화들'로 존재한다. 그것들이 모든 도덕적인 모순들을 해결해 주는 것은 아니지만, 어떤 사람이 그것들(격언들)에 맞게 살아갈 경우 인생이 어떻게 보이는지 볼 수 있도록 독자들을 초대한다.[6)]

넷째, 우리는 로마서 12:1-2로부터 비판적인 인식 능력의 역할을 배운다. 바울에게서 변화의 의도는 "여러분이 하나님의 뜻이 무엇인지 분별하는 것"이다. 흥미롭게도 편지들은 행동의 어떤 특별한 형태 혹은 규정된 법전에 집착하는 하나님의 뜻에 관해서 거의 말하지 않는다. '하나님의 뜻'은 좀 더 일반적인 용어다. 그것은 하나님이 믿는 사람들에게 하고 있는 전체적인 요구를 언급한다. 그것은 결코 개인적인 신자들이나 혹은 공동체의 소유가 되지 않지만, 그러나 모든 새로운 상황 속에서 반복적으로 찾고 검토해야만 한다.[7)] 그때 하나님의 뜻을 분별하는 것은 신앙적인 삶을 위한 긴급한 문제가 된다는 것이 밝혀진다.

분별하는 것은 악한 것으로부터 선한 것, 부적절한 것으로부터 적절한 것, 사소한 것으로부터 중요한 것을 구별해 내는 것과 관계가 있다. 때때로 모세의 율법이 도움이 되기도 하고, 때로는 예수의 가르침과 모범이

참조하라. J. B. Phillips, *The New Testament in Modern English*(New York: Macmillan, 1957).

6) Sampley, *Walking Between the Times*, 96-97.

7) 다음을 참조하라. Furnish, *Theology and Ethics in Paul*, 188-191, 227-257.

도움이 되기도 하며, 때로는 초대 교회로부터 유래하는 전통적인 윤리 자료가 도움이 되기도 하며, 때로는 그 시대의 최고의 도덕적인 지혜가 도움이 되기도 한다. 믿는 사람은 성령의 인도하심을 기대하지만(고전 7:40; 갈 5:16, 25), 그러나 물론 그 영은 검증을 받아야 하고 거짓 영들과 구별되어야 한다.

바울은 데살로니가 공동체로 보내는 그의 마지막 권고 가운데서 다음과 같이 쓰고 있다. "성령을 소멸하지 마십시오. 예언을 멸시하지 마십시오. 모든 것을 분간하고(시험하고), 좋은 것을 굳게 잡으십시오. 갖가지 모양의 악을 멀리하십시오"(살전 5:19-22; 빌 1:9-11을 참조하라.)라는 바울 권고의 일반적인 특징은 믿는 사람들을 위한 주된 책임이 남아 있음을 상기시키는 것이다. 그 책임은 체로 걸러서 분리하고, 무엇이 참으로 문제인지 결정하며, 판단하는 것이다.

물론 바울에게서 하나님의 뜻을 분별하는 것은 공동체 내에서 발생한다. 새 시대의 생활 속에서 경청하고 이야기하며 양육되는 개인들은 그들 자신의 결정을 내려야 한다. 그러나 그들은 독창하는 사람처럼 그렇게 행동하는 것이 아니라 합창단 단원들처럼 행동한다. 그들은 율법에 의해서 강요를 받지 않지만 그러나 특별한 방식으로 행동한다. 왜냐하면 그들은 공동체 안에서 하나님에 의해서 사랑을 받고 요구를 받는 사람들로 자신들을 이해하기에 이르기 때문이다. 그들의 도덕적인 정체성, 그들의 감수성, 그들의 본능은 하나님이라는 이유와 인간의 삶이 하나님의 의도에 대한 그들의 충성심이라는 것으로 생겨난 것이다.

양극성은 편지들 안에서 규칙적으로 등장하며 복음을 구체화하는 것이 무엇을 의미하는가 하는 바울의 설명을 한층 더 규정하도록 도와준다. 그 양극성은 (1) 율법과 사랑 그리고 (2) 영과 육이다. 우리는 그리스도교 공동체의 도덕적인 삶을 분명하게 하면서 그것들 중에서 각각의 것과 그것의 일부를 탐색하는 것으로 방향을 전환하게 된다.

2. 율법과 사랑

제8장은 죄와 연결된 율법의 역할을 탐색하였다. 그리고 거기서 언급된 많은 것이 부정적이었다. 율법은 죄라는 행동을 규정하면서 죄에게 그 힘을 준다. 율법은 율법의 요구를 충족시키지 못하는 사람을 정죄하므로 노예가 되게 한다. 그리고 율법은 생명을 주는 것으로 자세를 취하고 있음에도 불구하고, 그것은 사실상 죄의 권모술수에 취약한 것으로 남아 있다. 율법은 그것이 명령한 것을 사람이 성취하도록 전혀 도와주지 못한다. 그리고 바울은 "그러므로 율법은 거룩하며, 계명도 거룩하고 의롭고 선한 것입니다" 하는 요구를 아직도 계속하고 있다.(롬 7:12) 율법은 참된 생명을 주는 영이 자유를 활성화할 때 그것의 다른 면을 보여준다.(롬 8:2) 자유의 삶을 실현하는 것을 다루고 있는 두 구절 안에서 율법이 다시 언급되고 있는 것은 전혀 놀라운 것이 아니다.

> 서로 사랑하는 것 외에는, 아무에게도 빚을 지지 마십시오. 남을 사랑하는 사람은 율법을 다 이룬 것입니다. '간음하지 말아라. 살인하지 말아라. 도둑질하지 말아라. 탐내지 말아라' 하는 계명과, 그 밖에 또 다른 계명이 있을지라도, 모든 계명은 '네 이웃을 네 몸과 같이 사랑하여라' 하는 말씀에 요약되어 있습니다. 사랑은 이웃에게 해를 입히지 않습니다. 그러므로 사랑은 율법의 완성입니다.(롬 13:8-10)

> 형제자매 여러분, 하나님께서는 여러분을 부르셔서, 자유를 누리게 하셨습니다. 그러나 여러분은 그 자유를 육체의 욕망을 만족시키는 구실로 삼지 말고, 사랑으로 서로 섬기십시오. 모든 율법은 '네 이웃을 네 몸과 같이 사랑하여라' 하신 한마디 말씀 속에 다 들어 있습니다. 그런데 여러분이 서로 물어뜯고 잡아먹고 하면, 피차 멸망하고 말 터이니, 조심하십시

오.(갈 5:13-14)

사랑이 율법을 '완성하였다'고 말하는 것은 무엇을 의미하는 것인가? 이것은 바울이 여기서 율법을 '행하다', '실천하다' 혹은 '지키다'에 관해서 말하지 않는 것을 살펴보도록 흥미를 자아낸다. 이 동사들은 유대교의 율법준수를 위해서 규칙적으로 사용되는 것이지만, 그러나 율법에 대한 그리스도인들의 관계를 위해서는 오직 특별한 동사가 사용되고 있다.[8] 그것은 율법 요구의 완전한 실현을 포함하고 있다. 그리고 그것은 아직도 약간은 애매하게 행동한다. 왜냐하면 그것의 완성은 하나의 특별한 요구로 귀결되기 때문이다. 그것은 바로 이웃을 사랑하라는 요구이다.(레 19:18의 인용이다.) 그 동사는 바울에게 자신의 이웃을 사랑하는 것이 율법의 참된 의도를 충족시키고 동시에 (할례와 같은) 율법의 어떤 요구들은 준수될 필요가 없다고 주장하게 해준다.

바울은 그 밖에 율법에 관한 그의 부정적인 언급에도 불구하고 분명하게 모세 율법의 요구가 완전하게 사랑의 경험 속에서 어떻게 실현되는지를 명확히 하기를 원한다. 그가 제시하는 것처럼 "사랑은 이웃에게 해를 입히지 않는다."(롬 13:10) 지속되는 영의 주된 열매이며 실재인 사랑은 지식, 예언, 방언 같은 은사들이 사라질 때도 '전체 율법'을 성취한다.

율법과 사랑의 관계에 관한 세 개의 관찰이 다음의 순서대로 이어진다. 첫째, 바울은 갈라디아서 6:2에서 "여러분은 서로 남의 짐을 져주십시오. 그렇게 하면 여러분이 그리스도의 법을 성취하실 것입니다"라고 쓰고 있다. 수년 동안 학자들은 '그리스도의 법'이라는 표현에 관한 제안을 해왔다. 그것은 메시아의 법을 재해석하는 것을 언급한다는 제안이었다. 즉, 그 메시아의 법은 새로운 시대에 주어졌거나 예수의 가르침을 수집하는

8) 롬 8:4, 15:8; 갈 5:14, 6:2. 다음을 참조하라. John M. G. Barclay, *Obeying the Truth: Paul's Ethics in Galatians*(Minneapolis: Fortress, 1991), 135-142.

것에 주어졌다는 것이다. 그리고 그 예수의 가르침은 그리스도교 공동체가 계속 지켜왔던 것이거나 또는 갈라디아의 다른 교사가 사용했던 슬로건에 제시되었던 것이었다. 그러나 그리스도의 법의 갈라디아서 5:13-14에 대한 밀접한 접근성은 그것을 이웃 사랑에 대한 계명과 연결하는 논리가 되게 하며 모세의 율법완성을 다루는 논리가 되게 한다. 그 율법은 '그리스도의' 법으로 자격을 얻기 때문에, 그리스도는 사랑이 무엇을 의미하는지 범례가 된다. 그리스도가 "나를 사랑하고 나를 위해서 자기 자신을 내어준 것"처럼(갈 2:20) 그리고 그들을 위해서 저주를 받으면서 다른 사람의 짐을 진 것처럼(갈 3:13), 그리스도인들은 다른 사람들의 짐을 지는 것이다.[9] 그들은 그렇게 함으로 그것이 그리스도의 행위 안에서 모범이 제시된 것처럼 모세의 율법을 완성한다. 바울에게서 사랑은 온화하고, 흐릿한 감정이 뒤섞여 있거나 특별한 몇 사람을 위한 애호심이 뒤섞여 있는 것이 아니고 그리스도가 자신을 내어주는 구체적인 사건 안에서 사랑에 관한 정의를 발견한다.(롬 5:8, 15:1-3을 보라.)

둘째, 그리스도에 의해서 규정되는 사랑은 모세의 율법이 요구하는 의무에 대해서 어떤 가르침도 주지 않는다. 그러나 사실상 사랑은 그 의무들을 좀 더 급진적이며 좀 더 적극적으로 이해하게 만든다. 이웃에게 책임이 있다는 것은 단지 특별한 규정을 실행하는 것이 아니라 이웃과 이웃의 요구에 대해 전체적으로 접근하는 것이다. "사랑을 통해서 서로에게 종이 되십시오."(갈 5:13) 먼저 우상에게 바쳤던 고기를 먹는 문제에 관해서 바울이 고린도인들에게 하는 충고는 좋은 예를 제공한다. 본질적으로 고기와 관련해서 문제가 없다는 결론이 내려졌지만, 그것을 먹을 것인가 혹은 먹지 않을 것인가 하는 결정은 "그리스도가 그들을 위해서 죽으신" 이웃의 양심에 달려 있다.(고전 8:11) 바울은 꼭 적용될 필요가 있는 추상적인

9) Richard B. Hays, "Christology and Ethics in Galatians: The Law of Christ," *CBQ* 49(1987): 268-290.

원칙을 다루고 있는 것이 아니다. 그는 그의 독자들을 특별한 환경과 관련된 실제적인 인간으로 안내하고 있다. 각각의 새로운 개인과 환경으로부터 그리스도인들은 사랑이 요구하는 것이 정확히 무엇인지 배우게 된다.

셋째, 이웃을 사랑하라는 단일한 계명 속에 들어 있는 율법에 대한 요약(롬 13:9)은 바울에게서 사랑이 율법을 올바른 관점에서 생각하도록 제시하고 있다. 사랑은 레위기 19:18에 의거하여 율법을 폐지하는 것이기보다는 오히려 율법을 위한 적절한 해석을 확인하고 해석해 준다. 모세의 율법이 올바르게 이해될 때 그것이 바울에게 하나님의 뜻과 목적에 관한 도구로 남아 있다는 것을 인식하는 것은 비판적인 것이다. 그리고 그것은 어떻게 올바르게 이해가 되는 것인가? 사랑은 그리스도 안에서 인격화되었을 때 그 해석의 열쇠가 된다. 사랑은 '정의, 자비, 믿음이라는 율법보다 더 중요한 문제'에 초점을 맞추고 있고(마 23:23), 독자들에게 율법의 다양한 요구들을 들여다보고 판단할 수 있는 렌즈를 함께 제공하고 있다. 사랑은 도덕적인 분별의 과제 속에서 본질적인 연주자라는 것이 밝혀진다.

3. 육과 영

그리스도 인에 있는 신앙적인 삶에 관한 바울의 논의를 규정하는 다른 양극성은 육과 영 사이에 존재하는 그것이다. 율법과 사랑의 엄청난 차이처럼 이 용어들은 철천지원수 같은 것임이 드러난다. 그 용어들은 편지들의 많은 문맥 안에서 같이 나오지만 그러나 특히 갈라디아서 5:16-6:10(참조. 롬 8:1-17) 안에서 지배적이다.

'육'은 아주 넓은 의미론 분야와 관련된 단어이다. 심지어 갈라디아 안에서도 이 단어는 여러 개의 의미를 가지고 있다. 이것은 어떤 편파적인 함의 없이 인간의 신체적인 특성(문자적으로는 '영과 육'[갈 1:16])을 지시하거나 혹은 인간 전체(문자적으로 '모든 육체'[2:16]) 인간이나 자연이 존재하는 영역('육체 가운데'[2:20])을 지시하는 것으로 나타난다. 이런 예들 가운데서 '육'은 하나님의 선한 창조의 일부이며 결코 부패한 무엇인가를 내포하지 않는다. 바울신학은 헬레니즘적인 이원론과 다르게 '육'이 물질적인 본질로서 원래부터 악하다는 사실을 암시하지 않는다.

그러나 육이 '성령'과 반대로 설정이 될 때 그것은 새 시대에 간섭하는 힘이다. '육'은 묵시적인 중요성을 가지며 옛 시대와 협력한다.[10] 그때 육은 '죄'와 '세상'과 밀접하게 연결되고 성령의 활동을 활발하게 반대한다. 그것이 단순하게 인간 영역과 인간의 육체적인 본질을 그 이상으로 지정하는 것이 아니지만, 그것은 우주적인 힘, 성령과 격렬한 전투를 벌이는 적군이다.(갈 5:17) J. 루이스 마틴(J. Louis Martyn)이 "성령과 육은 어떤 의미에서 묵시적인 이율배반을 구성한다. 그것들은 두 개의 서로 반대되는 힘의 덩어리들이다. 그 둘은 그리스도와 성령의 묵시적 출현 **이후에** 서로 적극적으로 싸우고 있는 중이다"[11]라고 주장한다.

편지들 안에서 묵시적인 문맥에 관한 인식은 '육'으로 번역되는 그리스어 '사륵스'(*sarx*)에 대한 번역을 결정함에 있어서 비판적이다. '사륵스'를 '보다 저급한 특성'(NEB) 혹은 '죄의 속성'(NIV) 혹은 '인간 본성'(GNB)이라고 규칙적으로 언급하는 번역은 매우 잘못된 것이다. 그것들은 각 개인이 두 본성, 즉 더 고상하거나 더 영적인 면과 좀 더 저급하고 육적인 면으로 나누어져 있다는 것을 함축하고 있다. 그것들은 서로를 제압하기 위하여 경쟁하고 있다는 것이다.(즉, 한쪽 어깨 위에는 악마가 다른 어깨 위에는 천사가 있는 것 같다.) 그런 번역은 바울에게 성령과 육이 이원론적인 인간 본성의 구성요소가 아니라 외부로는 인간에게 미치는 우주적인 실

---

10) 특히 흥미로운 것은 갈 3:3이다. 그 안에서 성령과 육체는 대립하는 우주적인 세력이지만, 특히 육체는 할례를 언급하는 것이다. 종교 의식은 옛 시대의 표현이 되었다. 빌 3:3-4를 참조하라.

11) J. Louis Martyn, "Apocalyptic Antinomies in Paul's Letter to the Galatians," *NTS* 31(1985): 417.

재이며 아직도 개인이 자신의 삶의 기반이 되는 실재하는 것들이다.

육과 성령의 이 갈등에 관해서 몇 가지 주목해 보아야 한다. 첫째, 이 둘은 윤리적인 의미를 가지고 있다. 바울은 갈라디아서 5:19-23 안에서 '육신의 일들'과 '성령의 열매' 목록을 제시하고 있다. 전자는 행동들에 대한 배열을 포함하고 있으며, 특성상 몇 가지 신체적인 활동들(간음, 부도적, 술취함)이고, 특성상 몇 가지는 영적인 활동들(우상 숭배, 시샘하는 것)이며, 많은 것은 공동체를 파괴하는 것과 관련이 있다.(적대감, 분쟁, 질투, 분노, 다툼, 불화, 파벌) 이 목록은 놀라운 것을 거의 포함하고 있지 않지만, 그러나 육을 확인해주고 육을 지향하는 삶이 어떻게 보이는지 기여하고 있다.

후자의 목록은 전자의 목록과 대조를 이룬다. 그 대조는 ('일들'과 대립하여) '열매'가 단수로 나온다는 것이다. 이것은 성령이 만들어 내는 것이 결속력과 일치의 특징을 제시하고 있다는 것이다. 이것은 마치 성령이 한 사람 안에서 사랑을 만들어 내고, 다른 사람 안에서는 기쁨, 그리고 또 제삼자 안에서는 평화를 만들어 내는 것 같은 그런 것이 아니다. 게다가 이 목록은 많은 용어를 포함하고 있다. 그 용어들은 지나침과 자기주장에 반대해서 자제와 견실함을 설명해준다. 사랑, 평화, 친절, 충성, 온유함, 자기 통제는 공동체를 세우는 덕목들이다. 성령은 어떤 자리에서는 방언과 같이 쓸모없는 은사의 원천(고전 12:10)이고 기적들처럼 비범한 일들을 가리키기도 한다. 여기서 성령은 공동체 안에서 사람들로 하여금 매일의 일상적인 삶에 대처하게 해주는 실재가 된다. 대처해야 하는 것들은 보통의 일들과 불쾌한 일들이 있고, 교만한 것과 마주치기도 하고 험악한 것을 마주치기도 한다.

바울의 독자들은 성령이 그들에게 생명을 주는 힘이었다면 그 경우에 성령은 또한 그들의 윤리적인 삶을 위한 규범이 되어야 한다는 것을 기억해야 한다.(갈 5:22) 성령의 열매로 약속된 덕의 목록들 너머에는 그리스도교 공동체의 삶 속에 실천적인 성령의 가치에 관한 방향성이 주어져 있

다.(갈 6:1-10)[12]

몇 가지 책임들이 다음과 같이 나열된다. 교회의 타락한 구성원을 바로잡아 주는 것(6:1a), 다른 사람의 짐을 져주는 것(6:2), 가르치는 사람을 후원하는 것(6:6), 모든 사람, 특히 교회 동료 구성원에게 선을 행하는 것(6:9-10)이다. 책임성들은 하나님 앞에서 자신을 인식하고(6:1b), 자기 자신의 일을 시험하며, 다른 사람의 짐을 지고(6:3-5), 자기가 뿌린 것을 돌보는(6:7-8) 개인의 의무를 기억하는 것과 조화를 이룬다. 이 격언들은 '성령으로 사는 것'(5:25)이 무엇을 의미하는지 지시하는 구체적인 가르침의 역할을 한다.

둘째, 성령과 육은 '두 개의 서로 대립하는 힘의 덩어리다.' 바울에게서 개인들은 단순하게 그들이 통제할 수 없는 것을 둘러싼 전쟁의 덫에 걸려 있는 것이 아니다. 어떤 의미에서 인간들과 공동체들은 경쟁이 치열한 전쟁터이다.(갈 5:17) 그리고 그들은 아직 우주적인 힘에 의해서 무력하게 움직이는 단지 순수한 희생자가 아니다. 개인들은 갈등과정을 결정하는 결정을 내릴 수 있고, 그들은 그것에 대해서 책임이 있다. 그들은 스스로 덧없고 사라지는 육체가 부패함보다 더 좋은 무엇인가를 제공한다는 망상에 사로잡힐 수 있거나 그들은 새로운 시대의 힘에 개방될 수도 있다. 그래서 바울은 종종 그의 독자들을 성령 안에서의 삶을 선택하라는 명령법(함축적인 명령법들)을 가지고 대한다.(예를 들어 갈 5:16, 25, 6:7-8; 롬 8:6, 12-14) 폴 마이어(Paul Meyer)가 논평하는 것처럼 성령은 "결정을 내리는 인간의 평범한 과정들과 실존을 파괴하거나 대체하지 않지만 그러나 그것들이 적절한 기능을 하도록 움직인다."[13]

셋째, 성령과 육체 사이의 투쟁은 결과가 의심으로 남게 되는 전쟁으로 생각되어서는 안 된다. 이 둘은 동일한 세력이 아니다. 성령은 새로운

12) 이 구절에 관해서 도움이 되는 연구를 다음을 보라. Barclay, *Obeying the Truth*, 146-177.

13) Paul Meyer, "The Holy Spirit in the Pauline Letters," *Int* 33(1979): 11.

시대의 힘으로 예수 그리스도의 날에 육체를 복종시키려고 그 영역을 침입해 들어간다. 에두아르트 슈바이처(Eduard Schweizer)는 **육체**가 문맥상의 어딘가에서 성령에 관한 진술이 나타나지 않는 한 신약성서 안에서 결코 행동의 주체로 나타나지 않는다는 것을 관찰하였다.[14] 마지막 분석에서 육체는 바울에게서 성령과 결코 조화를 이루지 못한다. 오늘날 단순하게 성령을 받았다는 것은 모호한 이미지를 연상하게 해준다. 그것은 현실과 거의 관계가 없는 미약한 힘에 지나지 않는다. 어떤 사람에게는 그것이 분석을 거부하는 극단적인 주관성을 상징한다. 편지들 안에서 성령을 설명하는 다음의 세 가지 특징은 이러한 언급들을 일소하는 데 도움이 된다.

1. 성령은 예수 그리스도와의 관계에서 존재한다. 성령은 독립적인 모습이 아니라, 하나님 아들의 영 외에는 다른 것이 아니다.(갈 4:6) 성령은 십자가에 달리신 그리스도를 설교함을 통해서 오신다.(갈 3:1-2) 그리고 이어서 성령은 청중들에게 십자가의 교훈을 해석해 준다.(고전 2:4-5, 9-13) 성령은 변화시키는 힘으로 인간을 신적인 존재로 바꾸지 않지만 그러나 그들을 그리스도와 일치시킨다.(롬 8:10-11) "바울의 그리스도론은 모든 곳에서 그의 성령론을 위한 자리를 제공해 주며" 그래서 순수한 주관성을 반대하며 인도한다.[15]

2. 성령은 신앙적인 삶의 규범과 도구로서 역할을 한다. 성령은 하늘의 문제들을 다루기보다는 오히려 삶의 일상적인 결정에 영향을 준다. 심지어 몸은 (자아라는 의미에서) '성령의 전이다.'(고전 6:19)

3. 성령은 결코 어떤 개인의 소유가 되지 않는다. 그것은 공동체를 위한 은사들로 남아 있으며, 공동체의 윤리적인 방향성을 분별하는 것은 주로 공동의 일이며 개인의 일이 아니다.

---

14) Eduard Schweizer, "*sarx*," in *Theological Dictionary of the New Testament*, eds. Gerhard Kittel and Gerhard Friedrich(Grand Rapids: Eerdmans, 1971), 7:132.

15) Meyer, "The Holy Spirit in the Pauline Letters," 13.

4. 구체적인 문제들

바울은 분명히 오늘날 의료 윤리학자들이나 아니면 사업 윤리학자들이 하는 것처럼 관심의 특별한 분야를 분석하는 문제에 방향을 맞춘 윤리학자가 아니다. 본질적으로 바울은 목회적인 신학자이다. 그의 열심은 복음이며 그리스도교 공동체들 안에서 그것을 구체화하는 것이다. 그리고 우리가 적어도 바울과 그의 교회들이 대면하고 있는 두 가지 특별한 문제들을 검토해 보는 것은 중요하다. 그 문제들은 중요성을 가진다. 정확하게 말해서 그 이유는 그것들이 회중의 사람들에게 악영향을 미치며 충성에 관한 문제를 일으키기 때문이다. 문제를 생각하는 한 가지 방식은 초대 그리스도인들이 새로운 시대 속에서 살고자 했던 노력에서 생겨났다는 것을 인식하는 것이다. 하지만 옛 시대는 아직도 참으로 현존하고 있는 상태이다. 그것들이 지배적인 권위들 혹은 물질적인 소유들과 같이 그런 현실들과 연결되는가? 예수 안에 있는 하나님의 행위는 시대의 낡은 제도에 관한 전적인 거부를 요구하는 것인가? 어떤 사람은 두 시대가 겹쳐지는 가운데서 삶을 어떻게 충실하게 받아들여야 하는가?

(1) 지배 권력들

편지로부터 유래하는 고전적인 본문은 로마서 13:1-7이다. 수세기 동안 가끔씩 해석자들에게 문제가 되었던 이 구절들은 폭정에 반대해서 교회의 예언자적인 목소리를 내지 못하게 하는 기능을 하였다. 이 본문은 우리가 오늘날 교회와 국가의 관계를 위한 어떤 함의를 끌어내기 전에 주의 깊게 고찰할 필요가 있는 문학적이고 역사적인 문맥들을 가진 본문들 중의 하나다. 가끔씩 전달자들은 이 단락이 나중에 편지에 첨가된 것이라고 주장한다. 아마 그 첨가는 세속 권력을 섬기도록 교회에게 압력이 가해지고 있던 때였다는 것이다. 하지만 너무 많은 단어의 조합은 이 후대의 삽입이라는 사실을 위한 그럴듯한 경우를 만들기 위해서 이 구절들을 그 문맥들과 연결하고 있다. 로마서 12:14-21은 그 교회가 어떻게 폭넓은 사회 속에서 살아가야 하는지 지침을 제공하고 있다. 그리고 13:1-7은 적절하게 지배권력들에 관한 특별한 지시를 이어간다. 이 구절은 국가의 행정관들이 그들의 권위를 하나님으로부터 찾고 있으며 선을 증진시키고 악을 행하지 못하도록 하기 위하여 신으로부터 임명을 받은 일꾼들로서 역할을 한다고 주장한다. 시민들이 그 권력에 대해서 의무를 가지고 있는 것은 그들의 자리, 존경, 명예를 인정해주고 세금을 납부하는 것이다. 유대교의 맥락에서 보면 이것은 고상한 제안이 아니다. 구약과 헬레니즘 유대교의 문헌들은 인간 지배자들 배후에 서 계시는 하나님의 권세를 인정하고 있고, 심지어 시민들은 외국인 권력에 대해서도 의무를 가지고 있다는 것을 인정한다.[16]

이것은 그들이 무엇을 주장하든지 아니면 무엇을 요구하든지 상관없이 교회가 항상 세속 권력에 복종해야 한다는 사실을 암시하는 것인가? 이 구절의 몇 가지 차원들은 결정적인 답이 주어지기 전에 강조될 필요가 있다. 첫째, 이 구절은 그리스도인들이 국가의 행정관들이 교회에 대해서 아무런 권세도 갖지 못한 것처럼 그들을 무시할 수 없다는 것을 분명히 해준다. 국가의 행정관들은 사회의 질서를 유지하는 중요한 역할을 가지고 있다. 그들은 그렇게 하면서 법을 만들고 집행하는 그들의 권리를 행사하며, 전체 공동체의 복지를 증진시킨다. 교회는 특별한 예외가 아니다. 세속정부의 권력에 저항하는 것은 심각한 문제이다.(13:2)

둘째, 행정관들은 특별한 의무를 가지고 있다. 그들은 '여러분의 선을 위하여' 임명을 받았다.(13:4) 그것은 아마 여러분의 안전과 보호를 의미하며 무정부 상태에 반대하는 수호자이다. 그들에게는 무제한의 권력이

16) 예를 들면 다음과 같다. 렘 29:7; 잠 8:15-16, 24:21-22; 단 2:21; 지혜서 6:1-11; 시락서 17:17; 아리스테아 편지 196, 219, 224.

주어진 것이 아니고 항상 '하나님의 일꾼들'로 남아 있다. 그것으로 그들은 올바른 시민들의 공로를 인정해 주고 악을 행한 사람들을 처벌해야 한다.

셋째, 공무원에 대해서 의무가 있는 그 의무들의 두 가지 관점들은 비판적인 것이다. (a) 13:1에서 시작되고 있는 명령법은 순종을 요구하는 것이 아니라 복종을 요구한다. 빅터 폴 퍼니쉬는 다음과 같이 언급한다. "복종하라는 것은 어떤 사람이 그 아래에서 존재하고 있는 정치적인 구조의 실재를 인정하고 그것을 존중한다는 것을 의미한다. 예를 들어서 어떤 사람은 국가 권력을 거부하고 아직도 그 정치적인 구조에 '종속되어' 있을 수 있다. 즉, 불복종의 경우에 정당한 법의 절차들과 처벌이 이루어지는 것을 말한다."[17] (b) 한 절은 세금을 납부하는 것에 초점을 맞추는 것처럼 보인다.(13:7) 그것은 1세기 동안 로마 제국 안에 존재했던 관세나 납부금 강요(실제적으로는 지나친 강요)에 관한 악의적인 행위와 관련된 불안한 상황을 가리킨다. 분명히 세금 징수원 몇 사람은 그들이 해야 하는 것 이상으로 세금을 많이 거둠으로 자신들의 호주머니를 채우고 있었다.[18] 어떤 이유에서인지 모든 세금을 다 내라고 로마서를 읽은 독자들에게 바울이 충고하는 것은, 그의 충고가 어떤 종류의 납세자 반란에 그들이 참여하는 것을 그만두게 하려는 것 같다.

넷째, 로마서 12-13장의 문학적인 문맥은 무시할 수 없다. 첫머리에 독자들은 옛 시대를 따르지 말고 그들의 마음이 변화를 받아서 새 시대에 의해서 새로워져야 한다고 말한다.(12:1-2) 즉시 13:1-7이 이어지고 이웃을 사랑해야 하는 그리스도인들의 절대적인 의무에 관한 언급이 나오고(13:8-10), 때가 가까이 왔고 구원이 가까워졌다는 것을 기억해야 하는 것이 이어진다.(13:11-14) 전체 문맥은 국가 권력들과 그리스도인들이 그들에 대해서 가지는 그 책임성들 양쪽을 상대화시키는 경향이 있다. 예

17) Victor Paul Furnish, *The Moral Teaching of Paul: Selected Issues*, 2nd ed. (Nashville: Abingdon, 1985), 126.

18) Tacitus, *Annals* 13.50-51.

수가 주님(Lord)이며, 황제(Caesar)는 주님이 아니다.(롬 13:14) 그리고 구원의 날이 다가옴은 모든 다른 인간의 의무를 끝에서 두 번째가 되게 한다. 아마도 정치적인 폭군의 불의에 의해서 피해를 당한 이웃에 대한 요구는 국가에 대한 의무보다 우선할 것이다.[19)]

이런 고찰들은 로마서 13:1-7로부터 보편적으로 모든 교회와 모든 국가에게 작용할 수 있는 교회와 국가에 관한 원칙을 추출해 내는 것이 어렵다는 것을 보여준다. 바울은 네로 황제 통치 초기 몇 년 동안에 편지를 썼다. 그 시기는 상대적으로 평화로웠고 스토아 사상의 지도자였던 세네카의 손안에서 국가의 일들이 관리되고 있었다. 바울은 정치적인 권력에 접근하지 못했던 교회들에게 편지를 써 보냈다. 그 편지를 보낸 후 얼마 되지 않아서 로마 제국의 환경은 변했다. 그리고 네로의 공포 통치가 시작되었다. 10년 후에 바울이 무엇을 써 보냈을까 상상하는 것은 어려운 일이다. 그가 써 보낸 것은 특별한 시간과 장소에서 독자들을 위한 지침이 된다는 것이 밝혀졌다. 그 편지들은 유대교 전통의 정치적인 태도를 유지하도록 그들을 격려하였다. 다른 시간과 장소의 해석가들은 로마서 13:1-7로부터 다음의 이야기를 귀담아듣고 배워야 한다. "하나님의 선하시고 기뻐하시고 완전하신 뜻이 무엇인지를 분별하도록 하십시오."(롬 12:2)

(2) 물질 소유

신약성서 안에서 돈과 다른 물질 소유에 관한 가장 급진적인 논평은 예수로부터 오지 바울로부터 오지 않는다. "가서 너의 소유를 팔아 그 돈을 가난한 사람에게 주라."(마 19:21) "당신 자신을 위하여 보물을 땅 위에 쌓아두지 말라."(마 6:19) "부유한 여러분에게 화가 있으라"(눅 6:24)는 이 모든 언급은 복음서들 안에서 나타난다. 아니면 바울은 경제적인 문제들에 대해서 관심을 기지는 진형적인 중산층의 행동을 승인하고 있는

19) Verhey, *The Great Reversal*, 120-121.

것인가?

바울이 말하는 것들 중에 많은 것은 헬레니즘적인 도덕주의자들의 저작들 안에서와 마찬가지로 다른 유대 그리스도인들의 자료들 안에서 발견된다. 예를 들어서 욕심과 탐욕에 대한 경고들(롬 1:29; 고전 5:10, 6:10)은 독자적인 것이 아니다. 그는 스토아 사상으로부터 *autarkeia*(고후 9:8에서는 '넉넉하게 가지는 것', 빌 4:11 안에서의 '만족하다'[딤전 6:6을 참조하라]로 번역된다.)에 관한 언급을 빌려오고 있다. 그것이 편지들 안에서는 경제적인 독립 유지, 그럭저럭 살아가기에 넉넉하게 가지는 것, 부유함의 덫을 피하는 것, 자신보다 불행한 사람들과 함께 나누는 것을 포함시키는 것으로 부분 수정이 이루어졌다. 스토아 철학자들은 우주의 중심에 있는 질서와 조화를 이루어 살면서 유혹으로부터 독립을 얻는 반면에, 그리스도인들은 예수 그리스도를 신뢰한다.(빌 4:13) 그리스도인들은 "자신들의 필요를 채우기 위해 필수적인 것보다 더 벌기 위해서 노력해야 한다. 즉, 그것은 자신들을 위해서 아무것도 준비할 수 없는 그들의 고통을 해소하기 위한 것이다."[20]

바울과 소유(Paul and Possessions)라는 연구에서 닐스 달(Nils A. Dahl)은 돈 문제에 관한 바울 특유의 입장 몇 가지를 지적한다.[21] 새로운 시대가 침입해 들어오는 것에 관한 바울의 이해와 예수의 임재가 아주 가까웠다는 그의 기대는 분명하게 소유를 향한 그의 태도에 영향을 주었다. 한편, 어떤 의미에서 재산과 돈은 사소한 것이 되어버렸다. 왜냐하면 그것들은 지나가 버리는 옛 시대에 속하기 때문이다. "때가 얼마 남지 않았으니, 이제부터는 아내 있는 사람은 없는 사람처럼 하고, 우는 사람은 울지 않는 사람처럼 하고, 기쁜 사람은 기쁘지 않은 사람처럼 하고, 무엇을 산 사람은 그것을 가지고 있지 않은 사람처럼 하고, 세상을 이용하는 사람은 그렇

---

20) Nils Alstrup Dahl, "Paul and Possessions," in *Studies in Paul: Theology for the Early Christian Mission*(Minneapolis: Augsburg, 1977), 23.

21) *Ibid.*, 22-39.

게 하지 않는 사람처럼 하도록 하십시오. 이 세상의 형체는 사라집니다.” (고전 7:29-31) 다른 한편, 이 독립의 자세가 무책임성으로 통하는 것은 아니다. 바울은 규칙적으로 자신의 생활비를 벌었으며 데살로니가교회 안에서 일하기를 그만둔 사람들을 날카롭게 비판하였다. 왜냐하면 그리스도의 재림이 임박했다고 생각했기 때문이다.(살전 4:11-12; 살후 3:6-15)

달은 또한 소유에 관한 바울의 생각 속에서 회중의 역할에 대해서 주의를 요구한다. 금전논쟁은 그것들이 구성원들에 대항하여 다른 구성원이 싸움을 하게 될 때는 특히 부끄러운 것이었다.(고전 6:1-11) 믿는 사람들은 법정에서 이익과 관련된 그들의 갈등을 해결하기보다는 오히려 기꺼이 불의함을 견디어 내야 한다. 경제적인 차별은 고린도의 주의 만찬 문제로 나타났다. 바울은 가난한 구성원들에 대한 그들의 무감각 때문에 부자들을 심하게 야단치고 있다.(고전 11:17-22)[22]

바울의 회중들은 집의 소유자들과 상대적으로 부유한 사람들을 포함하고 있었다. 브리스길라와 아굴라(롬 16:3; 고전 16:19), 가이오(롬 16:23), 압비아와 아킵보(몬 2절)는 예배 모임이 있는 집 주인으로 언급된다. 그리고 뵈뵈는 “여러 사람과 나의 보호자가 되었다”는 것으로 확인된다.(롬 16:2) 부유한 구성원들은 그들의 재원을 공동체의 봉사를 위해서 사용하도록 장려되었다.

바울 회중의 방향은 그로 하여금 주로 이방인들의 교회들로부터 기근을 당하고 있던 예루살렘 교회를 위하여 헌금을 요청하도록 이끌었다. 그리고 이것은 그의 청지기직 요청에 관한 세 가지를 조사해 보도록 흥미를 유발한다. (a) 바울은 그리스도의 자기희생을 언급하는 것에 더 추가하면서 한 회중의 관대함을 인용한다. 그 회중은 박해와 가난에도 불구하고 헌금을 하였다. 그 모임은 다른 회중을 위해서 헌금을 하도록 도전을 주는 모델이다. 바울은 분명히 제도상의 질투심을 두려워하지는 않았다.(고후

22) 이 문제에 관한 논의는 제4장을 참조하라.

8:1-9) (b) 그는 그리스도교 사상을 위한 비판으로 평등의 원리를 세운다. "이는 다른 사람들은 평안하게 하고 너희는 곤고하게 하려는 것이 아니요 균등하게 하려 함이니 이제 너희의 넉넉한 것으로 그들의 부족한 것을 보충함은 후에 그들의 넉넉한 것으로 너희의 부족한 것을 보충하여 균등하게 하려 함이라."(고후 8:13-14) (c) 은사들의 중요성은 양으로 측정되는 것이 아니라, 내는 사람의 태도로 결정된다. "각각 그 마음에 정한 대로 할 것이요 인색함으로나 억지로 하지 말지니 하나님은 즐겨 내는 자를 사랑하시느니라."(고후 9:7)

마지막으로 달은 교회로부터 금전적인 후원을 받고 있는 것과 관련해서 바울 자신의 입장을 지적한다. 바울은 데살로니가로 편지를 쓰면서 그가 그들 가운데 있었을 때 자신의 생활비를 벌었다는 것(살전 2:9)과 그의 사역을 욕심을 감추는 수단으로 결코 이용하지 않았다(2:5)는 것을 그들이 기억할 것을 강조하고 있다. 바울 사역의 천막 만드는 형식은 복음을 반대하는 어떤 불필요한 불만들을 막아내려고 하는 것이다.(고전 9:14) 바울은 그의 회중에게 경제적으로 의존하는 것을 피하면서 어느 정도의 자유와 독립을 유지할 수 있었다.(고전 9:15-18) 그는 회중들로부터 요청하지도 않은 후원을 받았을 때는 그것을 인정하고 그것에 대한 감사를 표현하였다.(빌 4:10-20; 고후 11:19)

하지만 바울의 자비량 방식은 그에 대한 후원 부족이 그가 자격이 없는 사도라는 사실을 증명하는 것이 아니냐 하는 질문이 제기될 때 문제들을 만들어 냈다. 그래서 바울은 그리스도교 사역자들에 대한 회중의 후원하는 행위를 지지하면서 활발한 주장을 한다. 그 과정에서 그는 구약의 권위(고전 9:8-12), 예수의 말(9:14), 다른 사역자들의 관습(9:7)을 인용한다. "복음을 전하는 사람은 그 복음으로 자신들의 생활비를 벌어야 한다."(9:14) 바울은 그가 사도로서 그런 후원에 대해서 권리를 가지고 있으며 그것을 받아들이지 않는 결정은 개인적인 것이고 그것이 그의 사도성을 결코 무효가 되게 하지 못한다는 사실을 주장하고자 한다.

바울이 천막 만드는 일 전체가 자비량이었는지 아니면 (달이 제시하는 것처럼) 그의 가정으로부터 유산을 가지고 있었든지 복음을 위한 그의 관심은 그의 사역으로부터 경제적인 이득을 얻는 욕망보다 우위에 있었다. 달은 다음과 같이 결론을 내린다. "거기에는 돈을 향한 바울의 태도를 규정하는 것이 널리 전해지고 있지만 그러나 조용한 영웅주의가 존재한다."[23)]

5. 결론

편지의 현대 독자들은 바울이 때때로 현상 유지는 축복하고 당시의 왜곡된 사회 제도들을 맞서는 데는 실패했다고 비난한다. 그는 여성을 다루는 비열한 방식에 대해서 사회를 비난하기보다는 오히려 성 차별이 존재하지 않는 세례 받은 공동체가 되는 교회를 선언하였다.(갈 3:26-28) 그는 노예제도를 공격하는 대신에 빌레몬 집 안에 있는 교회가 다시 돌아오는 오네시모를 환영해야 한다고 설득하였다. "이 후로는 종과 같이 대하지 아니하고 종 이상으로 곧 사랑 받는 형제로 둘 자라… 육신과 주 안에서."(몬 16절)

리앤더 E. 케은 통찰력 있게 "바울을 사회적으로 '보수적'으로 보이게 하는 것은 그의 종말론적인 지평에 관한 우리의 손해다"라는 사실을 언급한다. 바울은 사실 현 상태를 축복하지 않았다. 그러나 그는 그것이 궁극적으로 지나가는 것이라고 주장한다. 그는 1세기의 사회적인 제도들이 모든 인간실존 자체를 변화시키는 하나님의 의도를 반복하는 영속성을 가진다는 어떤 언급을 격하시켜 버린다.(고전 15:24-28) 그 결과는 현재의 구조가 신의 보상품이라는 것을 거부하면서 그것의 일시적인 특성을 드

23) Dahl, "Paul and Possessions," 36.

러내는 것이며, 그래서 복음을 구현하는 데 교회를 담대하게 하는 것이다. 실제적으로 바울의 윤리는 결코 보수적인 것이 아니고 사회와의 관련성을 위한 토대를 놓는다.[24]

24) Leander E. Reck, *Paul and His Letters*(Philadelphia: Fortress, 1979), 98,

제3부

제2 바울서신 — 남은 이야기

제2 바울서신의 개요

에베소서

1:1-2	-	도입
1:3-3:21	-	새로운 인간성으로 유대인들과 이방인들이 하나가 되는 신비를 찬양함
4:1-6:20	-	일치, 신실함, 새로운 인간성에 대한 용기를 권면
6:21-24	-	결론

골로새서

1:1-11	-	도입
1:12-23	-	그리스도의 뛰어나심과 그분의 화해 사역
1:24-2:5	-	골로새 사람들을 위한 관심
2:6-4:6	-	권면, 특별한 것과 일반적인 것
4:7-18	-	결론

데살로니가후서

1:1-12	-	도입
2:1-12	-	종말론적인 미래의 확실함
2:13-17	-	데살로니가 사람들을 부르심에 관한 확증
3:1-15	-	기도 요청과 특별한 권면
3:16-18		결론

디모데전서

1:1-2	-	도입
1:3-20	-	거짓 교사들에 대한 경고
2:1-15	-	기도 안에서 가르침
3:1-16	-	교회 지도자들의 자격
4:1-6:19	-	거짓 교훈에 대한 교회생활을 위한 지침
6:20-21	-	결론

디모데후서

1:1-5	-	도입
1:6-2:13	-	디모데를 향한 개인적인 충고
2:14-4:5	-	거짓 교훈에 대한 교회를 위한 권면
4:6-18	-	바울의 상황
4:19-22	-	결론

디도서

1:1-4	-	도입
1:5-16	-	교회 지도자들의 자격과 행동
2:1-3:11	-	디도와 교회를 위한 권면
3:12-15	-	결론

제11장

제2 바울서신

신약성서는 저자가 바울의 이름으로 되어 있는 열세 개의 편지들을 가지고 있다. 지금까지 우리의 연구는 그것들 중에서 일곱 개에 토대를 두었다. 이것들은 전통적으로 사도 자신으로부터 유래하는 것으로 생각하고 있다. 그러나 그 중에서 저자가 논란이 되는 다른 여섯 개의 편지들(살후, 골, 엡, 딤전-후, 딛)은 정경으로 남아 있고 초대 교회의 신학적인 발전에 관한 우리의 이해에 (어떤 의미에서 매우 중요한) 기여를 하고 있다. 불행하게도 여섯 개의 편지들은 거의 언급할 필요가 없는 바울에 관한 희미한 반영을 하고 있다. 그러나 사실상 각 편지는 자신의 목소리를 가지고 있으며, 때로는 바울의 목소리와 조화를 이루기도 하지만 바울의 죽음 이후 좀 더 나중의 시간을 말하고 있다. 각각의 편지는 내가 제시할 수 있는 것보다 더 많은 관심을 기울일 가치가 있음에도 불구하고, 나는 이 편지들의 신학적인 차이들을 강조하고자 한다.

각 편지들의 저자에 관한 논쟁들을 재현할 필요는 없다. 왜냐하면 독자들은 신약성서의 기본 개론이나 그 편지들의 주석 혹은 성서 사전 안에서 자세하게 설명된 주제들을 발견할 수 있기 때문이다.[1] 해석자들 중에

1) 다음을 참조하라. W. G. Kümmel, *Introduction to the New Testament*, rev.

서 이 주제들에 관해서 결코 만장일치의 합의가 이루어지지 않는다.

바레트(C. K. Barrett)는 기본적인 질문을 제기한다. "바울은 이 편지 안에서 몇 가지 이유로 자기 자신과 아주 다르게 썼고 혹은 바울과 다른 어떤 사람이 바울을 꼭 닮은 것처럼 썼다는 사실 중 무엇이 더 가능성이 높은 가설인가?"[2] 많은 특징은 어떤 사람이 저자에 관한 질문을 고려할 때 요인으로 포함되어야만 한다. 그 특징들은 편지의 언어와 문체, 편지 안에 반영된 역사적인 환경, 설명되고 있는 거짓 교훈의 본질(그것은 바울 시대에서 유래하는 것일 수도 있고 나중에 유래하는 것일 수도 있다.), 신학적인 내용들이다. 편지 여섯 개 모두가 여기서는 바울과 다른 어떤 사람으로부터 유래하는 것으로 다루어짐에도 불구하고 바울의 저자권을 위한 주장들은 디모데전-후서, 디도서보다는 데살로니가후서, 골로새서, 에베소서에 더 도움이 된다는 사실은 눈여겨보아야 한다.

익명성(pseudonymity)은 텍스트의 실제 저자가 의도적으로 그 혹은 그녀 자신과 다른 이름으로 자신 혹은 그녀를 일치시키려고 할 때 사용되는 용어다.[3] (사무엘 L. 클레멘스[Samuel L. Clemens]를 대신하여 마크

---

ed.(Nashville: Abingdon, 1975); Robert A. Spivey and D. Moody Smith, *Anatomy of the New Testament: A Guide to Its Structure and Meaning*, 5th ed.(Englewood Cliffs, NJ: Prentice Hall, 1995); Calvin J. Roetzel, *The Letters of Paul: Conversations in Context*, 3rd ed.(Louisville: Westminster/John Knox, 1991); Gerhard Krodel, ed. *The Deutero-Pauline Letters: Ephesians, Colossians, 2 Thessalonians, 1-2 Timothy, Titus*, rev. ed.(Minneapolis: Fortress, 1993); *Harper's Bible Dictionary*, ed. Paul Actemeier(San Francisco: HarperSanFrancisco, 1985); *Anchor Bible Dictionary*, ed. David N. Freedman (New York: Doubleday, 1992), 6 vols.

2) C. K. Barrett, *Paul: An Introduction to His Thought*(Louisville: Westminster/John Knox, 1994), 143.

3) 다음을 참조하라. Bruce M. Metzger, "Literary Forgeries and Canonical Pseude- pigraha," *JBL* 91(1972): 3-24; Klaus Koch, "Pseudonymous Writing," in *IDBSup*, ed. Keith Grim, 712-714; David G. Meade, *Pseudonymnity and Canon*(Tübingen: Mohr, 1986); James D. G. Dunn, "The Problem of Pseud-

트웨인[Mark Twain] 혹은 마리 앤 에반스[Mary Ann Evans]를 대신하여 조지 엘리엇[George Eliot]이라고 표기하는) 필명은 별도로 하고 현대의 익명 사용은 도덕적이고 법적인 문제들을 증가시키고 있다. 왜냐하면 그것은 보통 어떤 위조된 것과 부정직한 것의 생산을 수반하기 때문이다. 고대 세계 안에서 익명의 글쓰기들이 많이 있었다. 재정적인 이익 혹은 악의적인 목적을 위한 것들이 몇 개 있고, 다른 것들은 어떤 사람에 대한 존경심에서 나왔다. 문서가 그 사람의 이름으로 기록되고 종종 면밀하게 모방을 하는 것은 존경하였던 모델 중 하나였다. 어떤 작가들은 실제적인 저자가 누구였는지에 관해서 독자들을 속이려고 한다. 다른 사람들은 분명하게 유명한 사람이 죽은 후 오랫동안 그 이름으로 기록해 왔다. 1세기 안에는 꽤 잘 정립된 익명의 글쓰기 패턴이 있었다. 그러나 그것의 다양성이라는 이유로 일반화하는 것은 위험하다. 익명성의 모든 예는 검증되어야 하며 그것에 관한 평가가 이루어져야 한다.

논쟁이 되는 바울의 여섯 개 편지들 각자는 자체의 독특한 특징들을 가지고 있으며, 어떤 의미에서 아직은 모두가 구약의 여러 가지 저작들 안에서 보게 되는 패턴을 따르고 있는 것처럼 보인다. 그것은 특별한 전통을 동시대의 것으로 간주하게 하는 것을 말한다. 사도의 죽음을 따르면서 그를 존경하고 그의 편지들을 알고 있었던 제자 한 사람은 "그가 오늘 살아있다면 그리고 거짓 교사들의 특별한 그룹을 만날 때 사도가 무엇을 말씀하실까?" 하는 것처럼 마치 그 질문에 대답을 하는 것처럼 그 혹은 그녀 자신의 문체로 바울의 교훈을 고쳐서 말하였다. 실제적인 작가는 조용히 질문하지 않았을 것이다. 정확히 말해서 그는 바울의 전통에 서서 질문을 했을 것이고, 그 혹은 그녀의 의도는 전통으로 하여금 교회의 생활 속에서, 즉 바울 자신의 사역 이래 변화된 장면 속에 존재하는 새롭고 다른 상

onymity," in *The Living Word*(Philadelphia: Fortress, 1987), 65-85; Raymond F. Collins, *Letters That Paul Did Not Write: The Epistle to the Hebrews and the Pauline Pseudepigrapha*(Wilmington: Glazier, 1988), 57-87.

황들을 말하게 했을 것이다. 이 경우에 사도의 이름을 사용하는 것은 유대교의 습관과 일치하는 문학적인 장치이다. 던(Dunn)은 다음과 같이 관찰하였다. "거기에는 속이려는 의도가 전혀 없고, 그리고 확실히 마지막 독자들은 사실상 거의 속지 않았다."[4)]

익명의 편지들과 다른 일곱 개의 편지들 사이에 존재하는 강한 유사성들과 현저한 차이점 양쪽을 발견하는 것은 놀라운 일이 아니다. 유사성들은 논란이 되지 않는 하나 혹은 다른 편지들을 고의적으로 모방하는 데서 기인한 것이거나(데살로니가후서는 데살로니가전서를 모방한다.) 바울의 전통을 사용하기 때문이다. 차이점은 바울에게 새롭고 신선한 목소리를 제공하려는 의도에 달려 있다.

1. 데살로니가후서

데살로니가후서가 가리키고 있는 공동체의 상황은 두 가지 특징으로 나타난다. 첫째, 구성원들은 박해를 경험했고 경험하고 있었고 그들을 억누르는 사람들 앞에서도 놀라울 정도의 확고함을 보여주고 있었다.(살후 1:3-7) 위협을 당하는 대신에 그들의 믿음과 사랑이 성장하고 있었다. 둘째, 분명히 위조된 대화, 바울로부터 있었다는 거짓 주장을 하는 것은 공동체 안에서 혼란을 만들어 냈고 몇 사람은 "주님의 날이 이미 여기에 와 있다"는 결론을 내리게 했다.(2:2)[5)] 이것은 서서히 몇몇 구성원들로 하여

---

4) 다음을 참조하라. Dunn, "The Problem of Pseudonymity," 84. 그의 주장은 다음의 자료를 의존하고 있다. Meade, *Pseudonymity and Canon*. 발전들은 신명기, 이사야, 전도서, 다니엘과 많은 다른 유대인 저서들 가운데서 발견될 수 있다.

5) 이 대화를 확인하려는 시도들은 과도한 제안들을 생산해 냈다. (1) 몇몇 사람들은 데살로니가전서가 그 대화라고 말한다. 데살로니가후서의 기록자는 데살로니가전서에 의해서 생겨난 오해들을 명확하게 하기 위해서 노력을 하고 있다(다음의 예를 참조하라. I. Howard Marshall, *1 & 2 Thessalonians*, New Century Bible

금 그들이 하던 일을 그만두도록 자극하였다. 왜냐하면 그들은 분명히 다가오는 마지막의 빛에서 더는 일을 할 필요가 없었다.(3:6-15)

편지의 기본적인 주제는 공동체의 묵시 이해에 관여하는 것이었다.[6] 주님의 날이 이미 현존하고 있다는 언급은 주님의 날이 오기 전에 발생해야만 하는 다수의 사건들을 인용하는 것으로 제지를 받고 있다. 그 사건들은 반란, 불법자, 억제하는 자, 무법상태의 신비, 마지막은 그리스도의 오심이다. 그는 불법자를 '그의 입김'으로 멸망시킨다.(2:3-12) 이 난해한 언급들은 그 상징들의 해독을 불가능하게 만든다. 그러나 독자들은 주님의 날이 현재 나타남에 관하여 말하는 것이 시기상조라는 분명한 인상을 얻었을 것이다.

더욱이 독자들이 고난을 겪고 있는 것은 그것이 나아지기 전에 더 악화될 수도 있다는 것이다. 하나님과 공동체에 대한 반대는 예수의 오심으로 우주적인 최고의 적이 전멸할 때까지 있어야 하는 대적자에 관한 표현이다. 한편, 고난을 받는 사람들은 그들이 오고 있는 하나님의 통치에 가치가 있는 사람이 된다는 확신을 얻는다.(1:5) 그리고 그들을 억압하는 사

[Grand Rapids: Eerdmans, 1983], 186-187)고 하거나 혹은 자기 자신의 편지로 그것을 대체하려 노력하고 있다는 것이다.(다음의 예를 참조하라. Andreas Lindemann, "Zum Abfassungszweck des Zweiten Thessalonicherbriefes," *ZNW* 68[1977]: 35-47; Gerhard Krodel, "2 Thessalonians," in *The Deutero-Pauline Letters: Ephesians, Colossians, 2 Thessalonians, 1-2 Timothy, Titus*[Minneapolis: Fortress, 1993, rev. ed.], 39-58) (2) 몇몇 사람들은 에베소서와 골로새서와 같은 다른 제2 바울서신들이 성취된 종말론의 혼란을 만들어 냈고 데살로니가후서는 격렬한 반론이라고 주장한다.(다음의 예를 참조하라. Frank Witt Hughes, *Early Christian Rhetoric and 2 Thessalonians*[Sheffield: JSOT, 1989], 84-95) (3) 대부분은 어떤 특별한 문서를 가지고 그것을 확인하지도 않고 그 의사소통이 가짜라는 사실을 인정하는 내용이다.(예를 들어 Ernest Best, *The First and Second Epistles to the Thessalonians*[London: A & C Black, 1972], 278-279)

6) Edgar Krentz, "Through a Lens: Theology and Fidelity in 2 Thessalonians," in *Pauline Theology*, vol. 1, *Thessalonians, Philippians, Galatians, Philemon*, ed. Jouette M. Bassler(Minneapolis: Fortress, 1991), 52-62.

람들은 "영원한 파멸의 형벌, 즉 그들은 주님의 현존과 그분의 힘의 영광으로부터 분리되는 형벌을 당할" 것이다.(1:9) 그 작가는 주님이 오시는 날까지 확신하고 있다. 하나님은 그들의 고난 가운데 있는 독자들을 격려해 주실 것이며 그들을 악한 자로부터 보호해 주실 것이다.(3:3-5) 그들의 직업을 그만둔 사람들은 바울의 모범을 기억해야 한다. 그는 항상 자신의 생활비를 벌기 위해서 일을 했고 다른 사람들에게 짐을 지우지 않았다. 그는 게으름뱅이를 다루면서 공동체에게 실용적인 조언을 준다. "일하기 싫은 사람은 먹지도 말라."(3:10)

데살로니가후서의 교훈은 바울의 편지들을 가지고 묵시적인 관점들을 공유하는 것이었다. 그 관점은 현재를 그의 백성에 관한 하나님의 궁극적인 해명의 빛에서 보는 것이었다. 하지만 데살로니가후서의 특별한 시나리오는 훨씬 더 복잡하다는 것이 밝혀졌다. 데살로니가후서는 다른 곳에서는 찾아볼 수 없는 수많은 종말론적 역할을 하는 사람들이 관련되어 있다. 데실로니가전서 안에서 바울은 구성원들을 사랑했던 사람들에 관해서 애통해 하는 사람들을 격려하기 위하여 편지를 썼던 반면에, 데살로니가후서의 작가는 초기에 드문 일이었던 종말론적인 환호를 하지 못하게 하려고 편지를 썼다.

2. 골로새서

골로새서는 현대 독자들에게 퍼즐 같은 인상을 준다. 이 서신의 일부는 낯선 '철학'에 관해서 경고하려고 기록되었다. 그 철학은 우주의 힘들에 관한 추측과 결부되어 있었다. 그것은 천사 숭배를 포함하고 있었다. 이 철학은 그리스도교 가정을 위해서는 시대에 뒤쳐진 규칙들을 제공하였다. 그 규칙은 사실상 위계질서 구조로 보면 비그리스도교적인 것으로 보인다. 그리고 이 편지는 아직도 교회신학의 발전에 높은 영향력을 발휘해 왔다. 그 신학은 특히 그리스도의 본성에 관한 선재, 그의 구원행위에 관한 범위, 그리스도교적인 생활에 관한 것이다. 골로새서를 만들 수 있었던 사람은 어떤 사람이었을까?

반대가 되는 가르침의 정확한 변수를 결정하기 위해서 거짓 가르침을 반대하는 그 편지를 읽는 것은 항상 유익하다. 그리고 신학적으로나 사회학적으로 양쪽에서 그것이 왜 위협으로 나타나고 있는 것인지도 그 편지를 읽는 것은 항상 유익하다. 불행하게도 골로새서와 함께 그 편지 안에서 언급되고 있는 '철학'의 본질은 폭넓은 필치로 묘사되고 있다.(골 2:8-23) 쌍을 이루는 애매한 구절은 결정적인 재구성을 알기 어렵게 만든다. 그리고 그 '철학'을 1세기 종교운동 흐름에 자리 매김을 하려는 어떤 시도도 폭넓게 받아들여지지 않았다.

그 가르침의 중심에는 우주적인 세력들, 즉 '우주의 기초가 되는 정신들'이 있다. 그 정신들은 인간과 그들의 운명을 통제한다.[7] 그 세력들은 왕좌, 지배력, 통치자, 세력들, 권세들 같은 다양한 표시들을 가지고 움직인다.(1:15, 2:15) 기본적인 질문은 어떤 사람이 이 힘들에게 어떻게 접근할 수 있고 심지어 지배하는가 하는 것이고, 이것을 위한 삶과 하늘에 있는 자신의 집으로 여행하는 이 두 가지를 어떻게 할 수 있겠는가 하는 것이다. 그에 대한 대답은 적어도 세 가지 활동으로 나온다. 천사의 호의를 얻기 위한 일종의 제사 행위가 되는 천사 숭배가 있으며,[8] 자아를 벗어나

---

7) 월터 윙크(Walter Wink)의 우주적인 힘들에 관해 세 권으로 된 다음의 연구를 참조하라. Walter Wink, *Naming the Powers: The Language of Power in the New Testament*(Philadelphia: Fortress, 1985); *Unmasking the Powers: The Invisible Forces That Determine Human Existence*(Philadelphia: Fortress, 1986); *Engaging the Powers: Discernment and Resistance in a World of Domination* (Minneapolis: Fortress, 1992). 다음의 연구도 참조하라. George B. Caird, *Principalities and Powers*(Oxford: Clarendon, 1956); Heinrich Berkhof, *Christ and the Powers*(Scottdale, PA: Herald, 1962).

8) 골 2:18의 '천사 숭배'라는 말은 몇몇 해석자들에 의해서 (천사에게 드려지는 예

는 신비적인 경험이 있고(2:18), 의례적인 의무가 결부된 엄격하고 금욕적인 생활방식(2:16)과 세상을 거부하는 규정을 준수하는 것이 연관되어 있다.(2:18, 20-22)

(우리가 보아야 하는 것처럼) 골로새서의 저자는 그 '철학'을 그리스도의 빛에서 판단하며 두 개의 우주적인 세력에 몰두하는 것을 비난한다. 그리스도는 그 세력들을 이미 무장해제시켰다.(2:15) 그리고 금욕적인 생활방식에 몰두하는 것도 비난하는데, 그것은 쓸모없는 것으로 판명되었다. "이런 것(규정)들은, 꾸며낸 경건과 겸손과 몸을 학대하는 데는 지혜를 나타내 보이지만, 육체의 욕망을 억제하는 데는 아무런 유익이 없습니다." (2:23)

편지가 주장하는 세 가지 특징이 두드러진다. 첫째, 거기에는 그리스도의 뛰어나심에 관한 강한 강조가 있다. 골로새서 1:15-20은 의심할 바 없이 (빌 2:6-11 같은) 초대 그리스도교 찬송가이다. 작가는 그 찬송가를 자기주장의 핵심으로 사용하고 있다. 이 단락은 유대교의 지혜전승의 범주들을 반영하면서(잠 8장; 지혜서 9장) 그리스도를 '모든 창조의 처음 나신 분'으로 경의를 표한다. 만물은 '그 안에서', '그를 통하여', '그를 위하여' 창조되었다. 사실상 그 철학이 그렇게 심취하고 있는 우주적 힘은 명확하게 그리스도에 의해서 창조된 것으로 나타나며 그래서 그보다 열등하다.

이 찬송가는 창조의 그리스도의 역할뿐만 아니라 새 창조의 그리스도의 역할도 확정한다. 그는 '몸, 즉 교회의 머리'[9]이시며 '죽은 자들의 첫 열

배보다는 오히려) 천사들 스스로 거행하는 예배를 가리키고 독자들이 거기에 참여하도록 장려하고 있는 것으로 받아들여졌다. 다음을 참조하라. Fred O. Francis, "Humility and Angel Worship in Col 2:18," in *Conflict at Colossae*, eds. Fred O. Francis and Wayne A. Meeks(Missoula, MT: Scholars Press, 1975), 163-195.

9) 골로새서의 '몸'에 관한 언어가 어떻게 바울의 순수 서신들 안에 있는 것과 다른지 주목해 보라. 고전 12:27 안에서 독자들을 '그리스도의 몸'이라고 부르고 있으

매'이시다. 그는 자신의 죽음을 통해서 "만물"을 자신과 화해하게 하셨다. 그것은 우주적인 힘들을 포함하며, 그것들은 무장해제되었고(2:15), 화해하게 되었다.(1:20) "'하나님을 향하여 가는 길'은 적대적인 세력들 가운데서 교묘하게 조정당하는 위험하거나 악한 의도가 있는 길이 아니라 그들에 대한 그리스도의 승리 때문에 분명하고 안전한 길이다."[10)]

신학적으로 이 편지는 그리스도 찬송가의 해석으로 생각될 수 있다. 그 찬송가 안에서 확인된 주제들은 그 편지의 목적에 따라서 구체적으로 전개되고 발전된다. 그것은 성서본문이 설교 가운데 그렇게 전개되고 그래야만 하는 것과 거의 같다. 예를 들어서 우주적인 그리스도는 2:8-10에서 다시 나타나고 작가로 하여금 비판적인 언급을 하도록 이끌어간다. "그리스도 안에 온갖 충만한 신성이 몸이 되어 머물고 계십니다. 여러분도 그분 안에서 충만함을 받았습니다. 그리스도는 모든 통치와 권세의 머리이십니다."(2:9-10) 요점은 "그리스도가 가장 완전하게 하나님을 계시하는 유일한 분이라는 것이다. 그는 복음이 선포되고 듣게 될 때 그 안에서 하나님을 만나는 유일한 분이다. 어느 누구도 신비적인 경험의 환상을 수단으로 해서는 하나님을 만나지 못하는데, 이것은 대적자들의 가르침을 반대하는 것이다."(2:18)[11)]

주목해야 하는 이 편지의 두 번째 특징은 종말론적인 관점이다. 이 관점은 논란이 되지 않는 바울서신들로부터 현저하게 변경되었다. 거기에는 더는 예수의 임박한 재림에 관한 기대가 없고, 마지막이 가깝기 때문에 긴박하다는 의미도 없다. 믿는 사람들은 단지 어두움의 권세로부터 구원을

며, 롬 12:5 안에서는 바울은 "우리는 … 그리스도 안에서 하나입니다"라고 쓰고 있다. 오로지 골 1:18(엡 1:22, 4:15, 5:23 안에서)에서는 그리스도가 '몸의 머리'로 지명되고 있다.

10) Arland J. Hultgren, "Colossians," in *The Deutero-Pauline Letters*, ed. Krodel, 35.

11) *Ibid.*, 30.

받는 것이 아니라 이미 '사랑받는 그의 아들의 나라로' 옮겨져 있다.(1:13)

세례는 그리스도와 함께 죽는 것 **그리고** 그리스도와 함께 살고 있는 것으로 상징화된다.(2:12, 3:1) 이것은 로마서 6:1-11과 어느 정도 차이가 나는 언급이다. 로마서에는 그리스도와 함께 부활하는 것이 미래적인 참여로 존재한다. 골로새서와 논란의 여지가 없는 편지들의 근본적인 가정은 그리스도의 대표적인 모습이 있다는 것이다. 만약에 그가 부활하고 하나님과 함께하기 위해서 갔다면 그가 대표하는 모든 사람도 그렇게 된다. 그러므로 불완전함의 언급과 순수 서신들 안에서 믿는 사람들을 위한 현재의 실존을 나타내는 기대가 골로새서에는 빠져 있다.

골로새서의 종말론은 전문용어로 말하자면 바울서신들의 종말론보다 더 '실현된' 특징을 가지고 있다. 그것은 그렇게 많이 바울을 수정한 것으로 나타나지는 않지만 그러나 이후 시대의 논리적인 발전과 그 편지를 써 보낸 공동체의 특별한 요구들에 대한 응답이다.[12] 종말론적인 긴급함의 이러한 상실은 또한 이 편지 안에서 세 번째로 강한 인상을 주는 특징에서 분명하다. 그것은 3:18-4:1 안에서 발견할 수 있는 가정규범이다.(엡 5:21-6:9도 참조하라.) 아내들, 남편들, 자녀들, 아버지들, 노예들, 노예의 주인들의 의무들이 요약의 방식으로 언급되고 있으며, 이것은 마지막이 그렇게 막다른 골목에 이르지 않았다는 것을 암시하는 방법이 된다.

가족관계를 위한 규범 양식은 새로운 것이 아니라 (특히 스토아 사상의) 그리스 문헌들 안에서 나타나며 모든 것은 아리스토텔레스에게로 거슬러 올라간다. 하지만 에두아르트 슈바이처는 골로새서 안에 있는 규범들이 좀 더 이른 모델들 안에 있는 것과 구별되는 몇 가지 특징들을 주목

12) 다음의 논의를 참조하라. A. J. M. Wedderburn in *Baptism and Resurrection: Studies in Pauline Theology Against Its Greco-Roman Background*(Tübingen: Mohr, 1987), 342-356; 다음의 것도 참조하라. Andrew T. Lincoln, A. J. M. Wedderburn, *The Theology of the Later Pauline Letters*(Cambridge: Cambridge University Press, 1993), 48-53.

하였다.[13)]

첫째, 이것은 아내들, 자녀들을 대하는 혁명적인 단계이며, 그리고 노예들은 도덕적으로 책임이 있는 참여자들이다. 그들은 남편들, 부모들, 자유인들로 존재하는 것과 마찬가지로 그것에 '적합한 것'을 행할 수 있는 사람들이다. 윤리적으로 책임이 있는 사람들로 협력자들을 두 개의 쌍으로 포함시키는 것은 새로운 출발을 보여준다.

둘째, 독자들은 '주 안에서' 훈계를 받고 있다. 이전 규범의 양식은 "그러한 삶과 그러한 방식이 자연의 질서를 따르는 것이어야 하고 그렇기 때문에 독자들 최고의 관심사에 놓여 있었다는 것을 입증하려고 노력했다. 그 이전 규범은 약한 자, 중요하지 않은 사람, 자유롭지 못한 사람을 보호하시는 하나님의 선한 의지에 찬성하면서 사라져 버렸다."[14)]

셋째, 골로새서의 가정규범은 "말이든 행동이든 무엇을 하든지, 모든 것을 주 예수의 이름으로 하고, 그분에게서 힘을 얻어서, 하나님 아버지께 감사를 드리십시오" 하는 3:17의 훈계를 따르고 있다. 하나님의 봉사를 믿는 사람은 매일의 평범한 관계 속에서 일주일 동안 계속되어야 할 의무가 있다.

넷째, 골로새서의 교훈은 요약하자면 독자들 가운데 금욕주의 경향에 대해서 언급하고 있는 것으로 보인다. 그들은 세상과 모든 것으로부터 세속적으로 분리되는 것이 순수한 영혼에 대해서 본질적인 것이라고 생각하는 경향이 있었다. 이 규범은 '위에 있는 것'(3:1)을 찾는 것이 결혼, 육아, 일상의 세계와 결부되어 있다는 사실을 명확하게 해준다.

---

13) Eduard Schweizer, "Traditional Ethical Patterns in Pauline and Post-Pauline Letters," in *Text and Interpretation: Studies in the New Testament Presented to Matthew Black*(Cambridge: Cambridge University Press, 1979), 201-209. 다음의 것도 참조하라. Eduard Schweizer, *The Letter to the Colossians: A Commentary*(Minneapolis: Augsburg, 1982), 213-230.

14) Schweizer, "Traditional Ethical Patterns," 203.

마지막으로 슈바이처는 골로새서의 그 규범이 구체적인 언급들이지만 모든 장소와 시간에 적용되는 보편적인 이상으로 의도된 것이 아니라는 주장을 한다. 일반적으로 일상에 관해서 받아들인 원칙들은 수정되었고 '사랑으로' 스스로 옷을 입는 실천적인 방식으로 제공된다.(3:14) 이전의 헬레니즘적인 규범들과 다르게 골로새서의 규범들은 자연의 질서에 근거를 두지 않고 그래서 모든 시간과 상황들에 유효한 것으로 제시되지 않는다. 불행하게도 헬레니즘의 가정 규범의 변경은 결혼, 가족, 노예제도의 계급적인 관습에 관한 대대적인 재평가를 초래하지는 않았다. 많은 후대의 해석자들은 특히 19세기 이후부터 현재 상황을 뒷받침하기 위하여 골로새서 3:18-4:1을 받아들여 왔다.

3. 에베소서

에베소서의 피상적인 읽기조차도 어떤 사람에게는 그것의 특수성에 관한 강한 인상을 남긴다. 수많은 언어가 골로새서의 언어들을 반영함에도 불구하고 그 구조와 어조는 본래적인 것이다. 간단한 인사말을 이어서 계속되는 것처럼 보이는 확장된 감사 기도가 나온다. 그것은 1장 마지막에서 멈추는 것으로 나타난다. 3:14에서 그것을 다시 끄집어들이는 것을 제외하고는 3:20-21의 송영으로 확실히 결론에 이르고 있다. 그때 제4장은 다른 확장된 부분을 소개한다. 그것들은 권고의 시간, 교회의 일치와 영적인 성장 요구(4:1-16), 그리스도 안에서 새로운 사람에 관한 실천적인 표현(4:17-20), 다른 사람에게 서로 복종하는 것(5:21-6:9), 우주적인 세력들에 반대하는 영적인 전쟁을 계속하는 것(6:10-20)으로 되어 있다. 간단하게 닫는 말은 매우 전통적인 것이다.(6:21-24)

편지에 빠져 있는 것은 편지를 보낸 공동체 안에 존재하는 구체적인 문제에 관한 어떤 언급이다. 거기에는 독자들에 관한 개인적인 어떤 인사

목록, 우리에게 편지를 받는 환경에 관해서 어떤 단서도 말해주지 않는다. 이 편지는 매우 신학적인 반면에 범위에서는 일반적이다. 몇몇 사람들은 (이 판단이 실제적으로 철저한 조사를 받은 것이 아님에도 불구하고) 그것이 바울신학을 요약하고 있는 것처럼 읽어야 한다고 말한다. 1:1의 '에베소 안에'라는 어구가 가장 오래된 그리스어 필사본에는 없다는 사실은 에베소서가 사실상 도시의 구성원들 가운데 존재했던 교회들에게 써 보낸 회람서신이었고, 에베소가 그 교회들 중에 하나였을 것이라는 사실을 의심하게 만든다.[15] 어떤 경우에든지 거기에는 편지의 수수께끼를 원상태로 복원하도록 도와주는 많은 단서가 없다.

최근의 주석가 앤드루 T. 링컨(Andrew T. Lincoln)은 이 편지의 수사학에 관한 특징이 열쇠라는 설득력 있는 주장을 하였다. 특히 그 이유는 수사학이 작가의 독자들과 그들의 상황에 관한 인식에서 오기 때문이다.[16] 그는 처음의 세 장이 본질적으로 과시적인 수사학이라는 사실을 관찰하였다. 그들은 그 수사학 안에서 하나님이 그리스도 안에 있는 독자들을 위하여 행하신 것을 기념하고 있다. 그것은 고대의 축하편지가 (어떤 사람이 하나님에게 감사하고 독자들에게 하는 것이 아닌 것처럼) 그렇게 하는 것 같은 것이다.[17] 전반적인 의도는 그들의 소명이라는 의미 속에, 즉 교회의 구성원이라는 그들 자신의 자각으로 독자들을 굳세게 하려는 것이다. 마지막 세 장은 본질적으로 심의하는 기능을 가진 수사학이다. 저자는 그 수사학으로 독자들에게 교회의 구성원으로서 그들의 신분에 맞게 살고 행동하라고 요청한다.

링컨은 두 가지 수사학이 같이 보일 때 에베소서는 "그것이 내포하고 있는 구원받은 독자들의 정체성을 강화하는 시도다. 그 시도는 그들을 교

---

15) 2세기 중반 마르시온(Marcion)은 '라오디게아 사람들에게 보내는 편지'로 불렀다.
16) Andrew T. Lincoln, *Ephesians*, WBC(Dallas: Word, 1990), xxv-xlvii; Wedderburn, Lincoln, *The Theology of the Later Pauline Letters*, 78-83.
17) 제2장의 수사학에 관한 논의를 참조하라.

회의 구성원이 되게 하고 교회에게 세상 안에서 그들의 구별된 역할과 행위의 필요성을 강조하는 것이다."[18] 어떤 이유로든 독자들은 그들의 길을 잃을 위험에 처해 있고 그들의 소명에 관한 희망을 기억할 필요가 있다.(1:18) 그들은 그 소명에 합당하게 살아야 하는 삶의 질에 관해서 기억해야 한다.(4:1) 예배의 언어, 기억의 언어, 권고의 언어를 통해서 하나님의 백성이라는 그들의 자기 이해는 지지를 받고 강화된다. 청중은 아마 이방인 그리스도인들이었고 기록된 시기는 바울의 죽음 이후 20년은 된 것으로 보인다. 이 편지의 역사적인 환경에 관해서 좀 더 구체적으로 하려는 노력은 사변적인 것이 될 수 있다.

링컨 역시 자기 정체성에 관한 많은 논의와 다르게 에베소서의 교훈이 자기도취에 빠지는 것을 피하고 있음을 지적한다.[19] 저자는 자율적으로 교회의 정체성을 확립하기보다는 오히려 그 정체성을 '세상이 만들어지기 전에' 있었던 하나님의 선택과 부름에 그 근거를 둔다. 그것은 하나님이 '우리에게 아낌없이 주신 분'이며 '그의 은혜의 풍성함을 따른 것이다.'(1:3-14) 게다가 독자들은 교회를 위한 하나님의 소명이 보이는 것 자체 너머에 있는 어떤 것을 위하여 살라는 것, 즉 '그의 영광을 찬양하기 위함'이라는 것을 반복해서 듣는다.(1:12, 14)

정체성을 형성하기 위한 수사학적인 의도는 에베소서 안에서 교회에 대한 강력한 강조와 부합한다. 교회를 나타내는 그리스어 '에클레시아'(*ekklêsia*)는 이 편지 안에서 아홉 번 나오고 결코 지역 교회를 의미하지 않는다.(몬 1절에 나오는 '너의 집에 있는 교회'처럼) 그러나 이 교회는 항상 에큐메니컬 교회이며 우주적인 그리스도교 공동체를 의미한다. 이것은 너무 놀라운 것이 아니다. 작가는 분명하게 전 우주를 하나님의 목적이 전개되는 그림판으로 설명한다. 그리스도는 하나님의 오른쪽에 앉아 계시

---

18) Wedderburn and Lincoln, *The Theology of the Later Pauline Letters*, 82.
19) *Ibid.*, 147-148.

고, "모든 정권과 권세와 능력과 주권 위에, 그리고 이 세상뿐만 아니라 오는 세상에서 일컬을 모든 이름 위에 뛰어나신 분이다."(1:21) 시간의 충만함을 위한 하나님의 의도는 그리스도 안에서 '하늘에 있는 것과 땅 위에 있는' '모든 것을 모으려 함'이다.(1:21) '하나님의 계획은 우주적이며 교회는 그 계획에 적합하다.'[20] 심지어 교회는 하나님의 지혜를 '하늘의 장소에 있는 통치자들과 권세들에게 알리는' 하나님의 대리자로 봉사한다.(3:10)

그러므로 에베소서는 교회를 위한 은유로 풍부하다. 그것은 그리스도의 충만함(1:23, 4:13), 하나님의 가정(2:19), 성전(2:21-22), 그리스도의 신부(5:23-24), 모든 것보다 가장 뛰어난 그리스도의 몸(1:23, 2:16, 3:6, 4:4, 12, 16, 5:23, 30)이다. 몸의 상징에 관한 몇 가지 용법은 논란이 되지 않는 바울의 서신들에 필적하는데,[21] 에베소서는 몸의 '머리'로서 그리스도에 관한 구별된 언급을 가지고 있다. 그는 그렇게 교회 성장의 근원이며 교회가 움직이고 있는 목표 둘 다이다. "우리는 모든 면에서 자라나서, 머리가 되시는 그리스도에게까지 다다라야 합니다. 온 몸은 머리이신 그리스도께 속해 있으며, 몸에 갖추어져 있는 각 마디를 통하여 연결되고 결합됩니다. 각 지체가 그 맡은 분량대로 활동함을 따라 몸이 자라나며 사랑 안에서 몸이 건설됩니다."(4:15-16)

그리스도의 몸이라는 그들의 정체성 인식은 노한 녹자들에게 그들의 일치를 이해하기 위한 틀이 되었다. 그리스도는 이것을 그의 화해를 위한 죽음을 통해서 가능하게 하였다. 그 화해의 죽음은 유대인들과 이방인들을 하나의 새로운 인간성으로 인도하는 것이다.(2:14-16, 3:5-6) 다양한 구성원들은 은사의 다양성을 가지고 공동체의 적절한 기능에 기여한다. 이것은 교회의 지도력이라는 용어로 구체화된다. 그 지도자들은 사도들,

20) J. Paul Sampley, "Ephesians," in *The Deutero-Pauline Letters*, ed. Krodel, 7.
21) 제9장의 교회에 관한 논의를 참조하라.

예언자들, 복음전도자들, 목사들, 교사들이다. 그들의 임무는 "그리스도의 몸을 세우는 사역을 위하여 성도들을 준비하게 하는 것이다."(4:11-12)

세례는 그리스도의 몸으로 살라고 하는 권고를 위한 이미지를 제공한다. 물에 들어가기 전 옷을 벗는 것과 한 사람이 물로부터 올라와서 옷을 입는 것은 옛 인간성을 벗고 새 인간성을 입는 모델이다.(4:22-24, 25, 31) 그들을 위한 하나님의 사랑(1:4, 2:4, 3:19, 5:2, 6:23)과 다른 사람을 위한 독자들의 사랑(1:15, 3:17, 4:2, 16, 5:2)이라는 양쪽의 사랑은 공동체의 특징을 나타내는 것이다. 이것은 그 공동체의 일치와 새로운 삶을 가능하게 해준다. "그러므로 여러분은 사랑을 받는 자녀답게, 하나님을 본받는 사람이 되십시오. 그리스도께서 여러분을 사랑하셔서, 우리를 위하여 하나님 앞에 향기로운 예물과 제물로 자기 몸을 내어주신 것과 같이, 여러분도 사랑으로 살아가십시오."(5:1-2)

우리가 골로새서 안에서 발견했던 가정규범은 에베소서 안에서도 나타나지만 그러나 약간 다른 방식으로 나타난다.[22] 한편, 그것들은 '그리스도를 경외하는 것처럼' 서로 복종하라는 요구로 시작되고 있다.(5:21) 그 요구는 가정 안에서 다른 위계질서의 관계성을 상대화하는 데 도움이 된다. 다른 한편, 결혼관계는 교회에 대한 그리스도의 관계와 연결된다.(5:23-32) 그리스도가 교회의 머리인 것처럼, 남편도 그렇게 아내의 머리다. 그러나 그리스도가 교회를 사랑하고 자신을 내어준 것처럼, 남편도 그렇게 같은 방식으로 아내를 사랑해야 한다. "이 작가가 이상적인 상태로 살아가려고 노력한 그 독자들의 결혼은 외부의 역할이나 의무 관점에서 보면 그리스-로마 세계 안에 존재하던 주류 사람들의 그것들과 달라 보이지 않을 것이다. 그러나 상호 복종의 실천과 남편의 지도력은 사랑의 희생이란 관점에서 보면 전통적인 역할들에다가 매우 다른 역동성을 주었을 것

22) 다음의 연구를 참조하라. J. Paul Sampley, *"And the Two Shall Become One Flesh": A Study oj Traditions in Ephesians 5:21-33*(Cambridge: Cambridge University Press, 1971).

이다."[23] 에베소서 종말론의 관점은 골로새서의 그것처럼(그렇게 많이 그런 것은 아니지만) 지나치게 '실현된' 극점으로 기울어져 있다. 그리스도의 즉각적인 귀환이나 임박한 심판의 날은 결코 이 편지 안에서 발견될 수 없다. 게다가 에베소서 안에 채색된 그리스도의 모습은 고양된 모습이다. 다스리는 모습으로서 그의 권력은 부끄러운 죽음이 아니라 영광스러운 부활과 올라감으로 분명해졌다.(1:20-22) 편지의 분위기는 승리주의 쪽으로 향하여 있다. 그리스도론의 주장은 믿는 사람들 역시 그리스도와 함께 부활하고 심지어 하늘의 장소에서 그와 함께 앉을 것을 말하는 길을 마련해 준다.(2:5-6)

이것은 고린도의 바울의 대적자들에 대한 승리주의와 어떻게 다른가? 그들은 세례가 그들을 유사한 하늘의 실존으로 이끌며 인간 생활의 상처와 비극에 대해서 그들에게 면역력을 준다고 생각했다.[24] 그럼에도 불구하고 에베소서는 그 모든 긍정적인 신학과 하나님의 강력한 활동에 관해서 축하하면서 현재를 우주적인 세력과 전쟁의 때라고 설명한다. 그 시간은 교회로부터 인내, 훈련, 모든 일에 하나님의 재원을 사용할 수 있는 민첩함이 요구된다.(6:10-20) 반복되고 있는 '서다'라는 동사(6:11, 13, 14)는 믿는 사람들이 모진 공격('악마의 불화살', 6:16) 아래서도 자신을 발견할 것이라는 사실을 암시한다. 그들은 적이 단지 인간적인 적만이 아니라 통치사들, 권세자들, 우주적인 세력들, 악의 영적인 힘과 같이 다양하다는 것을 알 필요가 있다. 하지만 하나는 이 신화론 언어를 다루는 것인데,[25] 요점은 예수의 죽음과 부활이 교회를 어떤 축복이 넘치는 상태

---

23) Wedderburn and Lincoln, *The Theology of the Later Pauline Letters*, 123-124.

24) 제6장의 고린도전서 15장에 관한 논의를 참조하라.

25) 윙크(Wink)는 우주적 힘들이 "권력의 어떤 표명에 관한 내적이고 외적인 관점이라고 말하면서 신화론적인 언어를 해서한다. 내적인 관점으로는 그것들이 제도들의 영성, 즉 법제화된 구조와 체제의 '내적인 것'이다. 외부적 관점으로는 그것들이 정치적인 체제, 즉 임명된 공무원, 한 조직의 '수장', 간단히 말해서 법, 권력이 가지는 명백한 명시 모두이다."(*Naming the Powers*, 5, 103-148) 윙크는 그러한

로 번역하는 것이 아니라 선과 악, 정의와 불의, 자유와 억압 사이에 존재하는 투쟁의 한가운데서 교회를 바르게 서게 한다는 것이다. 이것은 고린도에 있었던 바울의 대적자들의 입장과 큰 차이가 있다.

4. 목회서신

18세기 초반부터 디모데전-후서, 디도서는 목회서신으로 알려져 왔다. 왜냐하면 그것들은 고령의 '바울'이 사역의 젊은 동료들에게 목회적인 충고를 하기 위해 기록되었기 때문이다. 그 편지들은 편지를 받는 사람들이 거짓된 가르침에 맞서야 한다는 지침을 주고 있다. 그 지침은 그들의 지도자들(감독들, 장로들, 집사들)이 어떤 성격들을 가져야 하며, 회중들 가운데서 다양한 그룹들(젊은이들과 어른들, 과부들, 노예들) 중에서 선한 질서가 유지되어야 하는 것, 그리고 교회 안에서 부유한 사람들은 그들의 소유를 어떻게 나누어야 하는가 하는 것이다. 세 편지들 각자는 그 자체의 구별된 특징들을 가지고 있는 반면에, 바울서신의 나머지 전체보다 서로 일치를 이루면서 좀 더 많은 것을 공유하고 있다.

왜냐하면 그것들은 나중에 확실히 바울서신들과 논쟁이 되는 다른 두 개의 편지들보다 신학적으로 덜 자극적이기 때문이지만, 목회서신들은 종종 신약성서 학자들에 의해서 있는 그대로의 용어들로 규정된다. 그 용어들은 뚜렷한 구별이 없는 것, 진부한 것, 부르주아 윤리의 주장, 조직문제에 집착, 주변을 둘러싸고 있는 사회적인 방식의 추천, 영성에 대해서 공격적인 것들이다. 이러한 판단들은 진리의 척도가 없는 것은 아니다. 목회서신들 안에는 신학적인 진술이 있는 반면에 거기에는 지속되고 있는 신

권력들의 현실을 진지하게 받아들이려고 노력하지만, 제도적 표현들로부터 동떨어져서 그들에게 어떤 실존을 부여하지 않는다.

학적인 주장이 없다. 하지만 최근에 학자들은 목회서신들 중에서 새로운 안목을 가지게 되었다. 이것은 그것들을 좀 더 호의적으로 바울에 관한 축소로만 평가하는 것이 아니라 그들 자신에 대한 권한으로 평가하는 것을 의미한다. 즉, 목회서신들은 교회의 생활 속에서 변화된 상황을 말하는 문서인 것이다.[26] 목회서신들 안에는 특별한 관심에 관한 네 가지 문제들이 존재한다.

1) 거짓 가르침

반복되고 있는 경고는 교회들 안에서 주장되고 있는 거짓 가르침을 지적하고 있다. 디모데는 "신화와 믿음으로 알려진 거룩한 훈련보다는 변론을 만들어 내는 끝없는 족보"(1:4, 4:7)에 심취한 사람들을 바로 잡아야 한다는 이야기를 듣는다. 심지어 그들은 그들이 주장하는 것을 이해하지 못한다. 그들의 가르침은 강한 금욕주의적 왜곡을 가지고 있다. 그것들은 결혼을 금하는 것과 어떤 음식을 절제하는 것이다.(딤전 4:3) 그들은 아마 고린도의 대적자들처럼 부활이 이미 일어났다고 전제하고 있다.(딤후 2:17-18)

게다가 거짓 가르침은 마지막 날과 연결된 생활방식을 만들어 낸다. 그 생활방식은 방종, 탐욕, 교만, 배은망덕, 향락 같은 것이다. 그런 주장을 하는 자들은 신앙의 겉치레를 계속하고 있지만, 그러나 힘이 없고 사실상 진리와 대립하고 있다.(딤후 3:1-9) 그들이 교회 안에서 행하는 것은

---

26) 다음의 예를 참조하라. Frances Young, *The Theology of the Pastoral Letters* (Cambridge: Cambridge University Press, 1994); Reggie M. Kidd, *Wealth and Beneficence in the Pastoral Epistles. A 'Bourgeois' Form of Early Christianity?*(Atlanta: Scholars Press, 1990); Philip H. Towner, *The Goal of Our Instruction: The Structure of Theology and Ethics in the Pastoral Epistles* (Sheffield: JSOT, 1989).

논쟁을 만들어 내는 것이다. 그 논쟁은 '부정한 이득을 얻으려고, 가르쳐서는 안 되는 것을 가르치면서, 가정들을 온통 뒤엎는 것'이다. 이 모든 것을 모아보면, 이것은 마치 2세기의 신학자 이레네우스가 겨냥했던 판단처럼 보인다. 이 거짓 가르침은 (분명히 하나님의 선하신 창조인 세상에 대한 거부에 근거를 두고 있는) 초기 영지주의의 형식을 닮고 있다. 적어도 금욕주의적인 생활방식에 대한 강조, 철저하게 실현된 부활에 관한 언급, 지식에 대한 강조(딤전 6:20-21; 딛 1:16)는 그 가르침이 영지주의와 공유하고 있는 특징들이다. 우리가 나중에 주목해 볼 것처럼 이 평가는 목회서신을 써 보낸 공동체 안에서 소요를 일으키고 있었던 그럴듯한 외경의 전설에 관한 유포라는 빛에서 약간 확대될 수 있다. 그 전설들은 바울에 관한 것이었다. 거짓 가르침을 다루고 있는 목회서신들 안에서 제안된 기본적인 전략은 그것을 금하고(딤전 1:3; 딛 1:11), 피하고(딤전 4:7, 6:20; 딛 3:9), 거룩한 전통을 지키며(딤전 6:20), 그것과 관련해서 논쟁하는 것을 자제하는 것(딤후 2:14, 16, 23)이다. 믿는 사람들의 생활들은 거짓 가르침들의 오류를 입증하고 그들이 교육받았던 건전한 교리를 보여주는 자격이 있어야 한다. 그리스도인들은 욕망에 굴복하는 대신에 부의 불확실성을 인식하고 선한 일에 부유하며, 빈곤한 사람들에게 너그러워야 한다.(딤전 6:17-19) 거짓 가르침은 단지 한 가지 점에서만 신학적인 응답에 직접 관여하고 있다. 독신과 어떤 음식을 먹는 것으로부터의 절제를 요구하는 것에 반대해서 저자는 "하나님께서 지으신 모든 것이 선하매 감사함으로 받으면 버릴 것이 없나니 하나님의 말씀과 기도로 거룩하여진다"고 선언한다.(딤전 4:4-5)

2) 교회 조직

목회서신이 종종 논란이 되지 않는 바울서신들과 마주하여 싸워온 한 가지 방식은 논란이 되지 않는 편지들 안에서는 모든 교회의 구성원인 카리스마적인 지도자들(즉, 모두가 교회를 세우는 데 사용되는 영적인 은사를 받았다는 것이다.)이었다는 관찰이다. 반면에 목회서신들 안에서 교회는 조직적인 구조와 감독, 장로들, 집사들 같은 공적인 업무에 집착하고 있다는 것이다.

마거릿 Y. 맥도널드(Margaret Y. MacDonald)는 서신들의 사회학적인 연구에 기초하여 제도화는 교회의 시작부터 현존했다는 주장으로 이 평가에 도움이 되도록 수정하였다. 바울서신들 안에서 이 문제는 공동체 형성의 제도화라는 것이다. 골로새서와 에베소서 안에서 문제는 공동체의 안정화에 관한 제도화라는 것이다.[27] 세월이 흘러가면서 교회로 하여금 교회의 건강함과 복지를 위하여 좀 더 신중하게 지도자들을 위한 범주들을 설명하도록 강요하는 상황이 발생했다. 그리고 목회서신들은 그것을 바르게 할 수 있도록 도움이 된다.

목회서신들 안에서 고려해야 하는 공간은 교회 공직자들을 위한 모범이 되는 특징들을 묘사하는 데 할애되고 있다. 그 지도자들은 감독(딤전 3:1-7; 딛 1:7-9), 장로들(딛 1:5, 6), 집사들(딤전 3:8-13)이다. 흥미롭게도 그 특징들은 그리스도교의 독창적인 것이 아니라, 대부분의 것이 직업의 다양성을 설명하는 헬레니즘의 문학들 안에서 발견된다.[28] 하지만 월터 F. 테일러(Walter F. Taylor)는 하나님의 말씀을 굳게 잡고 설교하는 것에 관한 디모데후서의 중요성이 직무를 가진 보는 사람을 의도하고 있다는 설명을 하였다.(딤후 2:8-9, 15)[29] 직무를 가진 사람들이 무엇을 하거나 그들이 다른 사람들과 어떻게 관계를 맺고 있는지에 관해서 말하는

27) Margaret Y. MacDonald, *The Pauline Churches: A Socio-Historical Study of Institutionalization in the Pauline and Deutero-Pauline Writings*(Cambridge: University Press, 1988).

28) 다음을 참조하라. Martin Dibelius, Hans Conzelmann, *The Pastoral Epistles*, Hermeneia(Philadelphia: Fortress, 1972), 50-51.

29) Walter F. Taylor Jr., *The Deutero-Pauline Letters*, ed. Krodel, 80-81.

것은 매우 적다. 이것은 (감독직, 장로직, 혹은 회중교회 같은) 어떤 특별한 교회 통치 형식을 위한 배타적이고 성서적인 정당한 이유를 식별해 내는 것을 거의 불가능하게 한다.[30)]

3) 여성에 관한 대우

디모데전서 2:8–15 안에는 '화를 내거나 주장하는 것 없이' 기도해야 하는 남성과 '얌전하게 그리고 단정하게 어울리는 옷 입기', 즉 좋은 옷과 비싼 장식품을 피하고 선한 행실을 보여주는 여성들 사이에 존재하는 평행관계가 제시되고 있다. 그러면서 저자는 설득의 언어('나는 바랍니다.')에서 명령의 언어로 옮겨간다.

> 여자는 조용히, 언제나 순종하는 가운데 배워야 합니다. 여자가 가르치거나 남자를 지배하는 것을 나는 허락하지 않습니다. 여자는 조용해야 합니다. 사실, 아담이 먼저 지으심을 받고, 그다음에 하와가 지으심을 받았습니다. 아담이 속임을 당한 것이 아니라, 여자가 속임을 당하고 죄에 빠진

30) 프랜시스 영(Frances Young)은 목회서신들 안에 있는 직무자들이 너무 자주("감독"은 감독들이 발전한 교회 구조로 되어갔던 것을 의미하는 것으로 해석되는) 후대의 발전이라는 빛에서 이해되고 있다고 올바르게 불평한다. 편지들 안에서 교회를 위한 지배적인 이미지는 하나님의 가정이기 때문에(딤전 5:15), 영(Young)은 직무자들의 역할을 그리스-로마시대의 가정의 관점에서 정의한다. 감독은 하나님의 가정의 경영자다. 장로는 가족들 가운데 원로이며, 그들의 지혜와 그룹의 법적 효력을 가지는 기억을 지니고 있기 때문에 존경을 받는다. 그들은 감독을 지명하고 충고해주는 권한을 받은 운영심의위원회를 형성한다. 여성도 포함되어 있는 집사들은(딤전 3:11) 지도와 책망을 제공하지만, 그러나 봉사하는 다양한 역할의 기능을 제공한다. "여기서 교회사역은 아직도 오로지 태동의 단계에 있지만, 그러나 권위적인 가르침, 전형적인 그리스-로마 시대의 가정을 모델로 한 적절한 위계질서 관계들에 관한 강조가 있으며, 2세기를 통해서 증가해 갔을 발전을 위한 토대를 마련했다." 다음을 참조하라. Young, *The Theology of the Pastoral Letters*, 97- 121; the quotation is from 121.

것입니다. 그러나 여자가 믿음과 사랑과 거룩함을 지니고, 정숙하게 살면, 아이를 낳는 일로 구원을 얻을 것입니다.(딤전 2:11-15)

저자는 표준적인 가정규범 안에서 발견되는 여성을 다스리는 규정들을 받아들이며 그 규정들을 교회 안에 있는 (결혼한 혹은 결혼하지 않은) 모든 여성에게 적용하고 있다. 그것은 '하나님의 가정규범'이다.(딤전 3:15) 어떤 사람은 갈라디아서 3:28과 바울의 교회들 안에서 긍정적인 역할을 하고 여성의 빛에서 볼 때 그런 주장에 대해서 어떻게 설명할 수 있을까?[31] 두 개의 논평이 도움이 될 수 있을 것이다.

1. 디모데전서 2:9-15의 여성들은 저자가 그렇게 열렬히 반대하는 거짓 가르침과 분명히 연결되어 있었을 것이다. 데니스 R. 맥도널드(Dennis R. MacDonald)는 목회서신들이 소아시아에 있었던 이 독신 여성들 중에서 유포되었던 바울에 관한 구전 이야기들과 전설들을 저지하려고 기록된 것이라는 제안을 하였다. 그들은 그리스도가 곧 재림해서 세상을 파괴할 것을 기대했다는 것이다.[32] 이러한 전설들과 관련된 바울은 여성들에게 그들의 가족들을 버리며 독신으로 살라고 촉구했다는 것이다. 이것은 분명히 확립된 권위와 가정의 붕괴에 대한 도전을 포함하고 있는 것이다. 그 전설은 나중에 '바울과 테클라 행전'(Acts of Paul and Thecla)으로 불리는 외경으로 기록되었다.[33]

31) 이것은 바울서신이 아담까지 이르는 원죄를 어떻게 추적하고 있는지 강조하고 있다.(롬 5:12) 반면에 하와에 대한 목회서신의 불평은 시락서 25:24에서 나오는 헬레니즘 유대교 전통과 일치한다.("한 여인으로부터 죄가 시작되었고, 그녀 때문에 우리 모두는 죽는다.")

32) Dennis R. MacDonald, *The Legend and the Apostle: The Battle for Paul in Story and Canon*(Philadelphia: Westminster, 1983), 34-53.

33) "바울과 테클라 행전"(Acts of Paul and Thecla)에서 테클라는 결혼 전날 약혼자를 떠나는 젊은 여성 개종자이다. 그녀는 정절과 순결에 관한 바울의 설교에 열중했다. 그녀의 약혼자는 그녀를 다시 찾으려고 하는 것을 실패했고, 그녀의 어머니는 관원의 도움을 요청했으며, 그는 그녀를 화형에 처하려고 옷을 벗겨서 데려왔다.

맥도널드는 목회서신이 그 전설들 가운데 나오는 급진적인 바울이 왜곡된 것임을 보여주고 그 이야기들을 반복해서 말하고 있었던 사람들을 조용하게 만들고자 기록되었다고 주장한다.[34] 디모데전서 4:7의 '나이든 부인들의 이야기'에 관한 경고는 마치 여성 그룹들 중에서 그런 것처럼 편지가 말하고 있는 영역 안에서 그 전설들에 관한 활발한 유포가 있었다는 것을 반영한다.(딤전 2:8-15같이) 목회서신들 안에서 여성들에 관해서 만들어진 진술들은 논쟁의 초점을 가지고 있었다. 그것은 여성에 관한 특별한 그룹과 이야기들로부터 야기된 특별한 문제를 다루는 것이다.

2. 아이를 낳는 것과 구원을 연결하는 특별한 언급(2:15)은 거짓 가르침의 빛에서 의미를 가지기 시작했다. 저자는 모든 사람의 구원에 관심이 있으며(2:3), 그는 아이를 낳는 것을 강조하면서 그리스도교적인 생활의 기본적인 특징으로 독신을 요구하는 사람들을 지적하는 것으로 응답하고 있다. 안타깝게도 그 반대 입장을 저지하려는 노력으로 인해 교회의 생활에 영성의 완전한 참여와 관련된 바울의 유산이 버려지게 되었다.[35]

4) 그리스도교적인 삶의 방식

때때로 교회의 직무를 가지고 있는 사람들에게 요구되는 성격들은 목회서신들 안에서 구별된다. 그러나 대부분 그들에게 요구되는 덕목은 모든 그리스도인이 기대하는 그것들과 같다. 대부분의 자격에 관한 언급은 다양한 전문적인 사람들이나 선한 시민들을 간단하게 묘사하는 헬레니즘

그녀는 폭풍우 때문에 기적적으로 구원을 받았고, 나중에 자신에게 스스로 세례를 베풀었으며, 결국에는 가르칠 수 있도록 성직자로 임명해 달라고 바울을 설득하였다.

34) MacDonald, *The Legend and the Apostle*, 54-77.

35) 이 구절에 대한 연구는 다음을 보라. Jouette M. Bassler, *1 Timothy, 2 Timothy, Titus*, Abingdon New Testament Commentaries(Nashville: Abingdon, 1996), 55-63.

의 다른 저작들 안에서도 발견된다.[36] 예를 들어서 하나님의 은혜는 구원을 가져다주는 것과 관련이 있을 뿐만 아니라 또한 "우리를 교육하여, 경건하지 않음과 속된 정욕을 버리고, 지금 이 세상에서 신중하고 의롭고 경건하게 살게 하는 것"과도 관련되어 있다. 그리고 여기서 언급되고 있는 세 가지 덕목은 그리스도인의 삶에 관한 내용을 만들고 있다. 이것들은 헬레니즘 도덕주의자들이 설명하는 선한 삶과 거의 일치하는 것들이다.[37]

그리스도인들의 삶에 관한 언어는 전형적으로 헬레니즘적이며 그리스도교의 독자적인 것이 아니다. 신학적인 문맥은 그 용어들이 그리스도인들의 용법을 위하여 적용되었음을 가리킨다. '신중하고 의롭고 경건한' 삶은 "우리는 복된 소망 곧 위대하신 하나님과 우리 구주 예수 그리스도의 영광이 나타나기를 고대합니다. 그리스도께서는 우리를 위하여 자기 몸을 내주셨습니다. 그것은 우리를 모든 불법에서 건져내시고, 깨끗하게 하셔서, 선한 일에 열심을 내는 백성으로 삼으시려는 것입니다"(딛 2:13-14)로 사는 것을 말한다. 반복해서 구원자 하나님(혹은 때때로 구원자 그리스도)[38]을 지시하는 것은 그분의 '시각'으로 삶을 살아가는 것으로[39] 도덕적인 권고들을 위한 정당한 이유가 된다.

그리스-로마 체제의 최고의 것을 적용하는 것은 목회서신들 안에서 만들어진 부에 관한 주장에서 볼 수 있다. 디모데전서 6:7-10과 17-19절은 부유함에 대한 태도를 지시한다. 이것은 헬레니즘적인 도덕주의자들이 세운 것과 유사하다. 예수께서 부자에게 하는 말처럼(마 19:21; 막 10:21; 눅 18:22) 돈에 관해서 급진적으로 투자하는 것을 그만두라는 요구는 없다.

---

36) 좋은 일반화를 하고 있는 오소샌더(Ososander)의 설명을 보라. 이것은 다음의 책을 인용하고 있다. Dibelius, Conzelmann, *The Pastoral Epistles*, 158-161.

37) *Ibid.*, 142.

38) 다음을 참조하라. 딤전 1:1, 2:3, 4:10; 딤후 1:9, 10, 4:18; 딛 1:2-4, 2:10-13, 3:4.

39) 다음을 참조하라. 딤전 2:3, 5:4, 21, 6:13; 딤후 2:14, 4:1.

그 대신에 부자들은 그들의 소유가 덧없는 것이고 유혹이 된다는 것을 경고하고 그들이 그 부유함을 다른 사람들과 나누는 데 관대하고 열심을 내야 한다고 경고한다. 하지만 레지 키드(Reggi Kidd)는 목회서신들이 전형적인 귀족주의 모델과 매우 다르다고 주장한다. 그러한 모델 안에서는 부가 도덕적인 가치의 목록이라는 전제가 무시되고 있으며 (여기서 더 나은 삶을 보장하기 위하여 부를 사용하기보다는 미래의 삶을 위하여 보물을 쌓아두는) 자선을 위한 종말론적인 맥락이 강조되고 있다. 그럼에도 불구하고 그 안에서의 내용이 전통적인 소리를 내지만 윤리적인 문제는 그리스도교 자선활동에 어떤 동기부여를 해야만 하고 그것에 기대하는 가정을 요구한다.[40)]

우리는 목회서신 전체를 통해서 가정규범을 사용하면서 주변을 둘러싸고 있는 문화에 대한 순응, 헬레니즘적인 덕목의 적용, 여성을 침묵하게 하는 것을 보았다. 저자는 이교도 철학자였던 셀수스(Celsus)가 교회를 반대하여 제기한 비난에 대해서 예민했던 것 같다. 그는 그리스도교 여성들을 "배우지 못하고 버릇없는 시골뜨기이자, 가정의 구조를 서서히 망가트리며, 반항하도록 아이들을 부추긴다"[41)]라고 비난하였다. 목회서신들의 저자들은 거짓 가르침과 싸우고 내부의 문제를 다루면서 그 문화와 더 나은 평화로운 관계를 바랐을 것이다. "한 명의 주석가가 그것을 제시하는 것처럼, 대적자들에 관해서 그가 두려워한 부분은 아마 그들의 견해가 주변의 그리스-로마 사회에 부적절한 관심을 불러일으킨다는 가능성이었을 것이다."[42)]

---

40) Kidd, *Wealth cmd Beneficence in the Pastoral Epistles*, 157-158.

41) 이것은 오리게네스의 반박문에서 인용된 것이다. Origen, *Contra Celsum* 3.55. 다음을 참조하라. Molly Whittaker, *Jews and Christians: Graeco-Roman Views* (Cambridge: Cambridge University Press, 1984), 182.

42) Taylor, *The Deutero-Pauline Letters*, ed. Krodel, 76.

참고문헌

제1부: 바울서신을 읽을 때 나타나는 쟁점들

Aune, David E. *The New Testament in Its Literary Environment*. Philadelphia: Westminster, 1985.

Bassler, Jouette M., ed. *Thessalonians, Philippians, Galatians, Philemon*. vol. 1 of *Pauline Theology*. Minneapolis: Fortress, 1991.

Beker, J. Christiaan. *Paul the Apostle: The Triumph of God in Life and Thought*. Philadelphia: Fortress, 1980.

Doty, William G. *Letters in Primitive Christianity*. Philadelphia: Fortress, 1973.

Dungan, David L. *The Sayings of Jesus in the Churches of Paul: The Use of the Synoptic Tradition in the Regulation of Early Church Life*. Philadelphia: Fortress, 1971.

Dunn, J. D. G. "Prolegomena to a Theology of Paul," *NTS* 40(1994): 407–432.

_______. "The New Perspective on Paul," in *Jesus, Paul, and the Law: Studies in Mark and Galatians*, 183–214. Louisville: Westminster/John Knox, 1990.

Fowl, Stephen. *The Story of Christ in the Ethics Paul: An Analysis of the Function of the Hymnic Material in the Pauline Corpus.* Sheffield: JSOT, 1990.

Hays, Richard B. *Echoes of Scripture in the Letters of Paul.* New fiaven: Yale University Press, 1989.

Hunter, A. M. *Paul and His Predecessors.* rev. ed. London: SCM, 1961.

Keck, Leander E. *Paul and His Letters.* Philadelphia: Fortress, 1979.

Kennedy, George A. *New Testament Interpretation through Rhetorical Criticism.* Chapel Hill: University of North Carolina Press, 1984.

MacDonald, Margaret Y. *The Pauline Churches: A Socio-Historical Study qf Institutionalization in the Pauline and Deutero-Pauline Writings.* Cambridge: Cambridge University Press, 1988.

Mack, Burton L. *Rhetoric and the New Testament.* Minneapolis: Fortress, 1990.

Martin, Ralph P. *Carmen Christi: Phil 2:5-11 in Recent Interpretation and in the Setting of Early Christian Worship.* Grand Rapids: Eerdmans, 1983.

Meeks, Wayne A. *The First Urban Christians: The Social World of the Apostle Paul.* New Haven: Yale University Press, 1983.

Mitchell, Margaret M. *Paul and the Rhetoric of Reconciliation: An Exegetical Investigation of the Language and Composition of 1 Corinthians.* Louisville: Westminster/John Knox, 1991.

Murphy-O'Connor, Jerome. *Paul the Letter-Writer: His World, HisOptions, His kills.* Collegeville, MN: Michael Glazier, 1995.

Osiek, Carolyn. *What Are They Saying about the Social Setting of the New Testament?.* New York: Paulist, 1984.

Schüssler Fiorenza, Elisabeth. *In Memory of Her: A Feminist Theological Reconstruction of Christian Origins.* New York: Crossroad, 1985.

Stowers, Stanley K. *The Diatribe and Paul's Letter to the Romans.* Chico,

CA: Scholars Press, 1981.

_______. *Letter Writing in Greco-Roman Antiquity*. Philadelphia: Westminster, 1986.

Theissen, Gerd. *The Social Setting of Pauline Christianity: Essays on Corinth*. Philadelphia: Fortress, 1982.

Torjesen, Karen Jo. *When Women Were Priests: Women's Leadership in the Early Church and the Scandal of Their Subordination in the Rise of Christianity*. San Francisco: HarperSanFrancisco, 1993.

Watson, Duane F., and Alan J. Hauser. *Rhetorical Criticism of the Bible: A Comprehensive Bibliography with Notes on History and Method*. Leiden: E. J. Brill, 1994.

Wedderburn, A. J. M., ed. *Jesus and Paul: Collected Essays*. Sheffield: JSOT, 1989.

White, John L. *Light from Ancient Letters*. Philadelphia: Fortress, 1986.

제2부: 바울서신의 신학적 주제들

Barclay, J. M. G. *Obeying the Truth: Paul's Ethics in Galatians*. Minneapolis: Fortress, 1988.

Bassler, Jouette M., ed. *Thessalonians, Philippians, Galatians, Philemon*. vol. 1 of *Pauline Theology*. Minneapolis: Fortress, 1991.

Beker, J. Christiaan. *Paul the Apostle: The Triumph of God in Life and Thought*. Philadelphia: Fortress, 1980.

Bultmann, Rudolf. *Theology of the New Testament*. vol. 1. London: SCM, 1952.

Cousar, Charles B. *A Theology of the Cross: The Death of Jesus in the Pauline Letters*. Minneapolis: Fortress, 1990.

Davies, W. D. *Paul and Rabbinic Judaism*. New York: Harper & Row, 1967.

Furnish, Victor Paul. *Theology and Ethics in Paul.* Nashville: Abingdon, 1968.

_______. *The Moral Teaching of Paul: Selected Issues.* rev. ed. Nashville: Abingdon, 1985.

Hay, David M., ed. *1 & 2 Corinthians.* vol. 2 of *Pauline Theology.* Minneapolis: Fortress, 1993.

Hay, David M. and E. Elizabeth Johnson. eds. *Romans.* vol. 3 of *Pauline Theology.* Minneapolis: Fortress, 1995.

Hays, Richard B. *Echoes of Scripture in the Letters of Paul.* New Haven: Yale University Press, 1989.

Käsemann, Ernst. *Perspectives on Paul.* Philadelphia: Fortress, 1971.

_______. "The Righteousness of God' in Paul," in *New Testament Questions of Today*, 168–182. Philadelphia: Fortress, 1967.

Reck, Leander E. *Paul and His Letters.* Philadelphia: Fortress, 1979.

Martyn, J. Louis. "Apocalyptic Antinomies in Paul's Letter to the Galatians," *NTS* 31(1985): 410–424.

_______. "Epistemology at the Turn of the Ages: 2 Corinthians 5:16," in *Christian History and Interpretation: Studies Presented to John Knox.* edited by W. R. Farmer. et al., 269–287. Cambridge: Cambridge University Press, 1967.

Meyer, Paul W. "Romans," in *Harper's Bible Commentary.* ed. by J. L. Mays. San Francisco: HarperSanFrancisco, 1988.

Sanders, E. P. *Paul and Palestinian Judaism: A Comparison of Patterns of Religion.* London: SCM, 1977.

Stendahl, Krister. *Paul Among Jews and Gentiles.* Philadelphia: Fortress, 1976.

Wright, N. Thomas. *The Climax of the Covenant: Christ and the Law in Pauline Theology.* Minneapolis: Fortress, 1991.

제3부: 제2 바울서신 – 남은 이야기

Bassler, Jouette M. *1 Timothy, 2 Timothy, Titus.* Abingdon New Testament Commentaries. vol. 1. Nashville: Abingdon, 1996.

Best, Ernest. *A Commentary on the First and Second Epistles of Thessalonians.* London: A & C Black, 1972.

Dibelius, Martin, and Hans Conzelmann. *The Pastoral Epistles.* Hermeneia. Philadelphia: Fortress, 1972.

Krodel, Gerhard. ed. *The Deutero-Pauline Letters.* rev. ed. Proclamation Commentaries. Minneapolis: Fortress, 1993.

Lincoln, Andrew. *Ephesians.* Word Bible Commentaries. Dallas: Word, 1990.

Lincoln, Andrew, and A. J. M. Wedderburn *The Theology of the Later Pauline Letters.* Cambridge: Cambridge University Press, 1993.

MacDonald, Dennis R. *The Legend and the Apostle: The Battle for Paul in Story and Canon.* Philadelphia: Westminster, 1983.

Schweizer, Eduard. *The Letter to the Colossians: A Commentary.* Minneapolis: Augsburg, 1982.

Wink, Walter. *Naming the Powers: The Language of Power in the New Testament* Philadelphia: Fortress, 1985.

Young, Frances. *The Theology of the Pastoral Letters.* Cambridge: Cambridge University Press, 1994.

색인

내용

인명

ㅁ

ㅂ

ㅅ

ㅌ

ㅍ

ㅎ

지은이

찰스 B. 쿠사(Charles B. Cousar)

미국 데이비슨 대학(B. A.), 컬럼비아 신학대학교(B. D.)를 거쳐, 영국 애버딘 대학교에서 박사학위(Ph. D.)를 취득했다. 컬럼비아 신학대학교에서 신약학 교수로 재직했다.

저서로는 『갈라디아서』(*Galatians*, 1986), 『신약성서개론』(*An Introduction to the New Testament*, 김병모 역, CLC, 2012) 등이 있다.

옮긴이

임진수

숭실대학교 독어독문학과(B. A.), 감리교신학대학교 신학대학원(M. Div.)을 거쳐, 독일 베텔 신학대학(Kirchliche Hochschule Bethel)에서 박사학위(Dr. theol.)를 취득했다. 학위 논문은 "Das Verständniß des Kosmos im Johannes-evangelium"(요한복음의 세상 이해)이다.
현재 감리교신학대학교 신약학 교수이다.

저서로는 『요한계시록』(솔로몬, 2014), 역서로는 『신구약 중간사』(마틴 헹엘, 살림, 2004)와 『이슬람교』(발터 M. 바이스, 예경, 2007)가 있다.